U0463071

我
思

敢于运用你的理智

宋明理学与文学

马积高　著

长江出版传媒｜崇文书局

图书在版编目（CIP）数据

宋明理学与文学 / 马积高著. -- 武汉：崇文书局，
2023.10

（崇文学术文库·中国哲学）

ISBN 978-7-5403-7418-1

Ⅰ．①宋… Ⅱ．①马… Ⅲ．①理学－研究－中国－宋
代②理学－研究－中国－明代 Ⅳ．① B244.05
② B248.05

中国国家版本馆 CIP 数据核字（2023）第 158119 号

宋 明 理 学 与 文 学
SONG-MING LIXUE YU WENXUE

出 版 人　韩　敏

出　品　崇文书局人文学术编辑部

总 策 划　梅文辉（mwh902@163.com）

责任编辑　许　双（xushuang997@126.com）　刘　丹

责任校对　范未冉　董　颖

装帧设计　甘淑媛

出版发行　长江出版传媒｜崇 文 书 局

地　　址　武汉市雄楚大街 268 号 C 座 11 层

电　　话　(027)87677133　邮政编码　430070

印　　刷　湖北新华印务有限公司

开　　本　880 mm×1230 mm　1/32

印　　张　11.875

字　　数　263 千

版　　次　2023 年 10 月第 1 版

印　　次　2023 年 10 月第 1 次印刷

定　　价　98.00 元

我
思
敢于运用你的理智

ISBN 978-7-5403-7418-1

9 787540 374181 >

（读者服务电话：027－87679738）

马积高

　　1925年生于湖南衡阳县。1948年毕业于国立师范学院国文系，读书期间深受马宗霍、骆鸿凯、钱基博等老师的影响。1957年进入湖南师范学院（今湖南师范大学）工作，历任中文系副系主任、主任，1985年被评为教授；兼任湖南省文学学会副会长、湖南省古典文学研究会理事长、中国韵文学会常务理事兼赋学研究会理事长。1991年被评为全国教育战线劳动模范，并授予人民教师奖章，随即被聘为湖南省社科联名誉委员；1992年开始享受国务院政府特殊津贴；1996年被聘为湖南省文史馆馆员；1998年获省委、省政府授予的湖南省荣誉社会科学专家称号。2001年在长沙病逝。

　　先生工于诗文，在经学、文学、声韵、训诂学上亦颇有研究。主要学术成果：辞赋研究方面，著有《赋史》《历代辞赋研究史料概述》，主持国务院古籍整理出版十年规划、"八五"计划重点项目《历代辞赋总汇》（全26册）编纂，其中《赋史》获湖南省第一届社会科学优秀成果一等奖、国家教委首届社会科学研究优秀成果奖二等奖；思想史研究方面，著有《荀学源流》《宋明理学与文学》《清代学术思想的变迁与文学》；主编《中国古代文学史》（全3册）。

前　言

　　我从小就不喜欢理学。童年时父亲教读四书，用的是朱注，学起来颇厌烦，竟未终卷，改读《左传》，才感到大快。及至年龄稍大，方费力把四书啃完。后来上大学，学的是中国文学，不得不涉猎一点理学著作，如宋元人注五经及《宋元学案》《明儒学案》《小学集解》之类，但两种《学案》我始终没有从头读完，看的只是一些名家的部分。反之，对一些反理学的东西，我却比较感兴趣。惟其如此，长期以来我对理学的底蕴知之甚少，也没有想到要去认真研究它。

　　我发愿想要对理学多了解一点是从 60 年代初开始的。原因是自 50 年代末开始，我因工作需要开始担任元明清文学的教学，后来又教过宋代文学，在研究文学史和作家作品时经常要遇到理学与文学的关系问题。例如讲宋诗，人们往往要谈到理学对宋诗的说理特点形成的影响；讲《西厢记》，人们又要提到它的反礼教、反理学的倾向；等等。对这些说法，我也曾人云亦云过，但后来联系自己仅有的一点关于理学的常识想一想，觉得这些提法有的并不准确。如宋诗的说理的特点，在欧阳修、梅尧臣等的作品中已显露出来了，周敦颐、程颢、程颐等理学家都是他们的后辈，为什么他们能受其影响呢？又如王实甫的《西厢记》作于元初，其思想倾向基本上与金代董解元的《西厢记诸宫调》相同，理学在金代很少为人所知，在元初亦仅仅开始传播，并未占统治地位，说它反礼教固无问题，说它反理学似亦不切。诸如此类的问题长期在头脑中盘旋，很想理出一个头绪，弄清理学究竟对文学有何影响，这种影响从何时开始，有哪些变化和发展。这本小书就是我这些年来思考的结果。由于在考虑这个问题时，我企图从较深的层次来阐述理学与文学的关系，书中的每一章都带有一定的专题研究的性质。写完以后，我从头看了一遍，觉得这样写还是有其好处的，可以把自己对某些问题的看法说得深一点；但也有缺点，主要是一般性的介绍和论述显得不足。故在这里，我想就两个必须提及的一般性的问题概括地说一点看法。

一、对理学的基本估价。

理学，也称道学，我在本书第一章谈到它产生的历史背景，指出它是宋朝重内轻外的制度在思想上的反映，也是儒学、佛学和道家及道教相互矛盾、相互吸收的产物。我们知道，自晋以来，人们往往称佛教、道教为"内学"，而以儒学为"外学"，葛洪《抱朴子》的《内篇》《外篇》就是按照这个标准来分的。后来的儒者对此很不满。其实，在宗教徒看来，这是合理的。因为儒学主要讲的是所谓"齐家、治国、平天下"的道理，即主要是讲的处世的道理，这自然是"外"；而宗教讲的主要是成仙（道教）、成佛的道理，即寻求所谓性命的归宿，它是从人的自身着眼的，这自然是"内"了。我们说理学受到佛、道两家的影响，固然如一些哲学史研究者所说的那样，包括了许多方面，如太极图传自道士陈抟，天理说受到佛教佛性说的启发，等等，但我认为，他们受到这两家影响的最主要的一点，是他们也把性命之学当作自己学说的核心，把"治内""为己"之学当作"为人"的前提。理学家特别看重《礼记》中《大学》《中庸》这两篇，并把它们特别提出来单行，与《论》《孟》合为四书，其原因就在于从中找到了发挥其"治内"的性命学说的根据。程朱派理学家如此，陆王派心学家也如此。这是我们了解宋明理学的一把钥匙。他们的天理说，他们的政治伦理道德观乃至他们的"主敬""存诚"等一系列的道德修养方法都无不以此为前提。因为他们的所谓"天理"，也就是"性"，也就是仁、义、礼、智、信等政治伦理道德观念，只是说起来五光十色、炫人耳目罢了。

　　理学家虽从佛、道两家那里得到启发，然而他们的学说的终极目的却与宗教神学不同。佛教、道教尽管宗旨各异，但都是鼓吹出世；理学仍着眼于应世。换句话说，佛教、道教是比较彻底的为己之学（尽管他们也说

"普度众生"），理学却是以"为己"始，"为人"终。人们常说理学家的"存天理，灭人欲"同宗教禁欲主义相似，实则还有区别。正如我在本书中所论证的，理学家所谓"人欲"是指"私欲"而言，并非割断一切情欲，故胡宏、朱熹都说"天理、人欲同行而异情"。这是不足怪的，理学家的修身，既是为了齐家、治国、平天下，如完全否定情欲，家、国、天下都要没有了，还有什么可齐、可治、可平呢？他们所谓"灭人欲"，不过是要净化情欲，使之合乎"天理"罢了。惟其如此，理学家们（特别是正统的理学家）又大都要同宗教划清界限，甚至以排斥"异端"自命。

但是，理学家这个"存天理，灭人欲"的理论确实是很反动的，因为它的实质是要使人的一切思想感情、言行都合乎"天理"，也就是要符合被理学家弄得极端化了的封建伦理道德，这就不仅窒息了人的创造力，也窒息了正常人的生机。其结果，要么就是使人成了像木雕泥塑一样的偶像，要么就使人无法实践，只好矫情饰性，弄得言行不符、表里不一，成为伪君子、伪道学，而后者是大量的。故理学家的目的在于强化封建道德，实际上却在败坏它的声誉，使人更显得虚伪和不近人情。

如果上面的理解不算太错的话，那么，我们可以这样说，理学的出现，虽然有着历史的必然，却是我们民族和国家的不幸。好在严格的理学家多无应世之才，有应世之才的人却不能成为严格的理学家，故我们的民族尚能保存一些发展的生机。

不过，必须指出，我在上面讲的只是理学的基本精神，实际上，理学的思想体系要比上面讲的复杂得多，丰富得多。中国的儒家学说，本来就以政治伦理思想作主体，哲学的色彩不浓。战国中期以后，儒家同道家、名家互相斗争和吸收，《周易》的《系辞》《文言》以及后来收在《礼记》中的《中庸》，哲学色彩才稍浓一点，但是哲学的本体论、认识论仍然是比较简单的，以后一直没有多大发展。作为政治伦理思想的理论基础的人性论，同样也没有多大发展。相反，注意研究道家思想的一些思想家却对本体论作出了一些贡献，而佛教哲学的输入，则在本体论、认识论两个方面提出许多值得思考的问题。理学的创始者及其大师们，对所有这些理论遗产大都进行过不同程度的研究，所以，他们的学说虽以性命作为核心，却按着天人合一的传统观点加以推衍，探讨了理与气、理一与分殊、格物与致知等一系列有关本体论和认识论的重大问题，也对一分为二、合二为一等运动变化的规律进行了探讨。其最终的结论虽然多不免陷入唯心主义和形而上学的泥坑，但也产生了张载那样的在本体论上坚持唯物观点的思想家。就是二程、朱熹等人，对这些问题的探讨也不是无所发现，至少他们把这些问题的论述展开了。这对推动理论思维的发展作出了重要贡献，对儒学哲学体系的完成贡献尤大。不仅如此，就是对性命之说，理学家在理论上也不无贡献。他们至少把性与情、理与欲、性与命、天命之性与气质之性这些带理论性的问题都提了出来，并作过细微的剖析，结论虽是反动的，却把矛盾比较充分地暴露出来了，这对后人的研究仍是有启发的。所以，从思想发展史的角度看，理学无疑又是它的一个重要的里程碑，也起了一定的积极作用。

二、理学与文学的关系及其发展的阶段。

如果说理学的整个体系中尚有其某些可取的思想资料的话，那么，理学对文学的影响则几乎难以找出什么积极的东西。这是因为文学是人学，它的生命在于反映人的丰富的生活和生动的思想感情。当然，文学家对生活、思想、感情也不能没有抉择，更不能对所有东西一视同仁，不分好丑真假和美恶，因而它也不是不受时代、作家的政治伦理道德观的约束。但是，文学本身坚决要求摒弃那种僵化的政治、伦理道德教条，也要求作家摒弃那种"以物观物"、没有激情的生活态度。这同理学家的人性论和道德修养学说是从根本上相冲突的。故从理学开始形成之时起，理学家与文学家就展开了冲突，这就是我在本书第二章要讲到的洛、蜀党争，即程学与苏学之争。以后理学虽渐渐侵入到文学的领域，但文学对理学的抵制、反抗，始终没有停止，只是在不同的时期有不同的表现。大致说来，可以分为下列几个阶段：

第一阶段，从北宋后期起到南宋末年以前止。这一阶段以程学与苏学的斗争揭开序幕，中间经过江西诗派与理学的暂时结合到朱熹大力攻击苏学结束，文学家渐渐地归附理学，但这种归附往往是皮相的、口头的。与此同时，理学家亦渐渐地改变其轻视文学的态度，虽然有的人（如朱熹）还弹着"作文害道"的老调，实际上包括朱熹在内的一些理学家都在通过评文、选文，企图用理学的标准来指导文学的写作。他们的努力起了一定的作用，对南宋诗、文、词的写作都有某种影响；但是，有出息的文学家总还是按照文学本身的要求在写作。理学对民间作品——话本之类的影响尤微，对北方金国和金元之际的文学更没有什么影响。（一般地宣扬了封建伦理道德并不能视为理学的影响，因为这是早期儒学中就有了的。）

第二阶段，从南宋末年起（在北方则从忽必烈时期开始）到明朝前期（弘治以前）止。这是理学对文学的影响进一步扩大的时期。但朱熹、陆九渊以后，理学的发展也停滞了。此时的一些文学家，论文则力图将程、朱道统和韩、欧文统结合起来，论诗则随着所处历史环境的不同而对儒家传统的诗教作出自己的解释，有的强调怨刺，有的强调温厚和平，不拘守宋代理学家只求温厚和平的一格。故就这时多数文学家的作品看，文学本身的生气固然削弱了，理学的面目也模糊了。当然，这是就二者在深层的相互影响而言，若仅就某些作品加强了忠、孝、节、义之类的宣传而言，则理学家的面孔是显而易见的。此外，这时不同的文体所受理学影响亦有区别。宋元之际北方的杂剧几乎尚未受理学的熏染，元代中期以后，戏曲才受到理学的钳束。

第三阶段，从明代中期到明清之际止。这是王阳明的心学从兴起、发展、分化到衰落的时期，也是文学上的反理学思潮由孕育、发展到趋于低沉的时期。这在诗文的发展上以复古派→公安派→竟陵派为标志；在小说的整理和创作上，则以"水浒热"揭幕，以《西厢记》《金瓶梅》《三言》的产生和刊行为高潮，而以才子佳人小说的大量涌现为余波；戏曲又稍不同，它以大量的爱情剧、豪侠剧为先导，以《牡丹亭》和《齐东绝倒》《东郭记》等讽刺剧为高峰，而《娇红记》则可视为殿后。这一反理学思潮是当时商品经济有较大的发展，资本主义生产方式的萌芽在局部地区已经出现的反映。它同左派王学有一定的联系，特别是隆庆、万历间的公安派诗文和当时的一些戏曲，较为明显地受到左派王学的代表李卓吾的直接或间接的影响。但二者并不都是相联系的，有许多作家（例如复古派）的思想路线并不与左派王学家相同，而只是在反理学这一总的倾向上有不同程度的契合。但文学上反理学思潮的低沉，又确与王学左派的衰落相联系。只是启、祯以后王学左派真的衰落了，文学上的反理学思潮却只是暂时的低落，主要是收敛了锋芒。它的某些合理的内核仍由金圣叹等人所吸取和发展，甚至像王夫之这样理学色彩很浓厚的思想家对它也有所吸收，而到将近一百年后的《红楼梦》又有深入的发展。所以我们只能说它低沉，而不能说它消沉。严格地说，它是在反思中继续前进。不过，总的来说，受到明清之际阶级矛盾和民族矛盾尖锐化的刺激，人们对理学家所鼓吹的纲常伦理确实又重视起来了，而作为理学根株的性命之学却逐步为人们所扬弃，只剩下它的躯壳了。因此，这以后虽然理学仍对文学有影响，但从深一层的关系来说，就没有多少可以探讨的内容了。考虑到不把这本小书拉得太长，我就不去论述了。

　　理学与文学的关系虽大体上有着上述的三个阶段，然而就其相互的矛盾来说，却有着比较一贯的东西。这就是理学家极端地强调他们的性、理、道，而文学家则更多地注意到情、真、美。而性与情的关系则是矛盾的焦点。杰出的文学家绝不是不要广义的理性，但是从苏轼开始及至李卓吾、金圣叹，都认为礼义原本于人情，反对僵化的苛刻的道德教条和烦琐的礼仪；在文学上则主张描写和说明广泛的人情、物理，不拘一格。理学家则反是，他们都主张要用"性""理"来净化人情，把文学变成宣传其所谓性、理、道的工具。正唯如此，故即使是崇奉理学的文学家，也不得不对理学作某种修正，不得不把理学的教条放宽一点，以求得文学的存在和发展。

　　从理学与文学的关系，特别是从它们的矛盾中，我深深地感觉到，在探讨我国古代的文化传统时，不能只看到哲学，而不看到文学、艺术和自然科学。近年来有人把中国文化传统说得一无是处，我觉得，原因之一就是把哲学，特别是把宋明理学当作中国文化思想传统的全部，而对理学的看法也缺乏分析。

在考察理学与文学的关系时，我还感到任何一种文学现象的形成，其原因都是多方面的，理学的影响虽颇大，不过是其中的一端。我们当然不能忽视这一端，但如果仅仅着眼于这一端，必然会导致简单化。因此，我在具体论述某些文学现象时也注意顺便提一下别的原因，对文学本身演进的规律尤给予较多的注意。但是，既然把理学与文学的关系作为论述的重点，其他方面自然就说得简略了。我自己特别感到不足的是，对佛教禅宗和道家思想在这一段文学发展中的影响说得太少，特别是苏轼、李卓吾、袁中郎、金圣叹等的思想及其文学观中，受禅学和道家的影响较突出，我都未能作出较清楚的说明。但倘要说清楚一些，就难免要脱离本书研究的范围，所以就只好留下这个缺陷了。

宋明理学与文学的关系是一个尚未受到重视的研究课题，它涉及范围又很广，所以我的论述除上面提到的缺陷外，一定还会有不周到和不确切之处。好在古人早就说过，"椎轮为大辂之始"。我就姑且把这部小书作为"椎轮"献给读者吧。

马积高

1988.2.21于岳麓山下

目　录

第一章　宋代士大夫的生活、思想风貌与理学、文学

　　无论是从文化思想发展的历史，还是从文学发展的历史来看，宋代都是一个开启了新阶段的朝代。从宋代开始形成的理学，历元、明、清三代一直是我国占统治地位的思想，这是人所共知的事实。在文学方面，宋话本为元明清小说开启了先路，宋杂剧奠定了古典戏曲的基础，宋词为以后一千年间词的典范，这也是人们所确认的。宋诗、赋、文都是直接承唐之绪余的，新的发展不是很大，但在五、七言诗的发展史上，除宋诗之外，似乎没有第二个朝代的诗可与唐诗争席，散文的成就也惟宋可与唐比美，并且比较有自己的特色。

　　宋代文学的新发展究竟同当时的社会生活、当时的文化思想有什么关系？这是人们应该加以探讨的问题。话本、戏曲之类的通俗文学之兴盛，与当时都市经济的繁荣有直接的关系，这是学者们比较一致的看法，是否仅此一个原因，尚需继续研究。我认为至少同农村经济的发展也有密切的关系，因为从一些记载来看，当时的说唱艺术和金元的戏曲也颇流行于农村，而非只在城

市。但这些文艺形式当时基本上还处在民间流行的阶段,它同社会生活其他方面以及占统治地位的文化思想虽不能不发生联系,但它基本上属于一种新兴的文化层,故此处暂且不谈。词的发展也与都市经济的发展有关系,特别是同都市的歌妓关系密切,然自晚唐、五代以来,词已进入文人创作的领域,而且主要是供上层士大夫和商人娱乐的文艺,这就不能不反映士大夫的生活和思想情趣了。不过,词又与诗、文、赋等文体不同,它原本属于"艳科",主要反映上层社会生活的一个侧面,即私生活的放荡或柔情蜜意的一面。后来词的境界虽逐步扩大,它的发展轨迹同诗、文、赋仍有所不同,其中一部分始终属于艳科而受到轻视,在占统治地位的文化思想中居于较低的层次。所以我们研究宋代文化思想同文学的关系,首先着眼于诗、赋和文,而对词,则放在与其相关的过程中来考察。

那么,宋诗、赋、文同当时的文化思想和社会生活的关系究竟如何呢?现在流行一种说法:宋诗、赋、文都以崇尚说理或理趣为其特点,是受理学的影响。这个说法粗看似乎是颠扑不破的,但过细推敲,却存在着一些问题:

(1)宋代理学思想的产生,过去曾有人追溯到唐代的韩愈和李翱,侯外庐主编的《宋明理学史》追溯到"宋初三先生",即胡瑗、孙复、石介,这都不无理由。然而这些人的思想充其量只是新儒学思想的萌芽,距离形成思想体系的理学还很远,李翱的《复性书》与后来的理学关系较密切,然极力表彰他的却不是宋代的理学家,而是古文家欧阳修。真正的理学奠基人应是周敦颐和张载、程颢、程颐等人。周敦颐比欧阳修少十岁,比梅尧臣少十五岁,比苏舜钦少九岁。仁宗庆历年间,欧、梅已文名藉甚,欧且在政治上崭露头角，后来更做到副宰相，周则仅是一个不甚为人所知的小小的地方官。至于张载、二程，则是王安石、苏轼一辈人，其声名、影响则在王、苏之后。故我们如果说，周敦颐受欧、梅的影响，张及二程受王安石、苏轼的影响，从年代或地位看，还勉强可以说得过去，尽管这种影响并不存在，如反过来，要说欧、梅、王等受到周、张、二程的影响，那就是痴人说梦了。然而宋诗、赋、文的说理的特点，却正是在欧、梅、王、苏等人的创作中形成的，所以我认为，说宋诗、赋、文的说理的特点是受理学的影响，那是没有根据的，是一种主观随意的比附。

（2）从理学的发展与宋诗、赋、文的发展来看，二者确实逐渐发生了关系。但及至南宋末年以前，二者的关系并不密切，而且有时互相水火，元祐时的蜀、洛之争即其突出表现；即令互有影响，也不过有的理学家能诗文，有的文学家也写点带理学气味的诗文，尚未能使理学成为文学创作的一种指导思想。这是很自然的，因为理学虽在北宋中期形成，但及至南宋中期，它还基本上是私学，而非官学，且在熙、丰时遭到王安石的新学的压抑，在元祐时遭到蜀党的排挤，在绍圣以后又遭到新学的打击，至南宋庆元间，又被当作伪学加以取缔。它的不为一般文士所尊信，是不言而喻的。更何况理学家口口声声说"作文害道"，文士们即使对之颇为尊崇，也不得不保持一定的距离。南、北宋之际，由于吕本中等的努力，理学曾与江西诗派结成松散的联盟；南宋中期，通过朱熹等的努力，理学对文学的影响越来越大。但这并不能说是理学的影响造成宋诗、赋、文的特点，而只能说前者对后者的持续发展起了一定的推波助澜的作用。

然则宋诗、赋、文的尚理的特点究竟是怎样形成的呢？我认为，首先应看到诗、赋、文的崇尚说理并不是从宋才开始的。用赋、文说理，古已有之，不需说明，诗则从东晋的玄言诗开始已崇尚理意；其后陶潜、寒山、陈子昂、刘禹锡、白居易等都写了这类的诗歌，李白、杜甫更开创了以文为诗、以议论为诗的先河，韩愈尤为以文为诗的名家（尽管他的诗并不富于理意）。宋诗的尚理以及多少与之相联系的以文为诗、以议论为诗的风气正是承继着前人开阔的途径而发展起来的。只是在前代，这类诗还不很多，除玄言诗外，还没有形成一种倾向（玄言诗虽已形成一种倾向，但极少好诗，故其统绪中绝），而在宋代则形成了一种持久的倾向。这同词的兴盛是有关系的。词本是同演唱相结合的诗体，从词的发展史我们可以看到，它首先是以写男女之情为主，后来境界逐渐扩大，但仍以抒情为主，这样，词与诗、赋自然逐渐就形成了一种分工。开始，文人们只用词来写男女恋情，诗赋则用于写庄严题材，欧阳修就是一个典型；后来虽然有了变化，词逐渐成了一种广泛的抒情诗体，诗、赋与词的界限有些模糊起来，然而及至李清照，还是把词与诗分开的。就是在以扩大词境著称的苏轼的创作中，我们也可感到，词和诗有一定的分工，对于那些便于纵横驰骋地展开议论或说理的题材，他主要还是用诗来写。这样，诗的说理和议论的特点自然就显得突出了。但宋诗、文的说理的特点，我以为主要还是由宋代政治制度所形成的当时士大夫的生活和思想方式的特点所决定的，禅学的流行也起了促进作用，而后者也是受前者制约的。下面试申论之。

北宋是接唐末、五代之后建立起来的统一的封建帝国。同过去一些封建王朝，特别是同唐代相比，宋在政治制度上的突出特点是实行高度的中央集权的封建专制制度，这主要表现在下列的几个方面：

（1）实行内重外轻的军事部署，把军事力量集中在中央。宋代由中央直接掌握的军队称"禁兵"。禁兵开始全驻在京城，后来亦分驻地方，但指挥权仍属中央。地方军称"厢兵"。从数量上说常是禁军多，厢兵少。如宋太祖开宝年间全国兵额是三十七万八千，其中禁军马步兵即占十九万三千。太宗至道时全国兵额六十六万六千，禁军马步兵三十五万八千。从质量上说，厢军更不如禁军，宋太祖代周不久即简汰禁军，把老弱作"剩员"处理，下放到地方，又从地方厢兵中挑选精锐，充实禁军。后来也不时有挑选精锐厢军充禁军之事。故厢军实际上是一些没有作战能力的乌合之众。又宋初规定：禁军驻外，要定期轮换，军官由朝廷任命，不固定，提升时要离开本军，从而造成"兵不识将，将不识兵""不使上下人情习熟"的情况。至于出外作战，也由皇帝临时派遣将帅，并由皇帝亲自制订作战方略。这样，兵权就完全集中到皇帝手中，厢军固然无力造反，禁军军官也无法利用军队夺权或割据。

（2）高度中央集权的行政制度。宋朝的地方行政机关，沿唐分州、县两级，虽保留节度使之名，但仅作为元老功臣、离朝宰相以及宗室外戚作州郡长官者的荣誉头衔，与唐代节度使掌握一方实权者迥异。所有的州都直属中央，州、县长官都由朝廷委派，称知州（府称知府）、知县。知州兼掌本州军事和政权，照例用文人，且一般三年一换，使不得久专地方之权。同时还设通判一职，使监视知州。这样，地方政权就完全控制在朝廷。至于中央官制，则设置重叠，使互分其权，以利皇帝的操纵。一些徒有空衔的官职如三省、六部的仆射、尚书、侍郎、郎中、员外等姑置不论，有实职实权的官亦如此，如管监察的既有御史台，又有谏院，管刑狱的既有刑部、大理寺，又有审刑院，使彼此牵制。

（3）采用优礼与钳制相结合的方法控制士大夫。一般地说，宋朝对士大夫是特别优礼的。同唐一样，宋也采科举制度网罗士人，但唐时进士及各科所取录的人较少，宋所取录的人多。太宗时，进士科一届竟多至三四百人，诸科多到七八百人。为士人做官大开方便之门。宋的官禄也较唐优厚得多，除俸钱、禄米外，还有做衣服的绫、绢及职钱等。官员中之有声望者或年老不能任事及因政见不合不居实职者，又有所谓"祠禄之制"，按其原有品秩，让他领一个什么宫使、观使，或判官、都监、提举、提点的头衔，支取干俸。又官员中虽常有因失职、败事或触犯执政、皇帝而被贬谪者，但对处死却很慎重，极少杀官之事。不过宋朝对士大夫的钳束也是很严的。除前已讲到的一些防止士大夫专权、造反的制度外，宋朝赋予谏官的权力特别大，官员一经谏官弹劾，往往就不能安其位，要遭到贬谪、调职或罢免。而谏官的弹劾，却不一定要证据确凿，只需有某种传闻即可，称为"风闻"。它往往被某些人用来作为排斥异己的工具，如大文学家欧阳修就吃过这"风闻"的亏。尤需特别指出的，是宋代与唐代相反，它的文禁、文忌较多，并且多次出现文字狱，著名的"乌台诗案""车盖亭诗案"即其例，本书第三章将较为详细地谈到它。

与这种高度的中央集权的专制制度相联系，宋代的政治生活中还有几个突出的现象：（1）对外软弱。自太宗征辽失败以后，对辽、西夏都采取守势，并常不惜缴纳岁币乃至割地以求边境的苟安，终至酿成靖康之变，使北中国成了金人统治的天下。（2）冗官、冗兵多。加上对外的岁币，因而国家财政支绌。范仲淹等的庆历改革和王安石的熙宁变法，其最初的契机均在于此。（3）朝廷上的党派斗争复杂，持续的时间长。宋朝的党派斗争固然有政见或思想的斗争，如庆历时的范仲淹与夏竦、贾昌朝、章得象等之争，熙、丰时的新、旧党争，元祐时的洛、蜀党争，南宋时主和派与主战派之争等。但其中往往又夹杂着争夺官位的斗争，甚至蜕变成纯粹的争权夺利的斗争，北宋后期的新、旧党争以及南宋后期的一些宗派斗争都属于这种性质。这同宋朝的官多而实职少的情况是相联系的。

以上所述宋代政治制度的特点和政治生活中带有特殊性的现象，对这时士大夫有着重大的影响，故其生活和思想方式同唐代（尤其是初、盛唐）的士大夫都有差异。

（1）唐代，特别是初盛唐，士大夫多渴望建立奇特的功勋，甚至渴望立功异域，士人参佐戎幕者多，有边塞生活者亦不少。宋代士大夫则有一种怯外惧外的普遍心理，视边事为畏途，不敢正视，更缺乏远略。即使有个别人想振作，也敌不住朝野上下舆论的困扰和打击。真宗时的澶渊之役，本来不过是一次防御战争，按理并不需要真宗自行，但寇准却一定要真宗"亲征"，原因就是倘真宗不亲行，则群臣一定掣肘，使得像澶渊之盟那样的结果也不可能。神宗算是有为的君主，王安石也是较有远略的宰相，他的变法，其目的就是要富国强兵，解决国家积贫、积弱这两个大问题。但是，由王安石支持的熙河之役，却在朝廷上引起一片喧嚣，及至以后多年，反对他的人还以"擅开边衅"作为他的罪案。靖康之变，敌人已打到家门口来了，但和战之谋仍一再反复，终于屈膝投降，造成南北分裂的局面，其原因也是对外怯战已成了士大夫一种普遍的心理，一二豪杰之士无法破除庸人的阻力。南宋同样如此，岳飞之死，其原因学者们议论纷纭，实则非秦桧、赵构二人所能决定，而主要是由赵匡胤以来轻外重内以及防止武人跋扈的传统国策使然。在这样的国策下，统治阶级中上下一气，豪杰之士不像岳飞那样被杀，也会像宗泽、辛弃疾那样抑郁以死，别的结果是不可能的。故在宋朝，品行端正、能照章办事的就是好官，能在地方上修建水利或救灾荒就算特等好官。在对内对外的战争中立了"功勋"的当然也有，但有"识见"的功名之士，都知适可而止。狄青不肯担任枢密使，做了也碌碌无为，但求解职；虞允文在采石矶立了功，以后任宰相及在四川就"持重"起来，都是洞识此中奥秘，故得全名以终。类似的正反两面的例子，在宋朝真是举不胜举。当然也有例外，这就是我说的豪杰之士，但他们在宋代士大夫中是寥寥可数的。

（2）宋代士大夫在评价人物时常不看他的才能，不看他在政治上是否有远见卓识，而是看他的道德、学问如何。而所谓道德，又主要看是否急功近利，是否老成持重。司马光成为宋朝的一代伟人，就是因为他具有"老成持重"、因循旧法、不讲功利、对外退让，以及有学问、品行端正等特点。所以标准的宋代士大夫不是一般地反对改革（这是历代多数士大夫的通病），而是顽固地反对改革，甚至连事实证明已卓有成效的改革或细小的改革也反对。范仲淹等"庆历新政"的失败，就是小改革也为一般士大夫所不容的典型事例；元祐时，司马光等人连熙、丰时实行的雇役法也要废掉，复行差役法，则是对卓有成效的改革也要推翻之一例。这种情况，近人每用这些改革触犯了某些人的利益来解释。当然，许多改革都是要触动某些人的利益的，但亦不尽然。王安石推行的雇役法，据苏轼、范纯仁等的看法就是各方面都相安的，然而却仍要废，岂非因其非祖宗成法就不能行吗？这种在我们看来殊不可解的事，在宋代的许多士大夫看来却毫不奇怪，因为宋朝的传统就是奖励不变，也就是所谓"持重"，实际是提倡"暮气"。这也有无数事例：如寇准，"年三十余，太宗欲大用，尚难其少。准知之，遂服地黄兼饵芦菔以反之，未几，髭发皓白"（见《国老谈苑》；《闻见近录》亦记其事，作真宗时误），不久就为相。这简直是笑话，然却非虚构。又如王安石，原本是在士大夫间很有声望的，他自己似也知"持重"，不汲汲于到中央任职，而甘愿做不受重视的地方官。但他毕竟是想有所为的，而且他后来的改革，有些已在地方上试验过，因而神宗一旦特予提拔之后，他就"有为"起来了。但这样一来，他的声望也就一天天地下落了。欧阳修本来很器重他，这时却起来反对他。为什么？就是因为他"有为"了，就是因为他"急功近利"了，就是因为他竟冒天下之大不韪搞起改革来了。宋人有一种特别的逻辑，就是凡急功近利的都叫"小人"，反之则是"正人"；凡有为叫"生事"，反之叫"老成持重"。王安石因为原来的声望太高，而且他个人的道德、学问确都有许多难于非议之处，故人们开始不叫他"小人"，而只称拥护他的改革的人叫"小人"。到了后来，则连他本人的道德也被否定了，不过仍不好叫"小人"，而说他"口诵孔、老之言，身履夷、齐之行"，都是矫伪，叫作"大奸慝"（见托名苏洵的《辨奸论》），其罪比"小人"更加数等。苏轼在这方面的命运稍好一点，他尽管遭到新党的打击，一再遭贬，舆论对他却是较好的，原因就是比较"持重"，不躁进。《宋史》本传说他在英宗治平二年，本就有可能进学士院，但遭到宰相韩琦的反对，理由是他有才，可大用，但要等待"天下之士莫不畏慕降伏，皆欲朝廷进用，然后取而用之"。据说苏轼听了很高兴，认为韩琦是"爱人以德"。但也不是没有危险，元祐时他的年纪已不轻了，资望也够了，只因爱论事，仍遭到程颐一党的反对，说他"轻浮躁进"，使他不得久处朝廷，只好外出做地方官。南宋辛弃疾、陆游等的遭遇也略同，陈亮的遭遇更糟，一命未及，困顿以死。

（3）宋代士大夫仕宦前后的生活也有其特点。唐代虽实行科举取士，但仕进之路还比较广，有由名人推荐得官的，有直接上书得官的，也有由参佐戎幕出身的，有由地方上的吏出身的。宋代则除武官外，文官一般都得由科举或门荫出身。就科举而言，唐代实行推荐与考试相结合的方法，试卷不糊名，有权势的固可侥幸获得取录，有文名或有名人推荐者亦可捷足先登。故唐代士人在入仕前多有一段漫游的经历，借以结交当世名人，钓取声誉。这使得他们在入仕前就有丰富的阅历，广阔的眼界，也较熟悉民情物理。宋代的科举考试则不需推荐，考卷又是糊名的，权势者固然仍可打通关节，一般人则只靠文词。这在考试制度上虽是一种进步，但士人在入仕前的生活面却狭小了。入仕以后，宋人也与唐人有别，唐代的官吏俸禄之优似不及宋，然唐代地方官对地方的财政有较大的支配权，宋代地方官的权力就少得多，故唐代的地方官往往可以一次馈赠亲友很多财物，宋代的地方官却无此气魄。不过，唐人的宗族观念很重，一人做官，常有亲属百口以上自随，宋人则很少这种记载。故总的来看，宋代官员的生活要优裕一些。加之宋代地方上的钱谷运输和刑狱之事都有专官，无须地方行政长官负责，而冗官又极多，许多官无实际职事，故宋代的官，一般又比唐官清闲一些。有位同志说：唐代文人多没有学问，宋代文人多有学问。我看，这虽与宋代印刷术进步，书籍较为易得不无关系，尤与宋代文人入仕前后的生活关系密切。但唐人的短处，也是他们的长处，宋人的长处，亦即其短处。唐人虽多对经学、诸子学、史学等缺乏研究，但实际知识比宋人多。故他们虽比较俗，不以"遍干诸侯"（李白《与韩荆州书》）、"三上宰相书"（韩愈事）为耻，思想却开拓，抱负也不凡；宋人的书本知识虽较唐人多，有些还有经、子、史方面的专著或对佛教哲学造诣颇深，其生活情趣也较唐人清雅，但思想却局促得多，气魄也小得多。

　　总之，唐代的士大夫多是开拓型的、外向型的，而宋代士大夫则多是保守型的、内向型的。宋代士大夫这种特点，我觉得，正是他们中间许多人对宇宙人生问题感兴趣的根本原因。人总是要有精神生活的，士大夫中间的优秀分子更是如此。如果他们的思想不是集中于国家、社会问题的思考，不是向往着建立不平凡的功业，那必然要去研究学问，钻研琴、棋、书、画等艺术。宋代的许多士大夫正是这样。而研究学问，必然要涉及前此各家各派的思想，涉及一些哲理性的问题。在当时，流行的思想主要有三家：一是儒家的思想；一是道家的思想；一是佛教的宗教哲学，主要是禅宗的宗教哲学。这三派思想是各不相同的，但有一个共同点，即都反对功利主义；而且，由于魏晋的玄学曾会通了《老》《庄》和《周易》，打破了道家与儒学在宇宙与人生问题上的壁垒，也沟通了《老》《庄》与佛教般若学说往来的渠道，禅学的兴起进一步把佛教的宗教哲学中国化，变成了一种新的玄学，这三派的学术更处于一种互相渗透的状态。特别是道家，它似乎被肢解了，一部分被《周易》吸收进去，丰富了儒学；一部分被禅宗吸收进去，使佛学更加简化，更适合中国士大夫的胃口；还有一部分则被有学问的道士拿了去,与中国传统的方术和某些佛教教义相结合而成了道教的理论。宋代的一些士大夫就是从这三种现成的思想资料出发进行自己的思考的,只是由于个人的学术渊源不同,好尚不同,而在去取上各有重点。

宋代的理学,我以为就是在这样的条件下产生的。理学的主干无疑仍是儒家的政治伦理道德哲学,但是,适应宋代的特点,理学家们对儒家的政治观几乎没有任何发展,在政治制度上更没有提出任何针对当时现实的新鲜见解,哪怕是董仲舒的《天人三策》和韩愈的《原道》中提出的那种并不高明的见解也没有。他们对儒学的发展主要是在所谓性命之理和自我修养方法上,而这两方面他们又主要是从佛教、道教那里吸取资料,加以改造,然后附会儒家经典的。不过各家取舍有所不同:周敦颐的太极图、邵雍的先天图主要来自道教徒;二程的天理说主要受禅学的启发,他们的道德修养方法也是从禅宗的修养方法变来。但所有的理学家都特别崇奉《周易》。这是因为在儒家经典中,《周易》谈到宇宙人生的哲理之处最多,便于引申和发挥。二程还特别重视《大学》《中庸》和《孟子》,也是由于这三书中有较多的关于性命方面的论述可供引申和发挥。对于《论语》,他们也极力鼓吹,但实际上在他们的思想体系中,《论语》的地位远不如《周易》和《大学》《中庸》的重要。

应该看到,理学家在发展抽象的理论思维方面是有贡献的,特别是经过朱熹把理学进一步系统化之后。例如他们关于一多关系的见解,关于一物有一理的见解,关于格物致知的论述,都对哲学的发展不无贡献。但是理学家们构筑理学的思想大厦,主要并不是要引导我们去研究物质的自然界,而是要引导我们去体认主观世界中的天理，也就是封建伦理道德的天然合理性，并且引导我们通过主观的修养和反省去自觉地实践。因此，宋代的理学从根本上说，仍是政治伦理道德哲学，而且是一种特别注意自我反省的、内向的关于宇宙和人生的哲学。它是宋代轻外重内、轻事功重道德、轻功利重精神的社会思潮的集中表现，是这种思潮的极端化。正惟如此，理学的出现虽意在巩固现行的制度，强化现行的制度，却在一段较长的时期内并不为统治者所重视。因为宋初的统治者虽然通过各种制度形成了这样一种思潮，但他们的统治机器却需要运转，这就需要士大夫们在一定程度上仍然讲功利、讲事功，而不需要那种修养到像泥塑木雕一样的不能办事的人。这一点，我们从后来的理学名臣大都是不够标准的理学家，而标准的理学家则大都并非名臣可以得到证明。后代比较充分地具备这双重身份的大概只有一个王守仁。然王守仁并不是程朱派理学家，用程朱派的观点来衡量，他仍是不够理学家的标准的。

宋代的文学家同理学家有区别。一般地说，他们的思路要开拓一些，生活也没有理学家那样的拘谨，在私生活方面，有的人还比较放荡。这是宋词得以发展的一个重要原因，也是理学家同某些文学家（例如苏轼）相龃龉的原因。但文学家既然留心学问，就不能不习惯于理论的思考，也不能不或多或少地接触到一些哲理性的问题，只是不去深究罢了。宋代文人这种对理论的兴趣，甚至在某些较为务实的豪杰之士的身上也反映出来。如范仲淹是著名政治家，曾鼓吹"先天下之忧而忧，后大卜之乐而乐"，这在宋代士大夫中是罕见的。然而正是他指点张载不要急于仕进，而去学《中庸》。记载此事的未说明他的意图，但《中庸》

主要讲的是儒家的性命学说，他的意图自应在此，后来张载果然循此以进而成了理学家。王安石尤为典型，他既是一个务实的政治家，同时又对性命之理很有兴趣，晚年还笃信佛教。苏轼也不例外，他不仅学佛，颇精禅理，而且与其父其弟都精研《易》道，探求性命、事物之理。黄庭坚对佛教的虔诚尤甚于苏轼。陆游算是学道最无所得的，对理学、禅学、道教都是门外汉，然有时也要唱"文辞终与道相妨"的高调。钱锺书先生在《谈艺录》中曾指出一个耐人寻味的现象：人年轻时喜欢唐诗，年老了转而喜欢宋诗。我认为这固然是因为年轻人喜欢感性的形象，年老人喜欢深沉的思考；也由于年轻人一般富于朝气，喜欢开拓的境界；年老了，开拓事业的雄心通常多减退了，对人情物理的认识却深入了，故对哲理性的探索容易引起共鸣。

假如上述的一些论述基本上合乎实际，我想可以得出这样的结论：宋诗、赋、文中的说理成分较多，除了有文学本身发展的因革关系外，实是由宋朝士大夫内向的思想方法和志趣所造成的。它是一种社会的思潮。故理学家的诗、赋、文好说理，非理学家写作时也好说理；受到理学影响的人固然好说理，没有受到它的影响的人也自然而然地好说理。因此我们可以说它们互相影响、渗透，却不能说崇尚说理的文风是在理学的影响下形成的，因为这与实际情况不符。但到南宋末期，情况就不同了。由于理学成了占支配地位的思想，文学于是也开始受其支配。这一情况一直延续到明朝中叶，以后仍有影响。不过，它们的关系始终是矛盾的。这不仅是因为理学家认为"作文害道"，对文学创作抱着轻蔑或轻率的态度；更为主要的是，理学的思想体系及其闭户反省的修养方法和生活方式都同文学的根本性质难以相容。文学离开丰富多彩的生活，离开人的活生生的感情和欲望就一定会枯竭，而理学则要求人的一言一行都符合封建主义的性理，要求人的心灵像死水般平静。所以后代尽管有人（例如元末明初的宋濂，清代的方苞、姚鼐）企图把程朱的道统和韩、欧（或欧、曾）的文统协调起来，也有人企图把《击壤集》《濂洛风雅》之类的理学诗奉为诗的正宗，结果都归于失败。但理学成为官方的统治思想之后，它的影响是浸透到社会生活的各个方面的，文学自无法回避它。所以自南宋末年以来，不论哪个作家对理学的态度如何，是拥护还是反对，是装点门面还是衷心服膺，是局部赞成还是全盘接受，在他的一些作品（不是全部作品）中，总是或多或少地有着理学的幽灵，甚至某些民间作品也不能免。

　　还要指出：我们说宋代诗、文、赋崇尚说理，并不是说它只有这一种倾向，在这时，纯粹的抒情之作也不少。它所说的理，也不只是哲理之理，还包括各种事理，政理（即治国的道理）也是其中之一，而且占的分量较重。纯粹的政论文自不必说，诗、赋中亦夥。这类作品古亦有之，但如王安石的《兼并》诗之类全似政论的诗，崔伯易的《感山赋》、邵雍的《洛阳怀古赋》、杨万里的《浯溪赋》之类很似政论的赋却是过去罕见的，这同宋代士大夫习惯于理论的思考自然不无关系，还与宋代制科重视策论也有关联，是所谓"制科人习气"的一种反映。此外，宋代文禁严、文忌多，也可能有影响。因为宋时的文忌，从几次文字狱来看，主要是忌讽刺、忌影射，至于公开的议论当然也可犯时忌，但毕竟事理昭然，不易招致捕风捉影、深文周纳的诬陷。但这只是从分析中得出来的一种推测，然欤？否欤？尚有待进一步的研究。

第二章　洛、蜀党争与文学

北宋中期（仁宗到哲宗）是我国文化、思想发生重大变化的时期，也是文学思想发生重要变化的时期，这个变化同宋仁宗庆历以来的改革与反改革的斗争有密切的联系，这一点已为研究我国思想史和文学史的人所注意。但是人们谈论得较多的是庆历改革和熙宁变法同宋代诗文改革运动和理学的关系，而忽视了洛学（理学）和蜀学（苏学）的对立，忽视了所谓"元祐"党人内洛、蜀两派斗争在思想文化史上的意义和影响。只有一些研究文学批评史的同志比较注意宋人陈善的话："唐文章三变，本朝文章亦三变矣。荆公以经术，东坡以议论，程氏以性理，三者要各自立门户，不相蹈袭。"并据此来阐述三家文学观的分歧。郭绍虞先生的分析尤较深刻。但是这些同志大都是只就文学观立言，很少联系他们的思想体系来探讨，对苏轼文论的阐述尤多如此。因此，洛、蜀之争在我国文学史乃至整个思想文化史上的意义就显得模糊不清，而苏轼父子兄弟，特别是苏轼在思想、文化史上的功绩也就未得到应有的评价，这是很可惜的。

然则洛、蜀之争的性质和意义究竟如何呢？我想先从这一斗争的起因和经过说起。

所谓洛、蜀党争是指程颐一派的理学家同苏轼兄弟及其朋友们的斗争。这一斗争发生在宋哲宗元祐年间。当时哲宗尚年幼，高太后掌权，司马光、吕公著等当政，次第废除神宗时王安石创立的新法。因反对新法而被排斥出朝廷的苏轼兄弟和过去未被起用的程颐都到朝廷任职。他们各自有一批门人和同好，互相指摘和抨击，因程颐是洛阳人，苏轼是蜀人，所以称为洛、蜀党争。

洛、蜀党争同以王安石为首的新党与司马光为首的旧党的党争不同。新、旧党虽有学术思想上的严重分歧，但主要表现为政治上改革与反改革的斗争。洛、蜀两党之争则主要表现为学术观点和思想作风上的冲突，在政治上的分歧则因时间短，尚未显示出来。据史载，冲突首先是这样引起的：

> 程颐在经筵多用古礼，苏轼谓其不近人情，深疾之，每加玩侮。方司马光之卒也，明堂降赦，臣僚称贺讫，两省官欲往奠光，颐不可，曰："子于是日哭则不歌。"坐客有难之者，曰："孔子言哭则不歌，不言歌则不哭。"苏轼曰："此乃枉死市叔孙通所制礼也。"众皆大笑，遂成嫌隙。（《续资治通鉴》卷八十哲宗元祐元年）

按此事亦见朱熹《伊川先生年谱》，所据为当时侍御史吕陶的记述，程氏《语录》亦有记载，当属事实。类似这样的事，朱熹还从《语录》中引了一则：

> 国忌行香，伊川（程颐）令供素馔。子瞻（苏轼）诘之曰："正叔（程颐）不好佛，胡为食素？"先生曰："礼，居丧不饮酒，不食肉，忌日，丧之余也。"子瞻令具肉食，曰："为刘氏者左袒。"于是范醇夫（范祖禹）辈食素，秦（观）、黄（庭坚）辈食肉。

此事又见鲜于绰《传信录》，大概也不错。其他见于宋人记载者也有二则：

> 伊川主温公丧事，子瞻周视无阙礼，乃曰："正叔丧礼何其熟也？"又曰："轼闻居丧未葬读丧礼，太中（程颐父名）康宁，何为读丧礼乎？"伊川不答。

> 司马文正公薨，时程正叔以臆说敛之，正如封角状。东坡嫉其怪妄，因怒诋曰："此岂信物一角，附上阎罗大王者耶？"唐吴尧卿以佣保起家，托附权势，盗用盐铁钱六十万缗。毕师铎之乱，广陵陷，亡命为仇家所杀，弃尸衢中，其妻以纸絮苇棺敛之。好事者题其上曰："信物一角，附至阿鼻地狱，请去斜封，送上阎罗大王。"坡语本此。

前一则见《语录》，后一则见《宋稗类钞·诋毁》。这两事恐不可靠。因为苏轼即使讨厌程颐，绝不至拿他的父亲来开玩笑，也不至于对刚死去的司马光那样的不严肃。但此类故事的流传，确实表现苏轼对程颐是鄙薄的。

读者看到这些记载也许会说苏轼这样对待程颐似乎过于"刻薄"了。从宋人所记苏氏的为人来看，他的言语有时也确是"刻薄"的，他对王安石的某些攻击，即不免此病。但程颐这个人元祐初年在朝的表现，我们不必旁稽，仅从他的门弟子所记和朱熹在《年谱》中所引的一些事来看，也真够令人看不惯了。他当时的职务是崇政殿说书，这是一个小官。他不仅常常借说书讲一些所谓正心诚意的道理，还有许多不近人情的怪举动。例如有一次，哲宗"尝因春筵讲罢，移坐小轩中，赐茶，自起折一柳枝，程颐……遽起谏曰：'方春万物生荣，不可无故摧折。'哲宗色不平，因掷弃之"。这种迂腐的行为，是令人难以容忍的。据说司马光听了此事也不乐，对门人说："遂使人主不欲亲近儒生，正为此辈。"高太后听了也叹道："怪鬼坏事！"（见马永卿《元城语录》）更有甚者，一次哲宗有小病，侍讲的大臣们都无言，他却抢先问安。还有一次哲宗偶因病不临朝（时高太后垂帘听政），大臣们均未在意，他又抢先出头，要宰相去问安，这就又一变而为佞谀了。在小皇帝面前，既板起面孔，事事教训，又趁机讨好，献殷勤，这当然使同时作皇帝侍读的苏轼看不上眼，而要"素疾程颐之奸，未尝假以色词"（《东坡奏议》卷九《杭州召还乞郡状》）了。

程颐所以引起苏轼等人的不满，据程氏门人说，还因为"时吕申公（公著）为相，凡事有疑，必质于伊川。进退人才，二苏疑伊川有力，故极诋之"（程氏《语录》）。朱熹则认为程颐在经筵，为文彦博、吕公著、范纯仁等所尊重，"一时人士归其门者甚盛，而先生亦以天下自任，论议褒贬，无所顾避。由是，同朝之士有以文章名世者（按：指苏轼），疾之如仇，与其党类巧为谤诋"（《伊川年谱》）。这实际上都是说，程颐虽是个小官，但正在依托吕公著等人形成自己的政治势力，左右当时的政局。然而从现存的史料来看，我们却找不到程氏及其门人对时政提过什么重要主张。他们除追随司马光、吕公著等攻击王安石的新法和对北宋的学校制度提出过一些意见外，就是联络当时以刘挚为首的"朔党"的一些人物，利用把持言论的条件，对一些不归附道学（理学）的人展开纵横捭阖的攻击，而尤集中于攻击苏轼兄弟及其友好秦观等人。从他们的攻击中，我们可以比较清楚地看清理学家的面貌。

首先对苏轼发动攻击的是程门高足朱光庭（字公掞），时间是元祐元年冬。当时学士院试馆职，策问是苏轼拟的，其中有"欲师仁宗之忠厚，而患百官有司不举其职，或至于媮；欲法神考之厉精，而恐监司守令不识其意，流入于刻"及"汉文宽大长者，不闻有怠废不举之病；宣帝综核名实，不闻有督察过甚之失"等语。苏轼这个策问，显系针对执政当局对熙宁之法不加分析一概反对而发。如果有人站在完全守旧的立场，对此加以反对，虽然立足点不对，尚不失为一种堂堂正正的政治争论。但朱光庭不是如此，而是说："臣以为仁宗之深仁厚德，如天之为大，汉文不足以过也。神考之雄才大略，如神之不测，宣帝不足以过也。今学士院考试官不识大体，反以谕刻为议论，乞正考试官之罪。"这就是完全不顾苏氏的原意，而企图坐之以诋毁君上之名，将他置于死地了。幸而高太后对苏轼尚有好感，经苏轼本人和吕陶辨明，得以无罪。次年元月，同情朱光庭的傅尧俞、王岩叟（朔党头目之一）又攻击苏氏命题不当，后经吕公著调停，才由皇帝下诏说："苏轼所撰策题，即无讥讽祖宗之意，然自来官司试人，亦无将祖宗治体评议者，盖一时失于检会，劄付学士院知。"（《续通鉴》卷八十）并命傅尧俞、王岩叟、朱光庭依旧供职。所以这场斗争实际上是洛党取得了胜利。

第二次攻击是程氏党羽贾易发动的，时间是元祐二年七月，起因是监察御史张舜民曾指摘文彦博在处理西夏问题上的错误而被免职，仍依前权判登闻鼓院。傅尧俞、王岩叟、梁焘、孙升等为张鸣不平，梁、孙因而受到贬谪。于是贾易借机攻击吕陶（蜀党），说他不肯为张舜民说话，结果吕被排挤出朝廷。

不过，洛党在这两次胜利之后，也开始遇到了麻烦。首先，程颐本人因在皇帝面前过于突出自己，引起了一些大臣的不满，于是在孔文仲的弹劾下，被免去了说书的职务，差往管勾西京国子监，这是元祐二年八月的事。这时，贾易又出来了，他建言将苏轼同程颐一道逐出朝廷，并说吕陶党于苏轼兄弟是受到文彦博的支持，还指摘了范纯仁。高太后因此大怒，罢免了他的右司谏的职务，令出知怀州。他到怀州以后写谢表又攻击苏辙并及在朝群臣。"于是御史交章论易诋事程颐，默受教戒，附下罔上，背公死党。"朝廷又把他降为知广德军。

但是，程颐离开朝廷并不意味着洛、蜀党争的结束，不仅因为他的党羽还有人在朝，而且以刘挚、梁焘、刘安世等为首的朔党在洛、蜀之争中是偏袒洛党的，在某种意义上也可说他们实际是一党。元祐六年御史中丞郑雍、侍御史杨畏开列刘挚的党羽，就有朱光庭、贾易和程颐另一著名弟子杨国宝。正惟如此，贾易、朱光庭不久就回到了朝廷。而与刘挚等沆瀣一气的赵挺之、王觌、刘安世、赵君锡等又不断地向苏氏兄弟及其友好进行攻击，贾易尤死死地缠住苏轼不放。据《续通鉴》记载：

（元祐二年九月）庚申，王觌奏：苏轼、程颐向缘小忿，浸结仇怨，于是颐、轼素所亲善之人更相诋讦，以求胜势。前日颐去而言者及轼，故轼乞补外，既降诏不允，寻复进职经筵。今执政大臣有缺，若欲保全轼，则且勿大用，庶几使轼不遽及于悔吝。（按：王觌此奏貌似公正，但其意在阻止朝廷"大用"苏轼。）

（元祐三年正月）王觌奏：苏轼长于辞华而暗于理义，若使久在朝廷，则必立异妄作，宜且与一郡，稍为轻浮躁竞之戒。（按：比上次更进一步了。）

（元祐三年四月）御史中丞胡中愈为尚书右丞。……韩川、刘安世（朔党）进对，太皇太后问："近日差除如何？"安世对曰："朝廷用人，皆协舆望，惟胡宗愈公议以为未允耳。"……（五月）谏议大夫王觌疏言："胡宗愈自为御史中丞，论事建言多出私意，与苏轼、孔文仲各以亲旧相为比朋。"内批："王觌论列不当，落职与外任差遣。"翼日吕公著言："觌若止为论列宗愈，便行责降，必不协众情。"……赵挺之、杨康国亦言不当因论人而逐谏官……不听。

（元祐四年三月）胡宗愈罢为资政殿学士、知陈州，以刘安世屡劾其罪状故也。（按：《宋史》本传不载胡有什么罪行）……翰林学士兼侍读苏轼罢为龙图阁学士、知杭州。轼尝读祖宗宝训，因及时事。历言："今功罪不明，善恶无所劝沮；又黄河势方北流，而强使之东；夏人寇镇戎，杀掠几万人，帅臣掩蔽不以闻……恐浸成衰乱之渐。"当轴者恨之，赵挺之、王觌攻之尤甚。轼知不见容，请外，故有是命。（按：此时的宰辅为文彦博、吕大防、范纯仁，范政见与苏多相近，此处当轴者当指文、吕。旧史称吕中立无党，然其兄弟皆为程氏门人。）

（元祐六年正月）以龙图阁直学士、知杭州苏轼为吏部尚书。……（二月）以苏辙为尚书右丞。命既下，而右司谏杨康国（刘挚之党）不书读，诏范祖禹书读行下。苏轼改翰林承旨，避嫌也。……（五月）诏翰林学士承旨苏轼兼侍读。

（元祐六年八月）戊子朔，贾易上疏，言苏轼顷在扬州题诗，以奉先帝遗诏为"闻好语"，草吕大防制云"民亦劳上"，引用厉王诗，以比熙宁、元丰之政。弟辙早应制科试，文谬不及格。幸而滥进，与轼皆诽怨先帝，无人臣礼，至引李林甫、杨国忠为喻。奏既入，又有别疏。宰执进呈，具言易前后异同之语，退复具奏曰："臣等窃知易乃王安礼所善，安礼以十科

荐之。今群失职之人皆在江淮，易来自东南。此疏不惟动摇
朝政，亦阴以申群小之愤。"乃诏与易外任。……壬辰，翰林
学士承旨苏轼罢。轼既为贾易诬诋，赵君锡相继言之。后数
日入见，具辨其事，因复请外，诏以龙图阁学士、知颍州。

上引洛党及其同盟军对蜀党的几次进攻，以最后贾易一疏最凶
恶。据苏轼本年七月二十八日所上《乞外补回避贾易劄子》及
八月初四日所上《辨贾易弹奏待罪劄子》，知贾易先曾探得苏轼
法外刺配颜章、颜益事，借以进行攻击；又诬蔑苏轼在杭州任内
及回朝奏报浙西水灾不实，进行弹劾；均未如意，于是就翻苏轼
七年前写的一首诗来诬陷。原来苏轼于元丰八年五月在扬州写过
三首诗，其第三首说："此生已觉都无事，今岁仍逢大有年。山
寺归来闻好语，野花啼笑亦欣然。"所谓"好语"，据苏轼自己辩
解，是指听人说神宗的儿子（即哲宗）很好，恐未必然。但贾易
等把"好语"说成是指神宗逝世的消息，则毫无根据。姑不论像
苏轼那样的人绝不会写庆幸皇帝去世的诗，在时间上也不相
合，何况他的诗还是题在一个庙壁上呢？故当时宰相也不得不怀
疑贾易居心叵测，而假借其与王安礼（王安石弟）的关系将他逐
出朝廷。然而最后苏轼仍不得不外任，可见当时反苏的势力是颇
大的。但经过几次斗争，苏辙却在朝站稳了脚跟。次年三月，程
颐父丧服满，三省建言宜除馆职，苏辙说："颐入朝恐不肯静。"高
太后从其言，故程颐不复入朝。

洛、蜀之争大致经过就是这样。元祐七年七月，苏轼还朝，次
年董敦逸等又弹劾苏氏兄弟，手法大致与贾易同，也说苏轼曾"指
斥先帝"，但那似乎已是代表新党说话了。不久，高太后去世，哲
宗亲政，新党逐渐上台，排斥了旧党。自此至北宋末，包括洛、

蜀两党在内的元祐党人基本上不复掌权,两党之争在政治上自然地消沉了。但程学与苏学之争却仍在继续着。不过,总的说来,终宋之世,苏学虽一度盛行,已不复成派,而程学则日益扩展。

在对洛、蜀之争的历史作了概略的描述之后,我们就可以进一步探讨这一斗争的性质及其意义了。

人们对洛、蜀之争曾经有过不同的评论:或以为不过如"家人之室斗"(明张溥),或以为只是理学家与文士的矛盾(近人多持此见)。这从某一方面说,都不为无据,特别是第二说,确指出了某种本质上的分歧。但是,如果苏轼仅仅只是一个文士,像唐朝的李白、杜甫一样,那就只可能出现程、苏之争,而不大可能出现洛、蜀党争,更不可能有程学与苏学之争,并对后代产生重要影响。程、苏之争所以不但成了党派之争,也成了苏学与程学之争,就在于程氏固然是成体系的学术思想流派的创立者,苏氏也不自安于作文士,而是从宇宙观、人性论到政治观等都有自己的看法;他们对文学的看法更是针锋相对。程、苏的势若水火,他们的门人也势若水火,其奥秘即在于此。不过,他们之间的这种矛盾,开始确实并不如此地明显,且又未进行过全面的论争,因而不为局外人所觉察。但是,我们从其彼此攻伐的言辞里,却隐然可见其各有森严的壁垒。对此,程氏的后学朱熹是看得很清楚的,他在自己的著作和言论中曾反复地辨明了这一点,其中尤以《答汪尚书(汪应辰)》一信讲得最明白。现在把它摘录于下:

> 又蒙教喻以两苏之学不可与王氏同科,此乃浅陋辞不别白,指不分明之过,请复陈之于后。而来教又以欧阳、司马同于苏氏,则熹亦未能不以为疑也。盖欧阳、司马之学,其于圣

贤之高致，固非末学所敢议者，然其所存所守，皆不失儒者之旧，特恐有所未尽耳。至于王氏、苏氏，则皆以佛老为圣人，既不纯乎儒者之学矣（非恶其如此，特于此验其于吾儒之学无所得）。而王氏支离穿凿，尤无义味……至若苏氏之言，高者出入有无而曲成义理（如《易》说性命阴阳，《书》之人心道心，《古史》之中一性善，《老子》之道器中和），下者指陈利害而切人情，其智识才辨谋为气概，又足以震耀而张皇之，使听者欣然而不知倦，非王氏之比也。然语道学则迷大本，论事实则尚权谋，炫浮华，忘本实，贵通达，贱名检。此其害天理，乱人心，妨道术，败风教，亦岂尽出王氏之下也哉？……使其行于当世，亦为王氏之盛，则其为祸，不但王氏而已，主名教者亦不得恝然而无言也。盖王氏之学虽谈空虚而无精彩，虽急功利而少机变，其极也，陋如薛昂之徒而已。蔡京虽名推尊王氏，然其淫侈纵恣，所以败乱天下者，不尽出于金陵也。若苏氏，则其律身已不若荆公之严，其为术要未忘功利而诡秘过之。其徒若秦观、李廌之流皆浮诞佻轻，士类不齿，相与扇纵横捭阖之辨，以持其说，而漠然不知礼义廉耻之为何物。虽其势利未能有以动人，而世之乐放纵、恶拘检者已纷然向之。使其得志，则凡蔡京之为，未必不深为之也。

朱熹是一个严格的理学家，又是一位渊博的学者。当其以学者的态度讨论某种具体问题时，他有时是比较客观的，因而在别的文章里面，他对苏氏、工氏的经解都曾有所取，对他们的文学成就也有所肯定。但当其以理学家的眼光来评判理论上的分歧时，他就毫不宽容了，正如他自己所说："至于论道学邪正之际，则其辨有在毫厘之间者，虽有假借而不能私也。"（同上书）所以他在这里对王、苏之学都极尽诋毁之能事。然以其"辨析毫厘"，我们也就可以看到程学与苏学的对立不限于个别的方面，而是从体到用，从思想到个人生活作风的对立。下面，我按照朱熹提供的线索，作概略的比较。

理学家的哲学可以称为性理之学，也可以称为性命之学，无论怎么说，其核心都是人性论，而其最后的归宿则是要证明封建伦常是出于人的本性，正如佛教徒千言万语，其最后目的是骗人成佛一样。程颢曾说："吾学虽有所授受，天理二字，却是自家体贴出来。"（《上蔡语录》卷上）这并不是虚妄的自我吹嘘。由于提出宇宙精神的天理来与物质的气相对，程颢等人把古老的中国儒家思想哲学化了，系统化了。从理论思维的发展来说，确是一个进步。但理学家们抬出"天理"来，从人性论的角度说，无非是要证明所谓天命之性就是"天理"，就是仁、义、礼、智、信，所以程颐说："穷理尽性至命，只是一事，才穷理，便尽性，才尽性，便至命。"（《二程遗书》卷十八）又说："理也，性也，命也，三者未尝有异。穷理则尽性，尽性则知天命矣。天命犹天道也，以其用而言之则谓之命，命者造化之谓也。"（同上，卷二一下）这里又提出"道"来，可见所谓"天道"也就是"天理"。既然如此，那么为什么有些人为"恶"呢？他们认为这是由于人的秉气"有善不善"（《宋元学案》引程颐《语录》），因而对情欲的态度不同。程颐《颜子所好何学论》云：

> 天地储精，得五行之秀者为人。其本也真而静，其未发也五性具焉，曰仁、义、礼、智、信。形既生矣，外物触其形而动于中矣。其中动而七情出焉，曰喜、怒、哀、惧、爱、恶、欲，情

既炽而益荡，其性凿矣。是故觉者约其情使合于中，正其心，养其性，故曰性其情。愚者则不知制之，纵其情而至于邪僻，牿其性而亡之，故曰情其性。凡学之道，正其心，养其性而已。……仁、义、忠、信不离乎心，造次必于是，颠沛必于是，出处语默必于是，久而弗失，则居之安，动容周旋中礼，而邪僻之心无自生矣。

这里的"性其情"与"情其性"两个提法，特别值得注意，因为程颐不仅离性与情为二，而且强调要约情归性，而不能"纵其情"，这正是理学家人性论的旨归。正是从这个宗旨出发，二程又就伪古文《尚书·大禹谟》中的"人心惟危"等四句话加以发挥说："'人心惟危'，人欲也。'道心惟微'，天理也。'惟精惟一'，所以至之。'允执厥中'，所以行之。"（《二程遗书》卷十一）就是要精诣天理来遏制人欲。他们在道德修养方法上所强调的"主敬"，固是为达到这一目的服务；就是在认识论上讲的格物致知、格物穷理也是为了达到这一目的。

二程理学的宗旨既是这样（二程略有区别，此处不论），所以尽管他们也说"学者不可不通世务"，但主要是用力于使自己的思想人格合乎其所谓"天理"，而这个天理又在性中，所以他们的哲学实际上是一种内省之学。程颐对此说得很明确：

古之学者为己，其终至于成物。今之学者为人，其终至于丧己。学也者，使人求于内也。不求于内而求于外，非圣人之学也。何谓不求于内而求于外？以文为主者是也。学也者，使人求于本也。不求于本而求于末，非圣人之学也。何为不求于本而求于末，考详略、采同异者是也。（《宋元学案·伊川学案》附《语录》）

了解这一点是非常重要的，因为这不仅是宋明理学的特点，也是它同文学格格不入的一个重要原因。

苏氏兄弟也是地主阶级在思想文化方面的代表，又与二程生活在同一历史条件下，他们的思想当然不可能是绝对对立的。大家都知道，理学家受过禅宗的影响，苏轼也受到禅宗的影响，这就是相同的，故理学家谈性命，苏轼也谈性命。至于维护封建制度、维护封建伦理道德，那自然更是相同的。然而禅宗本身就有不同的派别，有的强调见性成佛，不守清规戒律，有的强调定慧双修，笃守戒律。前者实际是上承中国道家的庄子之学，而走上因顺自然的道路。宋代的理学家主要接受后者的影响，苏轼则主要接受前者的影响。当然，他们都不是原封不动地接受，而是将它溶化在儒学之中，并同他们接受的别的学术思想的影响融会在一起。

苏轼之学受其父苏洵影响最深。苏洵是一位政论家，其学可以"权术"两字尽之。权，即通权达变，因时制宜，因人制宜；术，即统治的方法和处事的方法。他用权术考察古今治乱，也用权术研究《五经》，故其论《易》谓圣人作《易》是"用其机权，以持天下之心"（《易论》）。论《书》，则得出"圣人因风俗之变而用其权。圣人之权用于当世，而风俗之变益甚，以至于不可复反"（《书论》）的结论。论《诗》，则谓礼"穷于强人，而有《诗》焉"，"故《诗》之教不使人之情至于不胜也"（《诗论》）。这样来讲圣经，可谓发其底蕴，然未免有亵渎"圣人"之嫌。前人讥苏洵之学出于纵横家，那是不错的。苏轼兄弟论事都颇承其父的余风。不过，他们兄弟受《老》《庄》的影响颇深，在重视权变的同时更注意"因"。即因其自然之势实施权变。故苏轼在仁宗时主张实施一些救弊的变革；在神宗变法时，他坚决反对对祖宗之法做大的变更；在司马光尽废新法时，他力主保存行之有效的雇役法不变。他这种既因顺自然又通权达变的观点也体现在他的宇宙观、人性论、文学观和生活态度中，从而构成他同理学家的重要分歧。

首先是对道的看法不同。苏轼在其《易传·系辞》注中说：

> 阴阳交然后生物，物生而后有象，象立而阴阳隐。……圣人知道之难言也，故借阴阳以言之，曰一阴一阳之谓道。一阴一阳者，阴阳未交而物未生之谓也。……阴阳之未交，廓然无一物，而不可谓之无有，此真道之似也。

这同程颐所说的"'一阴一阳之谓道'。道非阴阳也，所以一阴一阳，道也"并无多少区别，都是以道作为最高的精神实体。但苏轼又认为"阴阳交而生物，道与物接而生善，物生而阴阳隐，善立而道不见矣"。故他所谓"道"，是散处于物中而看不见的，须要人从物中一件一件去体察，因而他得出结论："道可致而不可求。"（《日喻说》）就是说，没有什么现成的道可以求取，只能在研究事物中自然得到（即"致"）。这就把道讲成不是凝固的，而是寓于事物变化中的了。我们知道，理学家是以继承孔孟道统自命的，而且还标榜什么"孔门传授心法"。苏轼的这种道论，无异对他们是当头一棒，当然不能容忍。

苏轼的人性论是同他的道论相联系的。他认为道与性的关系是"道之似则声也，性之似则闻也"（《东坡易传·系辞》注）。即是发生与承受的关系，道既只是阴阳未分以前的不可名状的东西，性自然也无所谓善恶。所以他在释《系辞》"　阴　阳谓之道，继之者善也，成之者性也"时说："昔者孟子以性为善，以为至矣，读《易》而后知其非也。孟子之于性，盖见其继者而已。夫善，性之效也。……性之于善，犹火之能熟物也。"就是说性具有产生仁智等"善"的本能，但善却是后天形成的。在《中庸论上》中他继续对此加以发挥，其言曰：

> 人之好恶，莫如好色而恶臭，是人之性也。好善如好色，恶恶如恶臭，是圣之诚也。故曰"自诚明谓之性"。

他还特别对诚、明作出解释，认为："夫诚者，何也？乐之之谓也。乐之则自信，故曰诚。夫明者，何也？知之之谓也。知之则达，故曰明。"据此可知，他所谓的"性"，实际上是指人的自然本能。"乐"是指乐其好色、恶臭的本能，"明"是指知对这种本能加以发挥而成为好善、恶恶的能力，即由自然的人性引申出社会的人性。后来的陆王学派正是遵循苏轼这个思维的路线。但东坡又与陆九渊、王守仁不同，他不从善恶上分别性与情，而直说："情者性之动也，溯而上至于命，沿而下至于情，无非性者。性之与情，非有善恶之别也。"（《东坡易传》释"乾"之"彖辞"）这实际上是把性情合而为一。故而他说："夫圣人之道，自本而观之，则皆出于人情。"就是那种"为若强人者"的礼，也是本于人情的。如果人的欲望、生活没有个节制，"则吾无乃亦将病之，夫岂独吾病之，天下之匹夫匹妇，莫不病之也"。他认为这里正用得着"自诚明"的"明"，只要"辨其所从生"，那就连"夫妇之愚"也可以知道这种节制的必要了。（《中庸论》中）惟其如此，他认为"礼以养人为本"，不可"论之太详，畏之太甚"，"凡人情之所安而有节者皆礼也"，而"不可以出于人情之所不安"。所以他认为礼既是有定论的，又是没有定论的，即应以"人情安否"为准，而不以前人的规定（"三代之礼"）为准。只要按照"礼之大意"，"明天下之分，严君臣、笃父子、形孝弟而显仁义"就可以了。（《礼以养人为本论》)孔子明言三代之礼有因革,这一点理学家当然知道,所以说礼要因时变化,他们还不会完全反对,但要说礼本于人情,而不本于"天理",又要废除烦苛,只存"大意",那是他们不能接受的,何况苏轼还否认性善之说,鼓吹自然人性论呢!朱熹说苏轼的人性论是"特假于浮屠'非幻不灭,得无所还者'而为是说",因斥为"杂学"(《杂学辨》)。我们认为,就苏轼以性无善恶而言,他可能受到佛家佛性学说的影响,然理学家的天理说,又何尝不受到佛教"真如佛性"的启发?理学家反对苏轼,关键并不在此,而是他既把人的自然情欲合理化,又把以五常为"天理"的说教排除了。

苏轼既合情于性,故他对《大禹谟》中"人心""道心"的解释也与二程不同。他在《易传》中说:"人心,众人之心也。喜、怒、哀、乐之类是也。道心,本心也,能生喜、怒、哀、乐者也。"故二者也同情性一样没有什么善恶的区别,而可合而为一:"道心即人心也,人心即道心也。"人心所以与道心歧而为二,是由于人心的"放"而"不精",即"喜、怒、哀、乐随其欲","精则一矣"。他并联系《中庸》所说的"喜、怒、哀、乐未发之谓中,发而皆中节谓之和"等语,认为"中"即"本心之表著",而"和"乃"喜、怒、哀、乐无非道者",这同他的人性论是完全一致的。

总之,苏轼的思想有着因顺自然而又通权达变为之节制的特色,他的政治观点固然以此为指导,他累遭打击而能豁达,按封建的标准看,大节无亏而细行不检,都是以此为指导。这同事事都要讲所谓"丰敬"的程颐之流相比,显然是冰炭不相容的。

苏轼的文学观也同他的基本思想相联系。但由于文学本身又有其特殊的规律,苏轼作为一个在诗、文、书、画等方面都有很高造诣的文学家是深明它的特殊规律的,而程颐等理学家往往无视这一点,因而他们在文学观上的对立就更为突出,更为尖锐。在这里,我仍拟先将程氏及其他北宋著名理学家的文论作概略的介绍,然后以苏氏父子兄弟的文论来同它作比较。

理学家文论的核心是"文以载道"说。这首先是由周敦颐提出来的。它同唐以来的古文家所倡导的"文以明道""文以贯道",在含义上都有区别。因为不管是"明"或"贯",都还是立足于"文"而言的,故可以说它是文学家的文道结合论或文道统一论;"载道"之"载",是运载之意,文完全成了道的工具,这才是道学家的文论。但周敦颐还只是在提法上降低文的作用,未明言废文,到程颐,就直说"作文害道"(《二程遗书》卷十八《伊川语》)了。当然,他们也并非要废除文字著述,而是认为文不须"作","圣人亦摅发胸中所蕴,自成文耳,所谓有德者必有言也"。正唯如此,在程颐看来,这个"文"绝不同于文人之文,故曰:"游、夏亦何尝秉笔学为词章也?且如'观乎天文以察时变,观乎人文以化成天下',此岂词章之文也。"这就是说,只有儒家圣贤的著作才算真正的文。所以他说:

> 某素不作诗,亦非是禁止不作,但不欲为此闲言语。且如今言能诗无如杜甫,如云:"穿花蛱蝶深深见,点水蜻蜓款款飞。"如此闲言语,道出做甚!

简直是把大量的诗除出在"文"之外了。(以上引文均见《二程遗书》卷十八《伊川语》)然而他们有时又把诗的作用抬得很高,程颐说:

> 诗者,言之述也,言之不足而长言之,咏歌之所由兴也。其发于诚,感之深,至于不知手之舞、足之蹈,故其入于人也亦深,至可以动天地、感鬼神。(《伊川经说》卷三)

程颢则曰：

> 学之兴起莫先于诗。诗有美刺，歌颂之以知善恶治乱兴废。（《二程遗书》卷十一）

> 学者不可以不看诗，看诗便使人长一格价。（《近思录》卷三）

这看起来同前面的说法相矛盾，实际上后面的议论主要是对《诗经》言的，前面则是对后人之诗言的。自然，他们认为的好诗，也可以包括在能兴起、感动人的诗之内。

正是由于认识到了诗能兴起、感动人，他们又特别重视诗在涵养道德方面的作用，程颢的"使人长一格价"即此意，程颐更说得明白：

> "兴于诗"者，吟咏性情、涵畅道德之中而歆动之，有"吾与点也"之气象。（《程氏外书》卷三）

又据《程氏外书》引《上蔡语录》，谓程颢"善言诗，他又浑不曾章解句释，但优游玩味吟哦上下，便使人有得处"。这正是其弟所云"涵畅道德之中而歆动之"的实践。

二程中程颐只留下个别篇章，看来他根本不能作诗，他说不作"闲言语"，可能还有自我解嘲性质。程颢的诗作得好些，如"万物静观皆自得，四时佳兴与人同。道通天地有形外，思入风云变态中"（《秋日偶成》），颇有理趣；如"未须愁日暮，天际是轻阴"（《陈公廙园修禊事席上赋》），据云系讽刺王安石变法而作，也颇含蓄有致。但北宋理学家之好作诗者还是二程的前辈邵雍，他的诗论也比较系统。其理论基础则是他的"以物观物"说。所谓"以物观物"，是对"以我观物"而言的，即排除个人的感情，而去体察万物，从而达到所谓"穷理""尽性""知命"。故他说："以物观物，性也；以我观物，情也。"（《观物外篇》）又说："任我则情，情则蔽，蔽则昏矣；因物则性，性则神，神则明矣。"（同上）在其《伊川击壤集序》中，他分别谈到用这两种不同态度去观物所产生的不同的诗的境界：

> 近世诗人，穷戚则职于怨憝，荣达则专于淫泆。身之休戚，发于喜怒，时之否泰，出于爱恶，殊不以天下大义而为言者，故其诗大率溺于情好也。

这是说的"以我观物"对诗歌创作带来的"危害"。他自己则不然：

> 予自壮岁业于儒术，谓人世之乐何尝有万之一二，而谓名教之乐固有万万焉。况观物之乐复有万万者焉。虽死生荣辱转战于前，曾未入于胸中，则何异四时风花雪月一过乎眼也。诚为能以物观物，而两不相伤者焉。盖其间情累都忘去尔。所未忘者，独有诗在焉，然而虽曰未忘，其实亦若忘之矣。何者？谓其所作异乎人之作也。所作不限声律，不沿爱恶，不立固必，不希名誉，如鉴之应形，如钟之应声。其或经道之余，因闲观时，因静照物，因时起志，因物寓言，因志发咏，因言成诗，因咏成声，因诗成音。是故哀而未尝伤，乐而未尝淫，虽曰吟咏性情，曾何累于性情哉？

这就是所谓"以物观物"的诗，也就是我们通常所说"理学诗"或"性理诗"。其高者尚颇能以意象表示理意，其劣者则类于佛教徒的偈语，已经完全不能称为诗了。后来金履祥编选的《濂洛风雅》，大部分就是后一种恶诗。

苏轼的文学观则与上述理学家都有很大的不同，甚至同其前辈古文家相比也有某种区别。郭绍虞先生在《中国文学批评史》中指出，他们的区别首先在于对道的理解不同，这是很对的。不过，诚如郭先生所说，历来讲"道"的，大都是道其所道。因而同是主张文以明道的韩、柳，其对"道"的理解就有严重分歧。苏轼同其前辈古文家和理学家的不同首先表现为：那些人讲的道都有比较明确的内涵，苏轼讲的道则带较大的模糊性，人们只能认识"道之似"，而且它又是"可致而不可求"的。正唯如此，苏轼虽在某些文章中也以文与道并举，如《潮州韩文公庙碑》说韩愈"文起八代之衰，而道济天下之溺"。《居士集序》说欧阳修"其学推韩愈、孟子，以达于孔氏，著礼乐仁义之实，以合于大道"。《答陈师仲书》说陈的"诗文皆奇丽，所寄不齐，而要归合于大道"。据《朱子语类》，他还说过"吾所为文必与道俱"的话。但他具体论文时，却很少讲到这难以具体把握的道，而是说"辞达""达意"（《答谢民师书》《答王庠书》），说"引物连类，折之于至理"（《居士集序》评欧阳修文），而讲到诗文的作用时，则鼓吹"有为而作"（《凫绎先生诗集叙》，亦见《题柳子厚诗》），反对"游谈以为高，枝词以为观美"（同上）的空虚无用的诗文。故他谈到文，则盛推贾谊、陆贽（《答王庠书》）；其作诗，亦注意"缘诗人之义，托事以讽，庶几有补于国"（苏辙《东坡先生墓志铭》）。概言之，他认为作诗文都要切于世用。像理学家那样空谈性理、性命的文字，自在其反对之列。故苏轼即使为经书作注，也"多切人事，其文辞博辨，足资启发"（《四库总目·东坡易传提要》）。

苏轼虽反对虚文浮辞，但又不像理学家那样的轻文。相反，他对散文和诗的美极端重视，故他在谈到文要达意的时候说：

孔子曰："言之不文，行而不远。"又曰："辞达而已矣。"夫言止于达意，即疑若不文，是大不然。求物之妙，如系风捕影，能使物了然于心者，盖千万人而不一遇也。而况能使了

然于口与手者乎？是之谓辞达，辞至于能达，则文不可胜用矣。(《答谢民师书》)

这样来讲"辞达"，实际上不但要求作家完美地体现自己的创作意图和思想，还要求把客观事物的形象惟妙惟肖地反映出来，这当然是一个很高的美学要求，同理学家只求表现思想和所谓理意、理趣是大有区别的，甚至可以说是文学家和著作家的两种截然不同的要求。

对作家同创作的关系的看法，苏氏同理学家也有区别。苏洵曾说过："胸中之言日益多，不能自制，试出而书之。"(《上欧阳内翰第一书》)苏轼也说：

> 夫昔之为文者，非能为之为工，乃不能不为之为工也。山川之有云雾，草本之有华实，充满勃郁，而见于外。夫虽欲无有，其可得耶？自少闻家君之论文，以为古之圣人，有所不能自已而作者。故轼与弟辙为文至多，而未尝敢有作文之意。(《南行前集叙》)

这似与理学家常说的"有德者必有言"的意思相近，而且苏轼在《范文正公文集叙》中也说过同样的话，可作参证。但仔细玩味他们的话，则知苏轼虽承认有德者之言的可贵，而其所谓"胸中之言日益多"与"乃不能不为之为工"，其含义要宽阔得多。故苏轼才以山川、草木为比，苏洵则以"风行水上"自然成文为喻(见《仲兄字文甫说》)，为而苏辙之养气说尤为深切著明，其《上枢密韩太尉书》云：

> 孟子曰："我善养吾浩然之气。"今观其文章，宽厚宏博，充乎天地之间，称其气之大小。太史公行天下，周览四海名山大川，与燕赵间豪俊交游，故其文疏荡，颇有奇气。此二子

者,岂尝执笔学为如此之文哉!其气充乎其中,而溢乎其貌,动
乎其言,而见乎其文,而不自知也。

苏氏父子三人,思想见解当然不能说完全一样,诗文造诣亦不
同。然苏轼兄弟的学术、文学都上承其父而有所发展,文学观尤
如此,前引苏轼之文已明言,故上引他们的言论可看作互相发
明。知他们所谓"胸中之言"实指平素的全部生活积累、思想修
养所形成的见解和感受,与理学家之局促于性理的思考很不相
同。唯其如此,后来元代的郝经才专写《内游》一文来驳苏辙,从
理学家的重内心体验的思想路线出发,发挥理学家的文学观。

正因为有上述的分歧,故二程、邵雍等虽与苏氏父子一样反
对刻意作文,但立言的宗旨不同,理学家的宗旨是只要精研所谓
人伦物理,发为文字就自然有价值,至于文字本身工不工,是置
之度外的;苏氏父子则是要求既对客观事物有深切的理解和感
受,表达能力又有高度的修养,然后自然发为文章。故苏轼一方
面说他的文章"如万斛泉源,不择地皆可出。在平地滔滔汩汩,虽
一日千里无难。及其与山石曲折,随物赋形,而不可知也。所可
知者,常行于所当行,常止于不可不止,如是而已矣"(《自评文》,一
作《文说》)。然在教子侄学文时,却说:"凡文字,少小时须令气
象峥嵘,彩色绚烂","高下抑扬,如龙蛇捉不住"。认为自己的
诗文是"渐老渐熟,乃造平淡。其实不是平淡,绚烂之极也"。这
是理学家绝对不愿做,也做不到的。

苏氏的文学观还有一个特点:他们虽以平淡自然作为文学风
格的极致,对不同风格的诗文却能优容。古人且不说,即拿苏门
四学士(黄庭坚、秦观、张耒、晁补之)来说,文学风格就不一致,
苏轼兄弟都能予以奖掖。这同他们在学术上也不要求完全一致是

相适应的。而理学家则具有狭隘的排他性。朱熹曾说：

> 东坡云："荆公之学，未尝不善，只是不合要人同己。"说得未是。若荆公之学是，使人人同己，俱入于是，何不可之有？今却说未尝不善，而不合要人同，成何说话。若使弥望者黍稷，都无稂莠，亦何不可。只为荆公之学自有未是处耳。（《朱子语类》卷一百三十）

朱熹的话看似有理，但是从历史上看，任何一个创立思想学派的人，虽无不力求用自己的思想来统一当时的思想，并为之而进行着顽强的斗争，但真正能够统一的，却尚未见。我们是相信马克思主义将来一定会为全世界绝大多数人所接受的，但那个时候马克思主义的内涵同马克思主义创始人所阐明的相比，已有很大的发展了。所以朱熹的话，严格地说来并不是对的，而苏轼的话虽有缺陷，却颇具至理。如果考虑到当时的思想不管有多少派别，总还是地主阶级意识形态的一支，那么，他的话就更为有见了。宋以来的理学所以在中国历史上主要起着桎梏人的思想的作用，除了它本身的一些内容外，也在于理学家"只是不合要人同己"。

根据上面的分析，我们完全可以肯定：洛、蜀之争，绝不是单纯的意气用事，更不是单纯的争权夺利之争，而是有深刻的思想分歧，在某种程度上，可以说是新的正统儒学同带有某种"异端"倾向的思想的斗争。所以，我认为洛、蜀党争所反映出来的程学和苏学的对立，不仅是北宋中期思想文化史上的大事，也是保卫当时的文学不为理学所窒息的重大的斗争，它对后代思想，特别是文学的发展有重大的影响。

由于苏学和程学都与王安石的新学对立，这一斗争在新学占统治地位的北宋末年表现不显著，在南宋初年也因国难当头，而趋于平静。当时仍有人批评苏轼，如程门弟子杨时在论到王安石的诗时，还能反对别人用笺注王安石诗的办法来构陷他有"谤讪宗庙"之罪，并说："如今日所罪谤讪宗庙、毁谤朝政者自是不是，先王之时惟恐不闻其过，故许人规谏，至于舜求言，乃立谤木，是真欲人之谤己也。"一谈到苏轼，杨时就深文周纳了，一则说："为文要有温柔敦厚之气，对人主语言及章疏文字，温柔敦厚尤不可无，如子瞻诗多于讥玩，殊无恻怛爱君之意。"（下文也批评王安石）再则说："观苏东坡诗，只是讥诮朝廷，殊无温柔敦厚之气，以此人故得而罪之。"（均见《龟山语录》）这与朱光庭、贾易的言论可谓如出一辙。但这样的人似不多，较多的人是各尊所好，不相攻伐，或者采取调和的态度，吕本中就是持调和态度的著名代表。过去曾有人说，宋南渡后苏学盛于北，程学盛于南。前一句是对的，后一句则不准确。在南宋初年，程学固较盛，苏学的影响也不小，陆游说："建炎以来，尚苏氏文章，学者翕然从之，而蜀士尤盛。有语曰：'苏文熟，吃羊肉；苏文生，吃菜羹。'"（《老学庵笔记》）他的话应是可信的。

重新揭露程学与苏学的矛盾的是南宋中期的朱熹。他不仅写了《杂学辨》，比较集中地攻击苏氏兄弟之学，还写了一系列的信给汪应辰、吕祖谦，力诋苏学。朱熹花大力做这个工作，一方面是为了扩大理学的影响，夺取思想阵地；另一方面是为了肃清苏学对理学家的影响，保卫理学家的"纯洁性"。我们知道，二程本是偷过佛学的，他的门弟子和后学如杨时、张九成、吕本中等尤多杂以禅，朱熹的同时人陆九渊也颇多禅意，张、吕等甚至公开谈禅，这对程朱所标榜的道统是一个严重的威胁。朱熹批判苏轼的"异端"思想，在很大的程度上是"教育"这类理学家要同苏轼兄弟那种公开地兼收佛老的态度划清界限。另外，在朱熹的同时，还有兼重中原文献之传的吕祖谦一派的理学家和崇尚功利的永嘉学派的兴起，这些学派博通的治学方法，同苏学也有相通之处，永嘉学派中陈亮一流人物的思想风格尤颇与苏氏父子相近。朱熹的批判苏学，在某种程度上也是间接地批判这些学派。朱熹的批判确实产生了效果，在南宋后期，苏学在文学界和思想界的影响都缩小了。而程朱理学则逐渐地在思想界取得了统治的地位。当时，民族危机很严重，阶级矛盾和统治阶级之间的斗争也很剧烈，但思想界却日趋沉寂，文学也日益变得空虚和平和，间有反映现实矛盾之作，也多流于哀怨，缺乏唐末那种愤怒抗争之作，其原因固然是上层统治者的腐朽使人绝望，同时显然有理学的影响。

　　理学对文学的桎梏，对整个思想文化的桎梏，在元代和明代前期尤其表现得突出。而明代正、嘉以后文学的繁荣则同思想界反程朱理学的新趋向相适应。极可注意的是，在这个新的反程朱理学的潮流中，我们又看到了苏学的复苏，特别是隆、万以后，在李卓吾和公安派作家的作品中，无论是思想或形式，我们都可以看到苏轼的影子。这些，我将后面论述，此处就不多说了。

　　总之，理学的出现，不仅是我国思想史上一个划时代的事件，也是对我国古代文学发展有重大影响的事件，由于宋代的理学家不仅把传统的儒家的政治伦理学说更加哲学化了，而且还把一整套思想道德的修养方法宗教化了。这就使得它与务实的政治家，与描写人情、反映现实的文学家，与普通人的生活都形成尖锐的对立。因此，自理学形成之时起，就有各式各样的反理学的思想出现，而苏轼就是第一个杰出的反理学的代表。由于历史的局限和本身的弱点（苏轼在政治上是比较保守的），苏轼并未能在哲学的根本问题上同理学家划清界限，但他以文学家的敏锐目光首先觉察到理学家那种宗教化的道德戒条和修养方法不近人情，而斥之为奸、伪，这是抓住了要害的，并在反对理学对人的思想和文学的禁锢中起了重大的作用。因此，苏轼的功绩是巨大的，我们应该在思想史、文学史上充分肯定他的这种功绩和作用。

第三章　江西诗派与理学

　　在唐代诗人中，李、杜并称，而其对后世的影响不同，无论从思想还是从艺术方面说，李的影响显然都比杜的少得多，这个现象是有待说明的。同样，在宋代的人中，苏、黄并称，其影响也不相同。不过，情况更为复杂。如果包括散文和词而言，苏的影响显然比黄大得多；如果仅就诗而言，则因时因地而互有升降。大致说来，在南宋与金对峙的时期，"苏学盛于北"，苏诗的传统也在金国的诗坛受到普遍的重视，而黄及整个江西诗派的诗则常受到批评；与之相反，在南宋，则继承苏诗的传统者甚少（著名的仅有李刚、孙觌、叶梦得、汪藻、张孝祥等少数人），而黄庭坚及江西诗派的诗，则对整个南宋的诗坛有深远的影响，特别是南宋前期，几乎可以说是江西派一统天下，连一些大诗人如陆游、杨万里等也受到它的影响。自元至明中叶，苏、黄的诗一般地说都不受重视，及至晚明公安派的兴起，苏诗才声价百倍。清前期一些尊宋诗的大都兼宗苏、黄或各有所偏，至晚清的"同光体"诗人，才又以黄为宗。苏、黄的地位在后世这种升沉不定的变化，无不与当时的社会思潮和文艺思潮有关，都值得加以研究，这里只从文学与理学的关系这一角度，对以黄庭坚为首的江西派在南宋前期的诗坛上占据主导地位的原因作初步的探讨。

首先应该指出，江西诗派所以在南宋影响很大，原因是多方面的。人们往往批评江西诗派的诗人，说他们虽然尊杜甫，但学习的是杜甫诗歌的格律和用词造句的方法，而忽略了杜诗的现实主义精神。这个批评不能说没有一定的依据，但不能忽视，他们毕竟是提倡学杜，而南北宋之际和南宋前期，民族矛盾和阶级矛盾都极尖锐，许多诗人都与杜甫有类似的经历和感受，这就使他们自然地同江西诗派的主张有了契合点。南宋前期的江西派诗人如吕本中、曾几、洪刍、洪炎、江端友等都写过反映现实、表现忧国忧民思想的诗篇，而一些未入派的诗人如陈与义、刘子翚等也有学杜的痕迹，在总的思想倾向和艺术倾向上有一致之处，就说明江西派的尊杜正适应了当时的历史趋势。江西诗派还有一些师友相传的作诗的方法，如"以俗为雅，以故为新""点铁成金""换骨""夺胎"，以及"作诗如作杂剧，初时布置，临了须打诨，方是出场"等，这些虽不能无流弊而为后人所非议，然作为诗歌创作入门的一种规矩，却易为人们所掌握，因而也助长了江西诗派流传的声势。但是，我认为江西诗派在南宋得以繁衍的原因，并不仅在于它的这些主张，而尤在于黄庭坚对诗歌的根本看法同苏轼有所不同，而同理学家的看法则比较接近，故较易为理学家所接受，至少不是理学家攻击的主要对象；而当时理学的影响正在日益扩展，故得相辅而行。江西诗派的主要鼓吹者吕本中，同时就是理学家，南宋初年江西诗派的重要人物曾几也是理学家，稍后杨万里、赵蕃等也是江西派诗人而研究理学，都透露了此中的消息。

为了揭示它们之间的关系，我们不妨将理学家和黄庭坚对诗的基本看法加以比较。

北宋理学家对诗的看法我在上章曾有所论述，他们的共同点是把诗看作吟咏性情、涵养道德的工具。如用邵雍的话说，就是要做到"以物观物"，"虽曰吟咏性情，曾何累于性情哉？"（《伊川击壤集自序》）用程颐的话说，则为"'兴于诗'者，吟咏性情涵畅道德之中而歆动之，有'吾与点也'之气象"（《程氏外书》卷三）。正唯如此，在内容上他们既反对那种所谓"溺于情好"之言（《伊川击壤集自序》），反对"穿花蛱蝶深深见，点水蜻蜓款款飞"那样的"闲言语"（《程氏全书》卷十八），也反对"殊无温柔敦厚之气"的"讥诮"（《龟山语录》），在形式上则反对追求艺术性，认为在这上面用功是"害道""妨事"（程颐语）。

理学家这种重道轻文，甚至主张用道来取消文的观点显然同江西诗派的讲究布局、遣词、造句相凿枘，但江西派诗人对诗的性质和社会作用的根本观点却与理学家相近，那就是他们也主张诗只在抒写性情，反对怨忿和讽刺。黄庭坚说：

> 诗者，人之情性也，非强谏争于廷，怨忿诟于道，怒邻骂坐之为也。其人忠信笃敬，抱道而居，与时乖逢，遇物悲喜，同床而不察，并世而不闻，情之所不能堪，因发于呻吟调笑之声，胸次释然，而闻者亦有所劝勉，比律吕而可歌，列干羽而可舞，是诗之美也。其发为讪谤侵陵，引颈以承戈，披襟而受矢，以快一朝之忿者，人皆以为诗之祸，是失诗之旨，非诗之过也。（《书王知载〈朐山杂咏〉后》）

他这段话显然是针对苏轼说的，因为他在《答洪驹父书》中曾明确地说："东坡文章妙天下，其短处在好骂，慎勿袭其轨也。"陈师道也同意黄庭坚的这个意见，他说："苏诗始学刘禹锡，故多怨刺，学不可不慎也！"（《后山诗话》）可见这是江西派一个共同的极为重要的纲领，也是黄与苏一个根本的分歧之处。有趣的是，理学家对苏诗的批评也正是集中到这一点，杨时说：

> 为文要有温柔敦厚之气，对人主语言及章疏文字，温柔敦厚尤不可无，如子瞻诗多于讥玩。殊无恻怛爱君之意。……君子之所养，要令暴慢邪僻之气，不设于身体。

又说：

> 作诗不知风雅之意，不可以作。诗尚谲谏。唯言之者无罪，闻之者足以戒，乃为有补。若谏而涉于毁谤，闻者怒之，何补之有？观东坡诗，只是讥诮朝廷，殊无温柔敦厚之气，以此人故得而罪之。若伯淳（程颢字）诗，则闻之者自然感动矣。因举伯淳和温公诸人禊饮诗云："未须愁日暮，天际乍轻阴"，又泛舟诗云"只恐风花一片飞"，何其温厚也。

如果细加辨析，杨时之论当然仍与黄、陈之论有别，但二者的相似却是显然的。

人们也许要问：既然他们只是在一个主要的论点上相似，为什么南宋的理学家不径直按照他们的前驱的指示去作诗，而有些人却要向江西派诗人学习呢？这就需要从宋代理学自身的发展和北宋理学家文学思想的缺陷来考察了。

我们知道，理学的形成是受到佛教，特别是其中的禅宗的刺激和影响的。佛教本来就有"绮语"戒，早期的禅宗更是不立文字，理学家的重道轻文显然也是受到禅宗的影响。但是一些所谓纯正的理学家是拒不承认他们受到禅宗的影响的，只有一些不那么严谨的理学家才公开承认自己也研究佛学，甚至信仰佛教，而这些理学家又往往不遵"绮语"之戒。吕本中就是这样的理学家。（这是理学发展过程中的一个特点）而江西诗派的一些诗人正是潜心禅学的，如璧、祖可、善权还是僧人，这就使得他们之间有了更多的共同语言或默契。再就理学家的文学观说，程颐是主张"作文害道"的，但这种观点在理论上和实践上都遇到了困难。就理论而言，理学家尽管引进某些佛教宗教修养的方法并吸取了某些佛学理论，然而他们打的招牌仍是孔孟的儒家之道，他们的理论核心也仍是孔孟的政治伦理哲学。而儒家一贯是重文的，程氏的观点不免与老祖宗的言论相冲突，难以自圆其说。从实践方面说，唐以来以诗赋取士，作诗作文成了士人进身的敲门砖，其影响所及，作诗成了士人的必要修养，连僧人也作诗，五代以后，甚至禅僧中也有许多人作诗了。宋神宗熙宁变法，曾一度废止考词赋，专考经义，但哲宗以后仍为词赋与经义兼行，直至南宋相沿不改。理学家也要做官，自然不能废文，也免不了要作诗。程氏兄弟就也作诗，程颢的诗还间有可观者。而既作诗，不管理学家如何轻视技巧，也自然会提出艺术修养问题。所以二程以后，理学家内部在如何对待文的问题上，长期有争论。吕氏一家从吕本中到吕祖谦就是持调和观点的一派，朱熹虽然坚持程氏的观点，但他的父亲是一位诗人兼理学家，他本人也以能诗文著称，并且还有一些探讨诗文作法的文章和言论。而既谈到诗文的技巧，就不免想到北宋的大师，故南宋的理学家谈文总不能完全抛开欧、苏、曾等，谈诗则不能完全排除苏、黄，而就其所近，自然有些人就与江西派相契合了。

然而这里又有一个问题：既然理学家同江西诗派有了契合，为什么南宋晚期理学家在社会上的影响更大，而江西派的影响反而缩小了呢？

应该承认，江西诗派在诗坛上影响的衰微，主要是诗艺不断要求革新的规律所决定的，也是江西诗派一些艺术法则的缺点和流弊所决定的。杨万里、陆游都由江西入，而后来都力求摆脱江西派的影响，就是因为他们已感到江西派的艺术法则已经陈旧，不能适应反映生活和创造新的艺术风格的要求。同时，它与理学家的文学观有了进一步的发展也有关系，特别是同朱熹在这方面的建树与活动有关系。这点我将在下一章再说，这里就从略了。

北宋末年到南宋，江西诗派与理学家发生关系并且长期并行而不悖，除了上述的原因之外，还与江西诗派的宗主黄庭坚、骨干陈师道及制作宗派图的吕本中等的学术渊源和师友交谊有关系。黄庭坚，人们都注意到他是苏门四学士之一，同苏轼有密切的师友关系，但在《宋元学案》中，黄庭坚的名字是分列在《蜀学略》（即苏学）、《范吕诸儒学案》、《华阳学案》三处的，而且把他的评传放在《范吕诸儒学案》中，列为李常的门人。李常字公择，他是司马光、吕公著、王安石等的朋友，但在熙宁变法时与王政见不合。吕好问称其人"有乐正子之好善"，吕本中则记其"每令子妇诸女侍侧，为说《孟子》大义"（均引自《宋元学案》卷十九）。可见是个在思想上同理学家比较接近的人。黄庭坚是他的外甥，《学案》列为门人，似无确据。但王梓材的案语说："先生虽称苏门学士，然考其学行，实本之李公择，故著录于此。"从"学行"着眼，却非没有道理。朱熹对苏轼的为人颇多非议。对黄庭坚亦间有批评（如谓其"殊不严重"），然总的评价却是好的，曾说黄是"孝友行、瑰玮文、笃谨人也，观其赞周茂叔光风霁月，非杀有学问不能见此四字，非杀有功夫亦不能说出此四字"（引自《宋元学案》卷十九）。朱熹在这里显系因黄庭坚曾给予周敦颐以极高的评价，而感到特别高兴，故也对黄大加赞赏，然此事确可见黄与理学家的气味有相投之处。黄庭坚又是范祖禹的学生（见《宋元学案》卷二一《祖禹传》），范亦与程颐臭味相投，又与程氏门人吕希哲交好。这也说明他同理学家比较接近，同苏轼在元祐党人中被目为蜀党，与程氏兄弟的洛党相水火是大不同的。（吕公著一门在蜀、洛之争中号称中立，实近于洛党。）陈师道是曾鞏的门人，他亦受知于苏轼，但不肯作苏氏的门人，曾作《妾薄命》诗以自喻（见《容斋三笔》卷六），然而他却甘作黄庭坚的学生。他及其师曾鞏亦累见称于朱熹（见《朱学语类》）。此外，江西派诗人如徐俯是杨时的学生（见《宋元学案·龟山学案》），谢逸、汪革、饶德操等均为吕希哲父子的门人，并与吕本中为友（见《吕东莱先生遗集》卷六《题伯祖紫微翁与曾信道手简后》)，这些情况都说明，从师友关系来说，江西派诗人也是同理学家有千丝万缕的关系，而其中联系的纽带则为自吕公著到吕希哲、吕好问、吕本中这一家的四代人。吕公著虽不是理学家，吕希哲以下，就都尝从理学家游，只是吕氏的家风是"不名一师"又"多识前言往行以畜其德，而溺于禅"（均见《宋元学案序录》)，算不上是纯粹的理学家罢了。

　　以上我们从各个方面对理学家与江西诗派的关系作了概略的分析，由此可以得出结论：江西诗派在南宋的盛衰，与理学的发展都有一定的关系，但江西诗派的诗论只是在诗的性质和作用这个方面同理学家的观点比较接近，其他方面都不相同，甚至相左。故理学与诗派的联合是松散的，也可以说诗派的理论只是在理学家的文学观非常偏颇、非常贫乏之下才被一些不那么纯粹的理学家所接受的。所以到了理学家的诗论渐趋完整的时候，诗派的理论就逐渐被崇尚理学的人所扬弃了。

理学家的诗论同江西派的诗论所以既有相近之处，又有相冲突之处，从根本上说，又是由当时的政治状况决定的，也就是说，他们对诗的看法，都是当时的政治形势的反映。

宋代政治的突出特点之一是中央集权的封建专制制度有了进一步的发展，因而在思想文化上也要求集中和统一。宋仁宗时著名的学者孙复特别提倡"尊王"的春秋学，著名的政治家范仲淹也鼓吹儒学并强调《中庸》在儒学中的地位，著名的古文家石介、欧阳修等在文、道关系上突出地强调道，都反映了当时士大夫力求通过振兴儒学以统一思想的愿望。王安石的著述《三经新义》和改革科举制度（用经义代词赋），以及援释入儒的理学的产生更反映了统一思想的趋向，只是在如何统一、用什么思想来统一上有所不同而已。但宋代的政治，特别是仁宗庆历以后的政治又是充满着党争的政治，斗争的双方尽管有时在政治见解上有进步和保守之分，但力图利用专制制度下皇权的无上权威来钳制、打击对方则是一致的。因此在北宋的中后期，不同党派的士大夫不但对对立一方的政见和政治措施、道德作风等极尽挑剔之能事，有的甚至使出卑劣的诬陷手段，而且开始在对方的文学创作中找缺口，制造文字狱，仅在黄庭坚生活的六十年间，著名的文字狱就有三次。

一是庆历五年（即黄庭坚出生的那年）石介和王益柔的文字狱。这两案都是当时的保守派为打击范仲淹等改革派而制造的。石介是当时的古文家，仁宗庆历三年，范仲淹、富弼及韩琦同时执政，欧阳修、余靖、王素、蔡襄并为谏官，着手改革弊政，"介喜曰：'此盛事也，歌颂吾职，其可已乎？'作《庆历圣德诗》。……

诗所称多一时名臣,其言大奸,盖斥(夏)竦也"。庆历五年初,范仲淹、富弼罢政,同年六月石介死,"会徐狂人孔直温谋反,搜其家得介书,夏竦衔介甚,且欲中伤杜衍等,因言介诈死,北走契丹,请发棺以验,诏下京东,访其存亡"。后因杜衍、吕居简等保介必死,才免于发棺,仍罢富弼安抚使,贬介师孙复监虔州税,羁管介子孙于池州。(引文见《宋史·儒林·石介传》,叙事参照《宋史纪事本末》卷二九《庆历党议》)王益柔事则发生在此年初,是与著名诗人苏舜钦案联系在一起的。苏舜钦"时监进奏院,循例祀神,以伎乐娱宾。集贤校理王益柔,曙之子也,于席上戏作《傲歌》。御史中丞王拱辰闻之,以二人皆(范)仲淹所荐,而舜钦又(杜)衍婿,欲因是倾衍及仲淹,乃讽御史鱼周询、刘元瑜举劾其事,拱辰及张方平列状请诛益柔……贾昌朝阴主拱辰等议"。因韩琦之救,益柔才未被杀,仍黜为监复州酒税,而除舜钦名,"同席被斥者十余人,皆知名之士。拱辰喜曰:'吾一网打尽矣。'"(见《宋史纪事本末》卷二九,《宋史·王拱辰传》《王益柔传》并载其事)范仲淹、杜衍、富弼均因此在不久后离开朝廷。《傲歌》今仅存二句:"欹倒太极遣帝扶,周公孔子驱为奴。"(《宋稗类抄·诛谪》)其犯忌盖以此。

二是元丰二年的乌台诗案。这是当时主张变法的新党为打击倾向保守的大诗人苏轼而制造的。时王安石已罢相居金陵。发动此事的是太子中允权监察御史何大正、舒亶,谏议大夫李定,执政是吴充、王珪及蔡确,苏轼因此曾系御史台狱四月零六天(八月十八至十二月二十四),故称"乌台诗案"。当时王珪、舒亶、李定等人颇欲置苏轼于死地,赖神宗无意杀他,兼章惇(新党)亦为解救,才得免死,贬为黄州团练副使。(详见《宋诗纪事》卷二二《乌台诗案》)此事为人所熟知,无待多说。

三是元祐四年的蔡确车盖亭诗案。这是当时反对熙宁变法的旧党为打击变法的新党而制造的文字狱。蔡确曾为宰相，元祐元年初为旧党所弹劾，出知陈州。次年徙安州（今湖北安陆）。"确在安陆，尝游车盖亭，赋诗十章。知汉阳军吴处厚上之，以为皆涉讥讪，其用郝处俊上元间谏高宗欲传位天后事，以斥东朝，语尤切害。于是左谏议大夫梁焘、右谏议大夫范祖禹、左司谏吴安诗、右司谏王岩叟、右正言刘安世，连上章乞正确罪。诏确具析，确自辨甚悉。安世等又言确罪状著明，何待具析，此乃大臣委曲为之地耳。遂贬光禄卿，分司南京。再责英州别驾，新州安置。……确后卒于贬所。"（《宋史》卷四七一《奸臣·蔡确传》）这件事近人鲜有提及者。其实它充分体现了那时旧党中一些自命为正人君子而斥新党为小人的人在打击政敌方面也是不顾事实不择手段的。《游车盖亭》诗十首今俱存，《苕溪渔隐丛话》称其"纸屏石枕竹方床"一首"殊有闲适自在之意"，实际这一组诗的基本倾向均如此。只有"怀郝处俊"一首稍异，这首诗的全文是："矫矫名臣郝甑山，忠言直节上元间。古人不见清风在，叹息思公俯碧湾。"郝处俊在唐上元间曾谏止高宗传位武后，是有名的直臣。但高宗欲传位武后，与高太后在神宗死后临朝听政，两事并不相同。郝又是安陆人，蔡确身在安陆，偶然作诗怀念这位名臣，有什么问题呢？如果我们拿这十首诗同舒亶、李定等所引苏轼的一些诗相比，就会觉得舒、李等虽有许多无端的附会，但苏诗中确有许多是讥刺新法的，而吴处厚之笺注蔡诗，则全是捕风捉影，肆意诬陷。范祖禹、刘安世辈从而张大其事，完全是出于一种党除异己的阴暗心理。这种情况，旧党中的某些人大概也是看到了，故范纯仁、苏轼等都极力反对利用这些诗整蔡确，而得知吴处厚是挟嫌报复的吴柔嘉(处厚之子)则毫不隐讳地哭着对处厚说:"此非人所为,大人平生学业如此,今为此,将何以立于世?柔嘉为大人子,无所容迹于天地间矣。"据说吴处厚也"悔悟",但已来不及了。(见《挥麈三录》,转引自《宋人轶事汇编》卷一一)

北宋中后期的文字狱并不止此三事(如把石介案与王益柔案加以分别,则是四事)。王夫之曾说石介一案"流波所及,百年不息"(《读通鉴论》卷二一)。其实何止百年,也何止是"流波",而是愈来愈严酷,至南宋犹未止。如秦桧即累用此打击异己,词人张元干因送胡铨及寄李刚词被太学除名,是人们所熟知的,王庭珪也因作诗赠胡铨被流放;桧晚年还借张尝先所笺注的张宗元与张浚诗起大狱,"其词连者数十家"(后二案均见《宋史纪事本末》卷七二)。就以北宋而言,哲宗绍圣四年张天说即以"所进书立意狂妄,诋讪先帝"被处死(《续通鉴》卷八五),又"蔡京颛国,以学校科举钳制多士,而为之鹰犬者,又从而羽翼之,士子程文,一言一字稍涉疑忌,必暗黜之",甚至严重到"大哉尧之为君""吉凶悔吝生乎动"等儒家经典上的话因"哉"与"灾"谐音,"凶悔"非人所乐闻,也成了忌讳。(见《容斋三笔》卷一四《政和文忌》)可见文网之密到了何等地步!无怪南宋的洪迈不胜感慨地说:"唐人歌诗,其于先世及当时事,直辞咏寄,略无避隐,至宫禁嬖昵,非外间所应知者,皆反复极言。而上之人不以为罪……今之诗人不敢尔也。"容斋的这段话对于我们了解宋诗(特别是庆历以后的宋诗)的特点极端重要,可惜未有人注意。

这里要特别提出的是,黄庭坚不仅目睹了当时的文字狱之严酷,而且他本人还身受其害,《名臣言行录》载:

> 先生自蜀出峡,留荆州,待免乞郡之命,与府帅马瑊甚

欢。闽人陈举自台出漕，先生未尝与交也。承天寺僧乞塔记，文
成，珹领诸郡使者于塔下环观。先生书碑，碑尾但云作记者
黄某，立石者马某而已。举与李植、林虞相顾曰："某等愿托
名不朽，可乎？"先生不答，举由此恨之。知先生与赵挺之
有怨，挺之执政，遂以墨本上之，谓幸灾谤国。遂除名，编
管宜州。

又岳珂《桯史》载：

> 党祸既起，山谷居黔，有以屏图遗之者，绘双蝶翩舞，胃
> 于蛛丝而坠，蚁幢幢其间。题六言于上曰："胡蝶双飞得意，偶
> 然毕命网罗；群蚁争收坠翼，策勋归去南柯。"崇宁间又迁于
> 宜，图偶为人携入京，鬻于相国寺肆，蔡（京）客得之，以
> 示元长（京字），元长大怒，将指为怨望，重其贬，会以讣
> 奏，仅免。

这两事虽发生在黄氏的晚年或身后，未必对他的思想有影响，但
可见当时由文字获罪是何等的容易。

了解到上述的这些情况，我们就会知道，为什么黄庭坚主张
诗只能言性情，以苏轼的"好骂"为戒，而陈师道也要大呼"不
可不慎"了，因为他们都是总结了诗祸的教训。这从黄庭坚前后
议论的变化尤反映得很清楚。据范温《诗眼》载，孙莘老曾与
王平甫评论杜甫《北征》和韩愈《南山》二诗的优劣，相持不
下，"时山谷尚少，乃曰：'若论工巧，则《北征》不及《南山》；若
书一代之事，以与《国风》《雅》《颂》相为表里，则《北征》
不可无，而《南山》虽不作未害也。'"黄庭坚说《北征》诗工
巧不及《南山》诗，并不正确，但由此可见他早年评杜，是着
眼于它对社会现实的反映，恰与他后来学杜是重其格律、技巧形

成鲜明的对照。这种改变，我认为正是当时的专制政治，特别是党争和文字狱所产生的影响。而这一点，我觉得不论是对于理解和评价黄庭坚等的诗，或是了解江西诗派为什么流行那么久都很重要。人们不是批评黄庭坚等江西派诗人的诗脱离现实吗？其实并非如此。前已指出南北宋之际一些江西派诗人都写过反映社会重大问题的诗篇，只是这些诗都写得比较蕴藉，有的甚至有点晦涩。就是黄庭坚本人，也不是全未写过反映重大社会问题的诗，如《戏和答禽语》诗就揭露过"去年租重无裤著"的现实，《再答景叔》诗也写了"赐钱千万民犹饥"的真相。不过他习用的反映现实的方法不是这样，而是通过"人乞祭余骄妾妇，士甘焚死不公侯"（《清明》），"风雨极知鸡自晓，雪霜宁与菌争年"（《再次韵寄子由》），"朱弦已为佳人绝，青眼聊因美酒横"（《登快阁》）等类的诗句来表示他对世俗的傲岸和愤慨。上举题画诗也属此类。他大概认为这样就与"强谏争于朝廷"区别开来并可以免祸了，然而却仍不能免，这也许是他始料不及的吧。

理学家的诗论，我认为同样也是专制统治进一步强化的产物，并也与文网的严密有关。邵雍在新旧党争激烈的时候，躲进"安乐窝"，写他的充满理趣和逸情的"击壤吟"，就是有力的证明。二程，特别是程颐有所不同，他们是抱着强烈的用世的愿望的（尽管在出处之际也存身份、摆架子）。在思想领域内，更是采取进攻的态度，对所有违反他们的思想的东西，重则斥为"异端邪说"，轻则讥为"不纯"。但他们所提倡的思想，尽管有着一个庞大的体系，说到底，却不外是教人"正心诚意"，也就是要求人们像虔诚的宗教徒对待宗教戒律那样去实践封建政治伦理道德准则。他们的文论、诗论都是从此引申的，所作的诗则是体现他们宣扬的准则的。这当然不是出于对封建专制主义的规避，而是自觉地为强化文化专制主义效劳，同江西派诗人只是消极地顺应形势是不同的。但是不管如何，他们的文学观都是产生在同一社会背景下，并且都是为了适应同一政治形势。这正是程门后学所以能在一段时期内同江西诗派携手而行的根本原因，也是形成江西诗派独特的思想艺术风格的一个根本原因。江西派的诗，特别是黄庭坚、陈师道这些江西派大师的诗，实际上是文化专制主义的重压下被扭曲了的花朵，它的隐晦、生涩和对现实重大问题缺少直接的描绘（不是没有），在不同的程度上都是这种现实的反映。他们的诗的缺点，固然是他们的思想比较保守的弱点造成的，同时也是时代的重压造成的。如果只看到前一面，而忽视了另一面，那就未免过于粗率了。

第四章　南宋理学的发展与文学

　　南宋理学的发展是一个大题目，这里只能勾画一个轮廓，重点在说明理学家文学观的发展及其对文学理论、文学创作的影响。

　　南宋理学的发展大致可分为三个阶段：

　　第一阶段是高宗时期。这一时期与北宋末年相连，是程学的承传时期，除个别人（例如胡宏）外，理学在理论上没有发展。但南渡以后，元祐党禁已解，建炎、绍兴间张浚、赵鼎等一度执政，热心汲引理学之士，高宗并于绍兴元年下诏表彰过程颐，故程学的传播得到有利的条件。但理学家多反对和议，为本是理学家杨时门徒的秦桧所不喜，加之他们言行迂怪，好党同伐异，标榜程颐独得孔孟之传，昌言"师伊川（程颐）之文，行伊川之行，则为贤士大夫，舍此皆非也"（绍兴六年，右司谏陈公辅请禁程学的疏中之语），又为陈公辅一类的正直通达的士大夫所不乐，故理学并未成为居统治地位的官学。

　　孝宗以后至宁宗嘉泰以前，是南宋理学发展的第二阶段。这是南宋理学最昌盛的时期。向来被称为集宋代理学之大成的朱熹的讲学、著述活动即主要在这三十多年间。但这时理学仍未成为官学，而且从孝宗淳熙五年起就遭到一些在朝的谏官的抨击，要求皇帝加以禁止，到宁宗庆元元年且定为"伪学"，及至嘉定二年才解除伪学之禁。过去的史书多把那些反对"道学"（即理学）的人称为"小人"，其实并非如此，至少不尽如此。因为史料的缺佚，我们对某些当时反理学者的为人虽已不清楚了，然而孝宗朝的唐仲友、林栗等人都不失为正直的士大夫。至于庆元"伪学"之禁，则是因为理学家多党赵汝愚而排斥韩侂胄，而韩、赵的是非之争，亦尚属悬案。平情而论，韩后来虽跋扈而偾事，赵在先亦专固而无能，唯赵自附于理学，韩则颇侈言事功为不同耳。当时的杰出之士如辛弃疾、叶适、陆游都不排韩，且曾为其所用或所尊，即是一证。这一阶段理学发展的特点，是理学得到了广泛的传播，内部出现了很多流派，并且互相讨论，形成了非常活泼的局面。按照一般理学史的说法，当时影响较大者有朱熹的朱学，陆九渊的陆学，吕祖谦的婺学，张栻的湖湘之学，薛季宣、陈傅良等的永嘉之学。其实，诗人杨万里早年即受学于理学家刘世臣（据万里所作《送刘觉之归蜀》诗及序），后又问学胡铨、张浚，所著《易传》及《庸言》，皆于理学有所发舒，唯颇有唯物主义倾向与朱熹等异，实与永嘉诸子一样，都是理学的别派。至于陈亮，他虽提倡事功，反对空谈心性，然其《集》中如《伊洛正源书序》《伊洛礼书补亡序》《三先生论事录序》《杨龟山中庸解序》《西铭说》等鼓吹理学之文不一而足，故当时人曾把他当作"道学家"而加以排击，可见他也非程、张理学的反对者，而是他们的诤臣或理学中的异端。这众多的流派，大致地说来又可分为两大阵营：朱、陆、张是比较典型的理学家。他们都是着重发展北宋理学家的心性学说。朱以程颐之说为宗，兼采程颢、周敦颐、邵雍之说而建立了以性理为核心的严密的客观唯心主义的理学体系。陆从程颢之学出，而强调心作为宇宙本体的作用。张栻之学原出胡宏，胡氏的人性论，并不墨守程氏之说，而近于近世所谓自然人性论，可谓程学的旁门。但张氏后与朱熹为友，对师说多有修正，渐渐失去其本来面目，故湖湘之学后来也就混同于朱学。其余各派则都可概目之为别派，因为他们对于北宋理学的核心的心性之说实在没有多少发明，而偏重于经世致用，故他们在不同的程度上都注意历史和现实的研究，只是在强调人的道德修养方面仍多少保留了理学家的面目。

大致从宁宗嘉定以后开始，理学的发展进入了第三阶段，这时张、吕、陆、朱等大师以及薛季宣、陈傅良、陈亮等都已死去了，唯杨万里以及永嘉派的后起之秀叶适尚生活了一段时期，但各派理学蓬勃发展的局面基本上结束了。朱学逐渐成了正宗，其他各派少有得力的传人，即使有也自附于朱学（如王应麟承继吕学而多采朱熹之说），或无力与朱学相抗（陆氏后学即如此）。而朱学的大师如真德秀、魏了翁之伦，却在性理学说上并无什么创见，因而理学本身的发展可以说已经停滞了。但是，理宗即位以后，理学家却受到皇帝特别的青睐，理学也因此逐渐成了一尊的官学，成了士人追逐利禄的工具。假如说，上一阶段的理学被人们斥为伪学尚不完全属实（因为当时有些理学家在品行上尚可称为方正之士）的话，这时的理学就真的逐渐成了"伪学"了。当然，这时的理学家也还有方直之士，但言行不符的却是黄茅白苇，弥望皆是了。

在南宋理学的发展过程中，理学家文学观的发展和变化是一个不可忽视的部分。这一变化同南宋政治形势的变化（主要是金人的入侵和宋金的对峙）密切关联，又同北宋的党争（主要是洛、蜀之争）和文学传统纠缠在一起；而且各家各派的看法也有所不同，这里只拟抽出其重要的异同来谈。

首先是文、道的关系问题。我们知道，北宋的理学家都是重道轻文的，但程度并不一样。周敦颐只说"文以载道"，未尝废文；程颢强调"修辞立其诚"，亦未弃文于不顾（《语录》中的"学者先学文，鲜有能至道"句，据上文知乃记录者的话，不足据）；至程颐说"作文害道"，就走到极端了。程颐的这句话，成了许多不能文的理学家的护身符，也成了某些能文的理学家的包袱。朱熹、张栻就属于后一种人。朱熹出身于诗人之家，青年时即能诗文，张栻也能文，尤工四六体。但发为议论，却要说："不必著意学如此文章，但须明理，理精后，文字自典实。"（《朱子语录》卷一三九）甚至说勤作诗"足以丧志"（张栻《游南岳唱酬序》），即是秉承程颐的滥调。然而从实际上看，南宋的著名理学家已不似二程轻文了。如朱熹说过："做文字下字实是难，不知圣人说出来底，也只是这几字，如何铺排得恁地安稳。"此虽本于张载的"发明道理，惟命字难"，然讲到铺排，就牵涉到造句、谋篇的问题了。他又说："文字自有一个天生成腔子。"即要求文章有一个天然的模式，此外，还提出文章要"有气骨"，要"奇而稳"，"须是靠实，说得有条理乃好，不可架空细巧"。这就更牵涉到构思和风格的问题了。他这样论文，几乎比古文家还详细，可见其用心。然而要看到，这些话都是不脱离其以道为本，以文为末，"这文皆是从道中流出"的基本观点的。所以他最强调的还是"理精后，文字自典实"，虽也提到"奇"，实际强调的是稳、是实。他反复批评三苏文，而颇欣赏欧、曾文，就是欧、曾文"议论有浅近处，然却平正好"；而苏文则"伤于巧"（均见《语类》一三九）。他的这些观点对当世及后世影响都甚大。相传他曾选了《昌黎文粹》《欧曾文粹》（见王柏所作二书跋），这为元以后以濂洛道统与欧曾文统的结合奠定了基础。与朱熹同时的吕祖谦尤较重文，他不仅曾奉皇帝之命费大力选定《宋文鉴》，使"一代之统纪略具"（叶适《习学记言》），还编选《古文关键》一书，取韩愈、柳宗元、欧阳修、曾巩、苏洵、苏轼、张耒之文凡六十余篇，各标举其命意布局之处，示学者门径，并在"卷首冠以总论看文作文之法"（《四库全书总目提要》语），这就更是连古文家也不屑为的了。不过他取径较宽，与朱派理学家不同。到了南宋晚期，理学家尤多注意用理学的观点来影响文风。他们除通过写文章、讲学宣扬理学的文学观外，还继承吕祖谦遗法，编选文章范本。真德秀的《文章正宗》、谢枋得的《文章轨范》就都是教人学文的读本。《文章正宗》贯彻理学家的论文标准尤严，所选诗文以明理义、切世用为主，"其体本乎古，其指近乎经者，然后取焉；否则辞虽工亦不录"（《文章正宗·纲目序》）。连《陈情表》那样的文章也只作为附录，北宋人之作则均摒除不取。故《四库提要》说："自讲学家以外，未有尊而用之者。"然元庐挚《文章宗旨》颇称扬此书；汤显祖自言"仆少读西山《正宗》，因好为古文诗"（《与陆景邻》），则文士未尝不尊用；明清之际的小说《醒世姻缘传》载薛教授以此书作为女婿同女儿回门的礼物，更可见其流传之广。

南宋理学家这样口喊轻文，而实际上却如此重视文法，不惮做古文家不愿做的事，确实产生了效果。后世且不说，即以南宋而论，在这种风气的影响下，连一些不那么尊奉理学的人也唱起了轻文的调子，如陈亮就说过："理得而辞顺，文章自然出群拔萃。"（《书作论法后》）又说："文将以载其道也，道不在我……虽有文，当与利口者争长耳。韩退之《原道》无愧于孟荀，而不免以文为本，故程氏以为倒学。"（《复吴叔异》）叶适也说："为文不能关教事，虽工无益也。"（《赠薛子长》）他们所谓"道""理""教事"，当然与理学家的"道""理"含义有所不同，然从道的广义来说，却是相通的。至于陆放翁说"文辞终与道相妨"（《老学庵》），则纯是理学家口吻了。

重道轻文的思想也贯串在理学家的诗论和受理学家影响的诗人的诗论中。这突出表现在他们对诗教的重视。然其所谓教，不重在诗人对现实生活的美刺，而重在涵养人的性情，尤重在涵养德性，典型的理学家尤其如此。故他们不但把"诗言志"和"吟咏情性"看作一回事，而且从邵雍起，实际上只把诗作为言"性"的工具，而反对"溺于情好"。故邵雍虽说孔子删诗"盖垂训之道，善恶明著者存焉耳"，却反对"时之否泰，出于爱恶"，即反对根据诗人的主观认识去评价社会的好坏，而提倡"以性观性，以心观心，以身观身，以物观物"。（均见《伊川击壤集序》）对现实采取超脱的态度，这就暗中把以诗歌存"善恶"的传统精神阉割了。南宋朱熹的诗论基本上继承邵雍的这个基本观点，故他刚提到"诗者，人心之感物而形于言之余也"，便立即强调"心之所感有邪正，故言之所形有是非"。虽说变雅为"一时贤人君子，闵时病俗之所为"，但立即说"其忠厚恻怛之心，陈善闭邪之意，尤非后世能言之士所能及之"，强调诗人的主观动机要合于所谓"性情之正"才行。（《诗集传序》）但实际上连"陈善闭邪"的诗他也不大主张作，而偏爱那种"适怀"而又有"真味发溢"（《清邃阁论诗》）的诗，也就是于"性理"有所悟的诗。陆九渊派理学家的诗论与之相似，只是把性换成心。陆说："关雎之诗，好善而已。"（《语录》）其所谓"善"即"善心"，故其徒杨简释"兴于诗"说："学者取三百篇中之诗而歌之咏之，其本有之善心，亦未始不兴起也"。（《诗解序》）吕祖谦则说："诗者，人之性情而已。""看《诗》须是以情体之，如看《关雎》诗，须识得正心，一毫过之，便是私心。"从表面上看，似较强调情，然所重实在要以"正心"去体会情，薛季宣所谓"用情正性"（《浪语集·书诗情性说后》）亦此意。这从本质上看，都与朱陆的旨趣相同。薛季宣的后学叶适反对空谈心性，然其论诗教的兴衰存亡，却也以"性明"与性情的"昏惑"为言，而认为说《诗》在于体察性情，"读者诚思其教存而性明，性明而诗复，则庶几得之"（《水心集·黄文叔诗说序》），在这一点上也与理学家不殊。在受理学影响较深的人中，比较不受这种论调的拘束的似乎只有杨万里。他很重视诗的惩恶劝善的作用，提出了"诗也者，矫天下之具也"的著名观点。然其言曰："夫人之为不善，非不自知也，而自赦也。自赦而后自肆。自赦而天下不赦也，则其肆必收。圣人引天下之众，以议天下之善不善，此诗之所以作也。故诗也者，收天下之肆者也。"（《诚斋集·诗论》）可见仍着眼在治人的心情。不仅如此，他还认为作诗要"去词去意"，即意要让读者在言外去体会，如"昔者暴公潜苏公，而苏公刺之，今求其诗，无刺之之词，亦不见刺之之意也。乃曰：'二人从行，谁为此祸。'使暴公闻之，未尝指我也，然非我其谁哉？外不敢怒，而其中媿死矣"（《颐庵诗稿序》）。更可见其所谓"矫"，实在是温柔敦厚之至。这固是从传统的"主文而谲谏"的作诗原则中引申出来的，但却发挥得更为尽致了。不过，总的说来，杨万里的见解比起典型的理学家来在视野上还是要广阔一些，因为他毕竟还是一位杰出的诗人。

由于重道轻文，理学家一般都轻视诗的艺术，但是，同根本不谈或极少谈诗艺的北宋理学家相比，南宋的理学家也有所不同，而典型的理学家与旁门别派又有差异。朱熹和杨万里、叶适可以作为代表。他们都是诗歌复古论者，然所复之古不同。朱熹认为"古今之诗凡有三变。盖自书传所记，虞夏以来，下及魏、晋，自为一等。自晋、宋间颜、谢以后，下及唐初，自为一等。自沈、宋以后，定著律诗，下及今日，又为一等。然自唐初以前，其为诗者固有高下，而法犹未变。至律诗出，而后诗之与法，始皆大变。以至今日，益巧益密，而无复古人之风矣"。所以他曾想抄取先秦韵语、汉魏古词，以及郭璞、陶渊明之作，"自为一编，而附于三百篇、楚辞之后，以为诗之根本准则"，至于下二等，则只"择其近于古者，各为一编，以为之羽翼舆卫"(《答巩仲至第四书》)。这就是说，他提倡要复魏晋以上之古。后来真德秀编《文章正宗》，其诗歌部分于唐以前以陶为主，几与其他各家等，在唐代只选了陈子昂、李白、杜甫、韦应物、柳宗元、韩愈等六家，而所选韦应物的诗达八十余首，超过李白，几与杜甫相等，即大体上贯彻了朱熹的主张，只是从内容上考虑得更多罢了。朱熹他们提倡复魏晋之古，并特别喜欢陶、韦诗，是因为他们主张诗以吟咏性情为主，而其所谓性情又主要指超脱声色货利的欲望，"要使方寸之中无一字世俗言语意思"，故在形式上亦反对雕琢，崇尚浑朴自然的风格，形式上的要求和内容上的要求是一致的。

杨万里和叶适则均提倡复晚唐之古。但二人的出发点似有不同。前已言及，杨万里论诗主张去词去意，他倡导学晚唐，是认为晚唐的诗写得很含蓄委婉，意在言外，有"三百篇之遗味"(《颐庵诗稿序》),"读之使人发融冶之欢于荒寒无聊之中,动惨戚之感于笑谈方怪之初"(《唐李推官披沙集序》)。这一方面是纠正江西派诗过于瘦硬的流弊,另一方面也是为了更好地表现诗的讽谕之义。叶适鼓吹学晚唐的四灵体,据周密的推测,是因为他的才力"富赡雄伟,欲为清空而不可得,一旦见之(指四灵诗),若厌膏粱而甘藜藿,故不觉有契于心耳"(《浩然斋雅谈》)。但从其所作《徐道晖(照)墓志铭》《徐文渊(玑)墓志铭》《题刘潜夫南岳诗稿》等文来看,他赞美晚唐诗,实由于同徐玑(四灵之一)一样,对近世诗的"连篇累牍,汗漫而无禁"感到不满,故转而赞赏"敛情约性,因狭出奇"的晚唐体。这与其认为诗教在于明性的主张亦相应。因为他原不要求诗歌反映广阔的现实,自不妨欣赏精致的小摆设了。但他后来似乎也觉得四灵所学的晚唐境界太窄小,所以勉励刘克庄"进于古人不已,参雅颂,轶风骚可也,何必四灵哉?"

理学家的诗论对非理学家也有影响,如《碧溪诗话》的作者黄彻就极重视诗中"凡心声所底,有诚于君亲,厚于兄弟朋友,嗟念于黎元休戚,及近讽谏而辅名教者","至于嘲风雪,弄草木,而无与于比兴者,皆略之"(《碧溪诗话自序》)。为之作序的陈俊卿也说:"夫诗之作,岂徒以青白相媲,骈俪相靡而已哉!要中存风雅,外严律度,有补于时,有辅于名教,然后为得。"(《碧溪诗话序》)此虽与白居易的诗论颇相近,而与理学强调诗以道性情有所不同,然重视诗教则一,在北宋文人的诗论中是少见这种议论的。至于陆游说:"诗为六艺一,岂用资狡狯,汝果欲学诗,工夫在诗外。"(《示子遹》)又说:"言语日益工,风节顾弗竞。杞柳为桮棬,此岂真物性。""万物备于我,本来无欠余。窭儒可怜生,西

抹复东涂。"(《和陈鲁山十诗以"孟夏草木长，绕屋树扶疏"为韵》)这就更近
于理学家的诗论了。(但陆游重视战斗生活对诗歌创作的作用，则
与理学家迥异)刘克庄亦然，他认为风人之诗要"以性情礼义为
本"(《何谦诗集序》)。而最有趣的则是张戒《岁寒堂诗话》中的一
段议论：

> 孔子曰："诗三百，一言以蔽之，曰'思无邪'。"世儒解
> 释终不了。余尝观古今诗人，然后知斯言良有以也。……自
> 建安七子、六朝、有唐及近世诸人，思无邪者，惟陶渊明、杜子
> 美耳，余皆不免落邪思也。六朝颜鲍徐庾、唐李义山、国朝黄
> 鲁直，乃邪思之尤者。鲁直虽不多说妇人，然其韵度矜持，冶
> 容太甚，读之足以荡人心魄，此正所谓邪思也。

郭绍虞先生很注意这段话，但他说张氏的意思盖谓"既做不
到不温柔敦厚，当然便不免落于邪思"，则仍未免皮相。实际上
张氏批判黄庭坚的这几句话乃是理学家正心诚意的主张在美学
思想方面的表现，可与后来朱熹说的"齐梁间之诗，读之使人四
肢皆懒慢，不收拾"(《语类》一四十)相参证。张戒其人我们知之甚
少，仅知其绍兴五年以赵鼎荐授国子监丞，历监察御史、殿中侍
御史、司农少卿等官，及鼎败，亦随贬。赵鼎所引多理学之士，他
同理学家的关系如何，不得而知，然其颇受理学的影响似可肯
定。他的诗论，实开南宋一代诗的新风。朱熹、杨万里、刘克庄
等人在对诗的根本看法上无不与之有相通之处。

郭先生认为严羽亦可能受到他的启迪，甚是；但严羽主要是
发抒他的某些艺术见解，对其根本精神殊少继承。

理学家不但力图用理学的性情论去解释、评价、创作诗，也
开始对词施加影响。所不同的是，注意词的多是非典型的理学

家；而且，对诗，理学家多排击苏、黄，论词，则颇引苏以自助。南宋早期的理学家尤然，胡寅的《酒边词序》就是较典型的。他在指出柳永以前的词虽能"曲尽人情"，而不能"止乎礼义"之后说："及眉山苏氏，一洗绮罗香泽之态，摆脱绸缪宛转之度，使人登高望远，举首高歌，而逸怀浩气，超然乎尘垢之外，于是《花间》为皂隶，而柳氏为舆台矣。"显然，他是想借扬苏轼来抵制那些香艳体的词。故其赞扬向子諲的《酒边词》，也着重在鼓吹其到江南以后的词能"以枯木之心，幻出葩华，酌元酒之尊，弃置醇味，非染而不色，安能及此！"这篇序文与其同时人王灼在《碧鸡漫志》中论词之说相似，实为南宋词风转变的一篇宣言。嗣后陆游、曾丰、范开、刘克庄、刘辰翁的词论大都推衍此意。曾丰更明确提出词须"要其情性则适，揆之礼义而安"（《知稼翁词序》）。这虽是时代的动乱对词家有所刺激而然，然曾丰是理学家，陆及二刘都与理学家关系密切，未尝不受到理学的影响。宋末张炎论词，独标"雅正"，说"词欲雅而正，志之所之，一为情所役，则失其雅正之音"。近人谓"这种看法反映了封建统治阶级文人的正统观念和艺术趣味"（复旦大学编《中国文学批评史》），未免囫囵，其实，这正是理学家的声口，尽管张炎本人并不是理学家。这并不奇怪，因为在张炎的时代，理学已是风靡一世了。

南宋的理学既然逐渐浸润到文学理论的许多方面，它自然要影响到文学的创作。理学家对文比较重视，因而文也首当其冲。

我们读南北宋的文，会有两种不同的感觉：北宋古文家的文，虽也喜欢说理，也追求风格的平淡，但多写得比较生动，特别是杂记杂说一类的文章写得很出色。如范仲淹的《岳阳楼记》，欧阳修的《丰乐亭记》《醉翁亭记》，王安石的《游褒禅山记》《伤仲永》，苏洵的《木假山记》，苏轼的《超然台记》《日喻说》《喜雨亭记》，苏辙的《快哉亭记》等都使人感到生趣盎然。曾巩文较质实，然如《筌湖图序》《墨池记》之类也虚实相间，有唱叹之音。至于苏轼的小品如《记承天寺夜游》等尤为绝妙。介于诗文之间的赋亦然。欧、苏及张耒都有不少情韵悠远之作，如欧的《秋声》、苏的《前后赤壁》《黠鼠》、张的《鸣鸡》等。至南宋就不然了。我们除了从陈亮等人的少数论文中尚能见到一点排荡恣肆的气魄外，其余的文章就多是温厚和平的质实之作了。尤可怪的是，以陆放翁那样渴慕建立奇功的文人来记载姚平仲那样的奇人奇事，宜有感情激荡之词、一唱三叹之音，然却写得质实局促。而杨万里与陆放翁这样一些名诗人的赋作亦多类论文，最好的《浯溪赋》《海鳅赋》等也但以气势见长，而情韵不足。叶适在南宋最能文，其议论时见精彩；论文亦有见地，其《习学记言》中明确地指出了"程氏兄弟发明道学，从者十八九，文字遂复沦坏"的严重问题，可谓具眼。他又说："韩愈以来，相承以碑志序记为文章家大典册……至欧、曾、王、苏，始尽其变态……若（苏轼）《超然台》《放鹤亭》《筼筜偃竹》《石钟山》，奔放四出，其锋不可当，又关纽绳约之不能齐，而欧、曾不逮也。"亦颇为知言。（惟中言韩愈及柳宗元于记"犹未能擅所长"，非是。）然所作碑志但见谨严，序记则殊平实而缺少文采风扬、波浪纵横之致。为什么南宋以后艺术性散文竟这样衰落？是仅仅因为才力短缺吗？然一代竟无其才，岂非咄咄怪事！实则这正是理学家文论产生的恶果，是"习俗之移人"。因为艺术性散文既需要有真实的感情、细节，又需要想象和点染，而在理学弥漫的气氛中，感情既要约束，巧思"架空"，亦所深戒，艺术性散文的生命自然就枯萎了。

理学对南宋诗的创作影响也颇显著。南宋之初，承北宋的余风，一些理学家曾与江西诗派结成联盟。孝宗以后，理学家和诗人都已厌弃江西，自辟门径。朱熹颇称许黄（庭坚）、陈（师道）之为人，而不满于其诗；杨万里、范成大、陆游虽从江西入，而都不从江西出；永嘉四灵及叶适亦尚晚唐体，薛季宣又鼓吹李贺，都说明了对江西的厌弃。后来虽有方回力振江西的余波，然宋祚已移，且其反响亦微了。南宋中期这个变化，当然有艺术自身要求变化的规律在起作用，并不尽由理学的传播；然而理学家崇尚自然平淡的审美要求和江西派以瘦硬生涩为奇的艺术风格不相容，实亦起着一定的作用，更何况有的理学家根本不管诗艺，率意成章，形同语录，自然尤与江西派的矜奇作态相凿枘了。在这里我不想多说理学家的性理诗，因为尽管这种诗也有写得颇有情韵而富于理趣的（朱熹即写过一些这样的诗），但毕竟不是诗歌的主流；我也不想列举陆游、刘克庄等诗人所写的一些侈谈道学的诗，因为正如钱锺书先生在《谈艺录》中指出的，陆游对理学实无所得，我看刘克庄也一样。他们的诗中出现这类作品虽反映理学的影响之大，却不代表他们的诗，更不代表他们的成就。杨万里是南宋诗人中"于道学差有分者"（钱锺书《谈艺录》），但其诗中含有理意的如"莫道雪融便无迹，雪融成水水成冰"（《荆溪集·郡圃残雪》）之类的并不多，如"还将著书手，拈出正君心"（《寄张钦夫二首》），"圣处与天似，而我老相催"（《荆溪集·夜雨》）之类明显地讲道者尤少。理学对南宋诗歌创作的影响，我以为主要体现在：

（1）进一步冲刷了诗中的俗气和生气。叶适在《王木叔诗序》中说："木叔不喜唐诗，谓其格卑而气弱。近岁唐诗方盛行，闻者皆以为疑。夫争妍斗巧，极外物之变态，唐人所长也。反求于内，不足以定其志之所止，唐人所短也。"此语不全对，"格卑而气弱"，只能概括一部分唐诗，主要是晚唐贾岛、姚合、许浑等人的一些诗，四灵正是学这类诗。但说唐代诗人"不足以定其志之所止"，从宋人（特别是理学家）的观点看却不在少数。唐人言情，往往是比较坦率的，从男女私情到个人的功名利禄之心、失意穷愁之感无所不说，就是忧国忧民，也往往夹杂着个人的功名得失在内，连韩愈这样颇有点道学气的也不免。这就是志不定，也可说是有些俗气。但惟其俗，所以真，所以有生气。宋代也有些诗人未能免俗，如陆游，其爱国的诗篇中就常伴随着追求功名的欲望，为钱锺书先生所不喜，我们有时也有同感。然这也正是陆游诗的真处，是它的生命的所在。若是陆游没有这种俗气，那就不是活生生的陆游了。不过，总的说来，从北宋起，由于士大夫在评量人物时非常注重道德品格，论诗也极重视品格，王安石扬杜抑李，讥"白诗多说妇人，识见污下"（《岁寒堂诗话》）；东坡特重陶诗；陈后山讥"退之诗云：'长安众富儿，盘馔罗膻荤，不解文字饮，惟能醉红裙。'然此老有二妓"，皆主要就品格而言，代表着当时的一种倾向。论人如此，他们所作诗中的俗气自然也就开始净化了。然而从理学家的观点来看，却还净化得不够，程颐讥杜诗"穿花蛱蝶深深见，点水蜻蜓款款飞"为"闲言语"（《二程语录》），杨时讥东坡诗"殊无恻怛爱君之意"（《龟山语录》）即其证。南宋人承继这种衣钵，而变本加厉。如朱熹就说："东坡晚年诗固好，只文字也多是信笔胡说，全不看道理。"又谓"后山雅健强似山谷，然气力不似山谷较大，但却无山谷许多轻浮底意思"（《清邃阁论诗》）。东坡素为朱熹所不喜，姑勿论，山谷在北宋诗人中本与理学家相近，却遭到这样的弹射，其苛刻可想。故南宋诗人之诗，其净化的程度又甚于北宋。我们读北宋一些大家的诗，尚能感到其鲜明的个性和热烈的爱憎，读南宋大家如杨万里、范成大等的诗却感到诗人的面貌比较模糊。如杨万里，据记载是一个极有气性的人，然而我们在其诗中常常看到的却是对充满生机的自然景色的向往和对恬淡生活的爱好，饶有超脱、潇洒的情趣。这倒有些像理学家所鼓吹的"吾与点也"的气象，但又非理学家所独有的特色。他有时也有不平之言、伤时之感，但多以平静的语气出之，像"携瓶自汲江心水，要试煎茶第一功"（《过扬子江》）这样略带冷嘲意味的诗句和"顷者官收米，精于玉绝瑕"（《宿龙回》）之类近于热讽的诗句并不多，且已颇含蓄。其他诗人（除陆游、刘过等少数人外）亦多如此。晚宋不平之音较多，然除了民间流传的风谣之外，亦凄怨多于愤激，有所谓"怨而不怒，哀而不伤"之致。对于这种现象，人们多用宋王朝的日趋没落来解释，然晚宋时局之坏，视晚唐亦未始有加，除宋时颇多文字狱之外，恐怕不能不归之于理学家对诗教的提倡了。

（2）进一步发展了语言通俗化的趋势。北宋中期的诗本来较唐诗通俗化了，但好用生僻的典故和点化古人成语的江西诗派的出现，却使这一趋势逆转了。然而这种被苏轼比拟为"江瑶柱"的江西派诗，吃多了是要"生风动气"的，故如前所说，到了南宋中期又引起了人们的不满，于是追求平淡之风再度振起。不过各家各派的取径不同，目标也不一致。一种是直接向邵雍、二程的诗学习，好于诗中谈性理，形成了所谓濂洛体，其高者颇能上规陶、韦及陈子昂诸人，于平淡中尚含有一定的情韵；其下者则几同佛教徒的偈语。这是多数理学家走的道路，朱熹、张栻、陆九

渊等人的诗中这两类都有。第二种则既欲矫江西派的生僻，又欲
矫理学诗的粗率，而力图用浅切的语言雕琢出精巧的诗句，这是
永嘉四灵及许多江湖诗人走的道路。第三种用意与第二种略
同，但力图在平淡中出清新，于自然中见功力，这是杨万里（在
一定程度上包括范成大）走的道路。这二、三两种虽同号学晚
唐，而实际追求的目标不同，因而构成了四灵体与诚斋体。当然
也有不完全受时风的笼罩的，如陆放翁即虽受到时风的影响以自
然平淡为宗，然不专趋一路，而自成一种清丽雄壮的主导风格。但
是，就总体来说，通俗化的趋势确有所发展。这种趋势当然有积
极的一面，如杨诚斋在以俚俗出清新方面就创造了有益的经
验。但也伴随着一些缺点，主要是粗制滥造之作泛滥成灾，即名
家亦未能免，这就造成了整个诗歌艺术水平的降低。刘克庄在
《吴恕斋文集序》中说："近世贵理学而贱诗赋，间有篇咏，率
是语录、讲义之押韵者耳。"这是极言之，实际未必有如此严重。然
通俗而流于枯燥（濂洛体），确是南宋中后期诗歌发展中的不良
倾向。此中原因亦非一端，与诗人的才力和创作态度都不无关
系，然理学的泛滥确实是产生粗率的恶诗的温床。

　　理学对词的创作的影响似不及诗、文的显著。因为理学家一
般不大作词，偶然染指，除魏了翁外，也不常在词中大谈性理，其
他词人更少见有用词讲道学者。但理学对词仍有影响，只是比较
间接罢了。我们试将南北宋的词作一比较，便会发现：北宋词写
男女恋情的比较多，而且写得比较放荡，广义的抒情诗之作数量
不多，内容很严肃的（特别是涉及政治的）更不多。即使像苏轼
那样的以诗为词的作家，后一类的作品也是少数。因此，我们读
北宋许多作家的诗和词，往往觉得判若两人：诗庄而词媚，不仅

内容有别，语言风格也各异。只有苏词似诗，秦诗似词，风格比较统一。概言之，北宋词的意境比较鲜明，它像唐诗一样，也未免有些俗气，然而却多真实而生动。南宋词则不同，它里面的广义抒情之作（包括大量的应酬词，即所谓"羔雁之具"）大量增加；写男女恋情的赠妓之作虽仍占一定的数量，但一般写得很含蓄，像刘改之咏《美人指甲》《美人足》那样写得比较放荡的作品是极少数。与内容相应，南宋词的语言一般都比较雅或质。雅是上等的，稼轩词是一种典范，是慷慨的变雅之音；白石词是另一种典范，是凄怨之声。质是次等的或劣等的，因为质并不同于真实，更非真切生动，而且质也不妨掉书袋。像刘克庄那样的大家，尽管也写了些质朴而生动的词，有些词却质木无文，又掉书袋，甚至把儒家经典中的呆板的陈词也塞了进去，在质中又带腐气，这也成了南宋词中的一个相当普遍的病症。（辛稼轩有时也掉书袋，不过他的情怀高旷，能够不腐。）概言之，南宋词无论在内容或形式上一般都力求雅正，其上者固能攀骚雅，其下者则质而腐。腐其实也是俗，不过不是北宋词中的那种俗，而是一种头巾气的俗。这种头巾气正是理学家泛滥的产物，是我们在唐诗和北宋词中都很难找到的。

第五章　元杂剧的盛衰与科举、理学

丰富多彩的元杂剧是我国古代文学发展史上的一个高峰,但是对其盛衰的原因至今尚缺乏深入的探索。明人曾企图把元剧的兴盛归之于元代以曲取士,那是无稽之谈。王国维则谓"元初之废科目,却为杂剧发达之因"(《宋元戏曲考·元剧之时地》),甚有见,但他主要就科举被废后,士人的"才力无所用"着眼,又未免简单化。解放以来,人们既不否认王国维的分析,又从元代城市经济的发展及民族压迫与阶级矛盾的严重来解释元剧兴盛的原因。这相比前人的解释是一个进步。但是,由于把这两个方面的原因绝对化了,也出现了不能自圆其说的矛盾。例如人们大都认为,元代后期杂剧的衰落与南戏的兴盛有关系,并说南戏的体制比较自由,更便于反映复杂的社会矛盾,这在表面上似乎说得很圆通。因为元代后期的社会矛盾确很尖锐,南戏的体制也确实有更大的艺术容量。但无论是从有关记载来看还是从现存剧本来看,我们都不能说元南戏反映的社会矛盾比早期的杂剧深刻,相反,在反映生活的深度和广度上都不如了。这就可见社会矛盾的尖锐并不一定总是推动文学的繁荣,有时甚至适得其反,对某种文学形式来说尤其如此。经济条件与文学的关系也是这样。因此,我认为对任何一种文学现象产生的原因都要具体分析,不能拿一种模式去套。就元杂剧的盛衰来说,据我的考察,其原因是多方面的,有经济上、政治上的原因,也有这一体裁本身的原因,蒙古统治者的文化政策则起着相当重要的作用,而这种政策又主要体现在他们对科举和理学的看法上。弄清这个问题,我觉得不仅有助于我们比较深入地了解元剧兴衰的原因,也有助于我们进一步认识理学对文学的影响,正确认识国家的文化政策与文学盛衰的关系。

我想先从元剧兴盛的时间说起。

元剧兴盛的时间,现在比较流行的有两说:一说是在元贞时期,其依据是元明之际贾仲明在《录鬼簿》一些人物后面补作的《凌波仙》吊词,近人王季思、张庚、郭汉城都主此说;一说是在"蒙古时代",即"自太宗取中原以后,至元一统之初",此说发自王国维(见所著《宋元戏曲考·元剧之时地》),近人董每戡亦力主此说(见所著《说剧》十八《说元剧"黄金时代"》)。他们的依据是:元杂剧的著名作家多在钟嗣成《录鬼簿》所列"前辈名公才人"中。我基本上同意董说。因为据孙楷第考证,钟在元成宗大德初至少当有二十来岁,而作为他的前辈,正如董氏所云,其年龄当长于他二十到三十岁。他们的创作活动,在元贞(1295—1297)以前的至元年间无论如何都应开始了。他们中间有些人因为高寿,可能在元贞、大德年间或者更后一些时间还健在(白朴在大德十年还活着,然已是八十一岁的高龄了),但已不是创作的盛年了。这个道理,董氏说得很详细,其言甚辨,我就不多说了,除此之外,我还要补充几点:

(1)《录鬼簿》所载"前辈已死名公才人有所编传奇行于世者"除白朴外,我们虽不能知其生年和活动的年代,但该书所列

"前辈已死名公有乐府行于世者"其生活年代却多可考证。虽然该书这两类记载在体例上不尽同，后者仍可作前者的参考。现将其所谓"前辈已死名公"年代可考者按曹本《录鬼簿》依次列举如下：

董解元	金章宗时人。
太保刘公	即刘秉忠（1216—1274）
商正叔学士	《元遗山诗集》卷十三有《商正叔陇山行役图》二首，元氏死于1257年（蒙哥七年），其时商的年龄至少当在二十岁以上。
杜善夫	与元好问、刘祁等为友，假令其年与刘祁相上下而少于元好问（刘生于1203年，比元好问少十三岁），也应生于金代，而且金亡时至少有三十来岁。
张子益平章	《元遗山诗集》卷四有《送张书记子益从严相北上》诗，知其人盖为严实或严忠济幕僚，当亦生于金末。
杨西庵参政	即杨果（1197—1269）
胡紫山宣慰	即胡祗遹（1227—1293）
卢疏斋学士	即卢挚，与姚燧同时，为白朴弟白恪妻兄，据李修生考证，约生于1242年，卒于1314年左右。
姚牧庵参政	即姚燧（1238—1313）
徐子方宪使	即徐琬，大德五年（1301）卒。
不忽木平章	（1255—1300）
张九元帅	即张弘范（1238—1280）
荆汉臣参政	即荆干臣，与王恽（1227—1304）同辈。
陈草庵中丞	即陈英，大德间为福建宣抚使，延祐初尚在。
张梦符宪使	即张孔孙（1233—1307）
马彦良都事	与胡祗遹、王恽同时。
赵子昂承旨	即赵孟頫（1254—1322）

白无咎学士	即白珽之子白贲，与程钜夫、袁桷、范梈等均有交往，其年龄盖在程（1249—1318）与范（1272—1330）之间。
滕玉霄应举	即滕宾，至大间（1308—1311）官翰林学士。
冯海粟待制	即冯子振，大德六年（1302）年四十六。即生于1256年。
贯酸斋学士	即小云石海涯，又称贯云石（1285—1324）

根据上列情况，我觉得可以得出两点结论：1. 钟氏所列"前辈名公"大体上是按年辈为序的。这些人的年龄差别较大，除董解元外，年龄最大的杨果与年龄最小的贯云石相差八十八年，即包括整整的两代人甚至三代人。但是，除末后一二人外，其在至元末（1293年）的年龄大都在三十、四十以上。2. 贯云石从年龄来说要少于钟嗣成，他之所以被列入"前辈"，可能是因为他是一名声望很高的贵公子。同时，钟氏在序列散曲（即所谓"乐府"）作家时只分"前辈已死名公"和"方今名公"二类，而无"方今已死名公"一类；与序列杂剧（传奇）作家分三类不同（曹本分四类），所以凡钟氏作《录鬼簿》时（至顺元年，1330年）或增订该书时（后至元与至正间）已死者，他都只能把他们列入"前辈名公"中。现存《录鬼簿》有不同的版本，曹本"前辈名公"录至张弘范止（即张九元帅，曹本系重出），说集本与孟称舜本则尚列了郝新斋、曹以斋、刘时中三人，而这三人在曹本是列入"方今名公"的，这当是他在修订时移到前面去的。所以，我们在分析《录鬼簿》的两类记载（即散曲作家的"名公"与杂剧作家的"名公才人"）时既要看到其体例的一致之处（即大体以人物的年辈为次，且所称前辈的年龄较钟氏为长），又要看到两者的不同。杂剧类中的"前辈"，其含义当较散曲类的"前辈"要严格一些，即杂剧作家中的"前辈已死名公才人"应是钟氏真正的

前辈，也就是年龄至少要高于他二三十年以上。同时，由钟氏对"前辈"散曲作家的排列大体以年辈为序，我们还可推知其"前辈"杂剧作家一类的排列也当是以年辈的先后为序，且所谓"前辈已死名公才人"中也应包含至少两代人。费君祥与费唐臣父子并列于"前辈已死名公才人"即其明证。由此，也就可以推知：列在前面的关汉卿、高文秀、马致远等以及与关汉卿是朋友的杨显之、梁进之等，其年龄必大体与同样列在前面的白朴相近。从这两方面看来，他们的创作活动时间都应主要在忽必烈的时期，而不是在其后的元贞，贾仲明所谓"一时人物出元贞"，是没有根据的。不过，像作散曲的"前辈已死名公"中有不少人都活到元贞一样，作杂剧的"前辈已死名公才人"有些人活到元贞也是可能的，白朴就活到大德年间。因此，元杂剧繁荣时间的下限较王国维所说的可以稍稍推迟，即可以延伸到元贞、大德间，这以后杂剧就衰落了。

（2）杂剧的兴盛不始于元贞，我们还可以从有关杂剧演出的记载和散曲的发展情况得到印证。杜善夫的《耍孩儿·庄家不识勾栏》是曲学研究者早就注意了的，但很少有人联系他的生活时代来认真地推究。如前所说，他在金亡时（1234）当有三十岁上下（他在金亡以前曾从内乡出发游邓州帅的幕府，见元好问诗，也可证明这一点），那么，他到至元末（1294）就应有九十岁上下了。所以，这套曲不可能作于至元以后的元贞是毫无疑义的。假定他作此曲时是六十岁，那也应在至元元年(1264)前后。这套曲至少反映两种情况：一是戏曲演出的规模已很大(有戏台，看客"层层叠叠团圞坐")，演员的水平也不低（有化装，表演生动）；二是散曲已以联套的形式出现，而套曲是杂剧的基础。此外，曲中还提到演的戏目有《调风月》《刘耍和》。刘耍和据曹本《录鬼簿》注是教坊色长，剧作家红字李二是他的女婿，属于"前辈已死名公才人"，则这个剧本演的是近事了。《调风月》也许就是关汉卿的《诈妮子调风月》，如然，则关氏的剧作在至元初年前后早已流传了。又《青楼集》记著名演员珠帘秀说：胡紫山（祇遹）曾赠以《沉醉东风》曲，王恽《秋涧先生大全文集·题珠帘秀序后》诗亦记其与胡的情好。胡死在至元三十年，他与珠帘秀的往来必在此前。这说明珠帘秀在至元年间早就为名人所瞩目了。倘杂剧尚未盛行，这种情况也是不可能出现的。

（3）《录鬼簿》所载"前辈已死名公才人"的籍贯也给我们确定杂剧兴盛的时间提供了线索。王国维早就注意到，钟氏所列56人（据曹本；说集本少3人，孟称舜本少4人），除2人不注籍贯外，全部是北方的，与元后期的杂剧作家几乎都是南方人或寄居南方的北方人显然不同。这一点，已可证明杂剧的开始兴盛不可能在元统一江南已达十七八年之后的元贞，否则，江南亦当有少数或个别作家。此外，我们还注意到，在注明籍贯的54人中，其分布的情况是这样：大都16人，河北真定地区8人，山西平阳地区（包括平阳及绛州）6人，山东东平地区4人，此外则散处河北保定、大名等地的共7人，散处山东济南等地的共3人，散处山西太原、大同的共3人，散处河南彰德、汴梁等地的共5人，属于陕西西安（京兆）的2人。就是说，除了忽必烈以后的首都大都外，杂剧作家比较集中在平阳、真定、东平这几个地方。如果我们考虑到河北的大名（2人）、河南的彰德（2人）都邻近东平地区，并一度归东平行台管辖，河北的保定（2人）邻近真定地区；而关汉卿又可能是侨居大都的解人（解属平阳路），那么这四个地区作为杂剧作家的中心就显得更为突出。为什么会出现这种情况呢？大都是首都，是人物荟萃之地，这是无须说明的。其他几处就有待考查了。

我们知道蒙古统治者在灭金的过程中，曾大量招降汉族及女真族、契丹族的地主武装，也吸收了少量的契丹、汉族士人如耶律楚材之类。在汉族的地主武装首领中，实力最强并对当时的政治影响较大的是张柔、史天泽和严实。张柔是河北易州定兴（今定兴）人，史天泽是永清人，严实是东平人，张不专辖易州，史、严两家则统治真定、东平达二三十年之久。这三个人都颇注意招揽士人并保存文化，如张柔在驻守保定时就曾"迁庙学于城东南，增其旧制"，攻下汴梁时则"于金帛一无所取，独入史馆，取《金实录》并秘府图书，访求耆德及燕赵故族十余家，卫送北归"。蒙古军攻破汝南时，"下令屠城，一小校缚十人以待，一人貌独异，柔问之，状元王鹗也，解其缚，宾礼之"（《元史》本传）。这个王鹗后来成了忽必烈的著名文学侍从，对促进蒙古的汉化一度起过作用。史天泽尤注意保存士大夫，王恽《秋涧先生大全文集·史公家传》说："北渡后，名士多流寓失所，知公好贤乐善，偕来游依，若王滹南、元遗山、李敬斋、白枢判、曹南湖、刘房山、段继昌、徒单颙轩，为料其生理，宾礼甚厚，暇则与之讲究经史，推明治道。其张颐斋、陈之纲、杨西庵、张条山、孙议事，擢府荐达，至光显云。"这里提到的元遗山（好问）、杨西庵都是散曲作家，白枢判（贲）则为著名戏曲家白朴之仲父。此外，白朴以及王恽等也都受到史天泽的优礼和推荐。严实父子在重视文化、优礼士人方面更有名，金亡后，汴京的官员都羁管聊城，在东平行台的辖下，太常乐师及京国乐籍也"流寓其地"（《元史·张孔孙传》及《元遗山集》卷二九《故帅阎侯墓表》)。名士如元好问、杨奂、宋子贞、张特立、刘肃、李昶、商挺、王磐、张澄、徐世隆等都被优礼，或辟为幕僚。徐琰、阎复、李谦、孟祺等更是在他的栽培下成名的。(据《元史》述各人的传记及《元遗山年谱》)著名散曲作家杜善夫"以道游齐鲁，客武惠公(即严实)之门"(任士林《松乡先生集·东平杜氏种德堂记》)。此外，严实还在东平"修学校，招生徒，立考试法"(《元史·孟祺传》)，"迎元好问校试其文"(《元史·阎复传》)，"故东平一时人材多于他镇"(《元史·宋子贞传》)。美国学者达尔德斯（J. W. Dardess）认为金元之际有个东平学派，这个提法尚需斟酌，因为那时的文士所依附的不只是东平的严氏，也依附史氏、张氏，还有依托其他汉族大官的。但是，金元之际的文士确有很多人都同严氏有关系，而且他们的领袖人物如元遗山、杨奂、王鹗、杜善夫、杨果等人都直接继承金代的文风，虽然也尊经，但主要从事文学创作和讲求经世致用之学，而与赵复、许衡等理学家不同，这却是符合实际的。值得特别注意的是，这些人中有好几位就是从事散曲或戏曲创作的；同时，在严氏、史氏、张氏三家中，也有散曲和戏曲作家。严氏如严实之子忠嗣，张氏如张柔之子张弘范即是见于记载的散曲作家，史天泽之子史九散人则是见称于《录鬼簿》的戏曲作家。另外，《青楼集》及《录鬼簿》都提到史中丞，也应是史氏家族的。所以，我们完全可以有理由说：杂剧作家有较多的人出自真定、东平及其相邻的地区绝非偶然，现存《永乐大典》戏文之一的《宦门弟子错立身》中的著名演员王金榜出自东平也绝非偶然。它是当时特定的政治条件下的产物，同历史上建安作家多集中在曹氏手下多少是有些类似的。不过，严、史等家族的成员毕竟与曹氏不同，他们在至元初都相继地被调离世袭的领地，而进入大都居住和做官，他们的领地作为中原的文学中心只是暂时的，到元朝统一中国后，这种情况已不复存在了。因而在这以后，我们在《录鬼簿》中虽然还看到东平的戏曲作家（真定则无），但他们都因某种原因长期住在杭州。

现在再说平阳。这个地方与真定、东平不同，它并非汉族军阀长期磐据的领地。它得以成为戏曲家的一个中心是因为它自蒙古太宗窝阔台以来就是一个军事政治重镇。蒙古军侵金，首先是从山东、山西两翼向金发动钳形攻势，而山西更是主力所在。后来蒙古灭金，到宪宗蒙哥时期，命忽必烈管理中原，其领地在陕西（继又包括河南一部分地区），从陕西到当时的政治中心和林，河汾地区仍是必经之道。这个地区又盛产解盐和煤，所以从窝阔台起，就对河汾地区很重视，选派要员治理。如窝阔台时，"朝廷以全晋为要害之地，人心危疑未定，非（李）守贤镇抚之不可"，于是就命他为河东南路（治平阳）总管，知平阳府事。"太宗南伐，道平阳，见田野不治，以问守贤，对曰：'民贫窭，乏耕具致然。'诏给牛万头，仍徒关中生口垦地河东。"（《元史·李守贤传》）忽必烈时，又曾"起（张）德辉为河东南北路（今山西全境）宣抚使，下车，击豪强，黜赃吏，均赋役"（《元史·张德辉传》）。其他比较有名的地方官见于史籍者还不少，那些所谓"德政"的记载不完全可靠，但此地的受重视却可想见。正唯如此，在元代腹里各路中，平阳路（后改晋宁路）经济是最发达的，它的税收居第一位（据天历时的记载达银二万一千三百五十九锭四十两二钱）。这种情况大概在至元初就开始了。当时曾为太原路治中兼提举本路铁冶的王恽说："平阳当河汾间为钜镇，属邑五十余城，临汾剧而最要，经界才百里，占籍者几万五千户，凡丘赋之重,徭役之烦,十常居其二。"(《秋涧先生大全文集·平阳府临汾县新㕍记》)即是较为生动的记载。当是因为经济的发达和地位的重要,所以蒙古灭金后一段时间,平阳也是著名的文化中心。金亡,耶律楚材即置经籍所于其地(《元史·太宗纪》),金末著名文人麻革、曹之谦曾在此讲学,他们与居住在太原附近的元好问互通声气,形成了有名的河汾诗派。由此可见,此地成为产生杂剧作家的一个中心也不是偶然的。但平阳地区的经济毕竟敌不过江南杭州、扬州等地,故在元朝灭宋以后,平阳也不再是文人荟萃之地了。《录鬼簿》所载元后期作家中只有郑德辉是平阳人,而他晚年却定居在杭州,就反映了这个变化。

总之,从前期杂剧作家的籍贯来看,我们也可以推定杂剧的兴盛不可能始于元贞,而是在这之前。但也不会太早,因为在蒙古开始入主中原的一段期间,社会还是相当紊乱的,蒙古军的野蛮掠夺,造成了严重的民不聊生的情况,在那样的时候,戏剧的繁荣当然是不可能的。杂剧的繁荣,最早应在蒙古蒙哥即位以后,因为这时距金之亡已将二十年,蒙古统治者内部赞成汉化的集团已开始形成,社会经济重新走上了封建的轨道,戏剧发展的物质条件才具备了。

但是,仅有一定的物质条件,文学的繁荣还是不可能的。仅有张柔、史天泽、严实等人的保护,也还不够,因为这些人都还不能制定全局性的文化政策,并必须看蒙古皇帝的脸色行事,他们的意见和措施只有在蒙古皇帝的同意或默许下才有可能。所以我们还必须进一步研究蒙古统治者在中国推行的文化政策或他们对文化与知识分子的态度,而与文学创作有直接关系的就是科举制度的废兴和理学的提倡。

谈到蒙古统治者对文化与知识分子的态度，我们首先当然不会忘记，蒙古贵族是以落后的游牧民族入主中原进而统一全中国的。他们对以汉法治汉地的必要性的认识有一个过程，对汉地应实行什么样的文化政策自然更有一个过程，科举制度又是一种选拔官吏的制度，直接与政权建设联系，他们更不会轻易地接受。我们也不会忘记：蒙古贵族从入主中原起到被农民大起义推翻止，始终推行民族歧视政策，把臣民分为蒙古、色目、汉人（包括汉化的契丹人和女真人）、南人四等。他们对汉人（为简化起见，我把南人也包括在内，不再分别，下同）知识分子的态度和汉文化的态度是不脱离这个总政策的。但是，我们又决不可忘记，蒙古族的统治者对汉人又绝不是一视同仁的。他们对汉人的归顺者和反抗者以及各种程度的不合作者分辨得很清楚，对汉人的上层与下层、文化人与非文化人也很注意分别。有人把元初（为叙述的方便，本文讲的元初包括窝阔台灭金之后的蒙古时期）的废科举，简单地说成是蒙古统治者推行民族歧视政策或看不起儒士，是与事实不合的。实际上，儒士也同医、卜等蒙古贵族所需要的人一样，一开始就得到格外的保护和关照。窝阔台灭金之后第四年，就决定在各郡举行一次考试，使四千名儒士得到照顾（详后），以后还规定士人著在儒籍，不许蒙古贵族掠取士人为奴。（这个规定未详始于何年。《元史·廉希宪传》载廉希宪于蒙哥四年为京兆宣抚使时说："国制，为士者无隶奴籍，京兆多豪强，废令不行，希宪至，悉令著籍为儒。"可见早有优待儒人的制度，只是未能贯彻执行。）忽必烈时期优待儒士的规定更有所发展，如中统二年"诏军中所俘儒士听赎为民"，并"遣王祐于西川等路采访医、儒、僧、道"。又从王鹗之请于"立诸路提举学校官"（《元史·世祖纪》)。这是中国历史上第一次在地方上设置专管教育的官吏。此后至元二十五年，又"诏免儒户杂徭"。至元十九年还"诏诸路岁贡儒吏各一人"加以任用。(并见《元史·世祖纪》)此外，自窝阔台时起就开始设立和保护书院、学校，到至元年间，各郡县学校已达两千余所(《续文献通考》卷五十)，这在中国历史上也是空前的。当然，由于一些蒙古贵族抱着落后游牧民族的狭隘军事观点和对文化的无知，凌虐乃至奴役儒士的情况都是有的，战时甚至是严重的，但比起普通老百姓来说，总是好多了。所谓"九儒十丐"之说，大概是元初亡宋遗老对那些缺乏民族气节，投靠元朝的士大夫的一种讽刺，绝非实际情况的反映（这一点，陈垣在《元西域人华化考》中早已作过辨证，收在陈著《励耘书屋丛刻》中）。至于那些出仕为官吏的儒士，处境自然更好，明人祝廷心说："元氏之全有中国者九十有二年，不以政柄属诸士，而亦不以法度诛之，故士之仕者，苟循理自守，则可以致名位而无患祸。"(《药房居士集序》，见《明文衡》卷四十)这话大体合事实。考查《元史》，除因谋反案和重大政见的斗争有几个著名士人被杀外，因发表言论和文字获杀身之祸的却极罕见。现代的元剧研究者多喜说元剧的作者屈沉下僚，受到歧视，甚至说他们多是"书会文人"，这其实不很确切。我们知道，元代在复科举之前，官吏几乎全靠朝官和地方官的荐举和辟举。而且元与宋不同，作吏并不算什么羞辱，因而像姚守中那样出身名宦之家(《录鬼簿》注："牧庵学士侄")的人也作平江路吏。不仅如此，官吏既由贡举，那些与朝廷大官或地方大僚无关系的就不可能取得做官吏的资格。钟氏所列元前期杂剧作者，有的做到"江浙行省务官"(马致远、戴善甫、尚仲贤)，有的是知州(梁进之)、县尹(李文蔚、李子中、李宽甫）、府判（赵天锡、庚吉甫）、工部主事（李时中）、儒学提举（赵公辅）、医大夫（李进取），这都是正式的官。至于淘金千户、武昌万户，自然也是官，而且地位不低。就是那些无官职的恐怕也多不是普通人。白朴出身仕族，与史天泽关系密切，这是确凿可考的。高文秀是东平府学生，很可能同严实父子有关系。关汉卿是太医院尹，现在查不出是何等的官，因而有人主张据天一阁本作"医户"，然亦无旁证，考《析津志》把他列入"名宦"，《录鬼簿》说他与曾"除大兴府判，次除知和州"的梁进之是世交，看来他不可能只是个普通的医户，而是个医官。蒙古至元以前，官无定称，现在在《元史》中查不到的官名是不可遽断为无的。当然，这不是说那些杂剧作家在当时都是得意的，都是属于社会的上层；而是说他们中间有一些人是属于上层或接近上层，有些人则同上层有千丝万缕的联系，真正属于下层的像红字李二那样连名字都没有的人应该是不多的。须知那时并无稿费，作家们靠书会是不能过活的，又怎能从事创作呢？

蒙古统治者既然也知收买和安置儒士的必要性，那么为什么要长期废行科举呢？看来，这与一些蒙古贵族反对汉化是分不开的（延祐复科举后，后至元间又一度停止，即是由于一些蒙古贵族的反对，是其证）。但是，从大量的史料来看，自忽必烈的时期起，还有另一个重要原因，那就是附依蒙古贵族的汉官在是否恢复科举以及如何恢复科举的问题上意见不一，就中主要是理学派与文士派的意见分歧严重，两派反复较量，始终未能形成一致的意见，此事就长期搁置下来。及至仁宗时，理学派的意见取得决定性的胜利，科举才得恢复。

为了正确地理解这一斗争的发展所反映的金元之际学风、文风的变化和统治者文化政策的演变及其对整个文学,特别是杂剧创作的影响,我们需要简单地介绍一下金元之际中原士大夫的思想情况。过去有一种说法,理学在北方的传播是从 1235 年赵复北上后开始的,对此近人已纷纷提出异议,指出在金的统治下,特别是金宣宗南迁后,北方士大夫中早已有人读到二程、邵雍、朱熹等人的书。这种辨证是对的。但是从金国士大夫的主导倾向来看,他们对理学确是轻视的,甚至是反对的。他们从北宋继承过来的思想传统主要是欧阳修、苏轼、司马光等人的,其中尤以苏轼的影响为大,所谓"苏学盛于北",乃是颇为精确的概括。这一点我们只要读一读金末一些大老如赵秉文、王若虚等人的著作便可了然,至于像李屏山那样的公开反对道学,就更不用说了。还要注意,当时有些人也打理学的招牌,但实际上却绝非理学家。例如有个王郁(飞伯),他自称"故尝欲为文,取韩、柳之辞,程、张之理,合而为一,方尽天下之妙",因而有人把他划到崇尚理学的一群中去。然而这个王郁,又"平日好议论,尚气,自以为儒中侠",并指摘那些"从事于孔氏之心学者,徒能言而不能行,纵欲行之,又皆执于一隅,不能周遍"(《归潜志》卷二),这显然与理学家异趣并直接批判了理学家。又如作《归潜志》的刘祁,也有人把他归入理学家群中。从家学渊源来看,他确受到理学的影响,但我们只要看他论金朝科举之弊,在于其"取士止以词赋、经义,学士大夫往往局于此,不能多读书"(《归潜志》卷七);又赞扬赵秉文等主持科举考试时"于策论中取人",可见他实际上是个讲求经世致用的文士,偶尔谈谈理学,不过是招牌而已。

金末的士风如此,在这种影响下成长起来的金元之际的一代人自然一般也是如此。我们查看《元史》,即可看出:自耶律楚

材起及至忽必烈手下一大群有影响的士大夫如王鹗、刘秉忠、张
德辉、王文统等，都没有什么理学家的气味。只有许衡、姚枢、窦
默算是理学名臣，但看他们的言论，姚枢、窦默还是不大够标准
的，不过，自许衡得到任用和尊崇后，有理学气味的人确实渐渐
地多起来了。尤其值得注意的是，忽必烈的儿子真金以及大贵族
安童等都受到许衡的一些影响，因而从发展趋势看，理学对元朝
统治者的影响显然是逐步加强了。

　　了解到这个情况，我们就可以来具体考察科举问题的争论和
在争论过程中所反映蒙古统治者文化政策的发展和变化了。从我
所见到的史料来看，科举问题的争论在皇庆年间决定复科举之前
可以分为两个阶段：

　　第一阶段是从窝阔台六年（1234 年）蒙古灭金到蒙哥去世
时（1259 年）止。在灭金进入中原后，蒙古统治者不得不考虑
如何治理中原的问题。据《元史·耶律楚材传》载，耶律楚材
除建议窝阔台采取封建国家的办法征收地税、商税等，并保护农
业生产外，还奏请孔子五十一代孙袭封衍圣公，并召名儒梁陟、
王万庆、赵著等给太子和大臣子孙讲儒经，"置编修所于燕京，经
籍所于平阳"。随后在窝阔台九年，他又奏请校试儒士，得到窝
阔台的同意，命宣德州宣课使刘中（据《太宗纪》是任命术虎
乃与刘中二人，刘中即刘用之）"随郡考试，以经义、词赋、论分
为三科，儒人被俘为奴者，亦令就试，其主匿弗遣者死，得士凡
四千三十人"。这次考试是在次年（戊戌）举行的，金末的名士
如杨奂、刘祁、麻革等都参加了考试，杨奂还被录为第一。又据
麻革《游龙山记》，他这次是从居延（在今甘肃西北部）赶到武
川（在今内蒙古）赴试的，可见当时士人对此是何等重视！考试

结束后，据《元史·太宗纪》说："中选者除本贯议事官。"《新元史·选举志》改为"其中选儒人与各处达鲁花赤、管民官一同商量公事"。总之是给予特殊的照看。但陶宗仪《辍耕录》上说："国朝儒者自戊戌选试后，所在不务存恤，往往混为编氓。"后来由于高智耀的努力，才得"正户籍，免徭役"，似乎诏令并未贯彻。然据《元史》，杨奂等人确因此得了官，又《太宗纪》说这次免为奴者占取录者的四分之一，可见诏令虽未完全贯彻，但对中试儒士的社会地位至少有很大改变，这大概就是麻革所以不远千里去应试的原因。

从《元史》的一些传记来看，这样的考试在此后一段时间还偶尔举行过。如《董文用传》说："生十岁，父死……文用学问早成，弱冠试词赋中选。"考文用父董俊死于窝阔台五年（1233年），又十年为弱冠，当乃马真后二年（1243），则是年当有考试。又《月合乃传》："岁壬子，料民丁于中原，凡业儒者试通一经，即不同编户，著为令甲。儒人免丁者，实月合乃始之也。"壬子为蒙哥二年（1252年），则是年在中原地区也有过考试。又《王恽传》载，王恽在至元十三年曾奉朝命试河南儒士，其所著《秋涧先生大全文集》中《便民三十五事·用选中儒士》条也说："窃见十三年随路试中儒人，于内多有材堪从政者。"则是至元间亦有过考试。但此种考试，从《月合乃传》与王恽之所说的来看，似仅为了决定谁家为儒户，免丁役，并非于此选用官吏，因而与科举考试有别。不过在窝阔台时，确实有过举行科举的拟议。《元史·刘秉忠传》载秉忠在蒙哥时上书忽必烈说："兼科举之设，已奉合罕皇帝（按即窝阔台）圣旨，因而言之，易行也。"即其证。至于为什么没有推行，原因就不清楚了。想是由于蒙古贵族的反对吧。

　　第二阶段是从忽必烈即位起到仁宗爱育黎拔力八达皇庆元年以前，即 1260 年到 1311 年。这一阶段从表面上看同前一阶段没有什么不同，也是只偶有"随郡考试"（例已见前引王恽事），而无正式的科举考试。朝廷的官吏来源仍是靠贵族世袭和现任官的荐举。但有一点却不相同，就是不但有了关于争论科举问题的记载（尽管不完全），而且从所记争论中，可以看到蒙汉统治者之间错综复杂的矛盾和斗争。

　　忽必烈是蒙古贵族中对汉化的重要性比较有认识的人物。他在作藩王时就已开始招纳汉族士大夫，从他们那里了解和学习统治术，一些汉族士大夫为了自身的利益也尽量拉拢他。蒙哥即位后，他受命总领中原地区的大政，更成了汉族士大夫依附的中心。如著名诗人元好问就曾于蒙哥二年与张德辉一道北上到他的藩邸晋谒，请他为儒教的大宗师（《元史·张德辉传》），可见汉族士大夫对他的希望之深了。因此，在他的周围早就形成了一个包括蒙古、色目、女真、契丹和汉人的主张汉化的政治集团。这个集团的总的倾向大体上是一致的，即都主张用汉法（即封建的统治制度）治汉地，并在不同程度上促使蒙古、色目人的汉化。但在如何汉化上其意见却不完全一致，概括地说，就是分为理学家与非理学家两类。从时间上说则后一类属于先进，前一类则稍后进。他们之间也非水火不相容，某些人之间甚至有较好的友谊，互相推崇，但分歧却是显然的。这里先举两条材料，其一见《元史·儒学·赵复传》：

　　　　复为人，乐易而耿介……与人交，尤笃分谊。元好问文名擅一时，其南归也，复赠之言，以博溺心、末丧本为戒，以自修读《易》，求文王、孔子之心为勉。

按赵复于窝阔台七年（1235 年）由姚枢护送到燕（今北京），在太极书院传播程朱理学。他与元好问相交，当在乃马贞后二、三年间，当时元氏想修金史，入燕找张柔谋抄《金实录》，后遇到阻碍，即南归。好问为金元之际文坛领袖，当时的要人如耶律楚材、刘秉忠、严实、史天泽，无不非常钦佩他，后辈如郝经、王恽等，更是倾慕之至。赵复这段话却深致不满。这不仅是对好问个人而言的，实际上也是针对金元之际北方的学风和一大群士大夫的批评。其二见王恽《玉堂嘉话》：

> 鹿庵与颐轩论事，颐轩曰："天下事亦有不可以理概知者。"鹿庵大为不然。徒单公曰："谓如大城南柳树，若不亲睹，如何知东西几行，大小几株？"鹿庵为默然，一座大笑。

鹿庵即王磐，他本是金元之际著名的文学之士，但晚年皈依了道学，自悔"平生力学，不知圣道之所在"，对许衡甚为敬重。（见欧阳玄《圭斋集·许衡神道碑》）而徒单颐轩则代表着金末以来重文学与致用的传统学风，这两人都是王恽的师友，王对他们是很尊重的，但他在这里以"一座大笑"来结束这段描述，显然是站在徒单颐轩一边，同时，也反映王磐在当时（至元初）的翰林院（玉堂）诸学士中是比较孤立的。

如果说上举二例还只是说明这两类人治学门径和思想方法上的分歧的话，那么在贡举问题上就演成政策性的争论了。

还在忽必烈未做皇帝以前，他手下的汉人谋士就已向他提出过推行科举考试的建议，如刘秉忠在蒙哥初年（具体时间未详，当在蒙哥三年之前）给忽必烈上书时，就曾建议"开选择才，以经义为上，词赋、论策次之"（《元史·刘秉忠传》），并引窝阔台时已有成议为言，但不见反响。忽必烈即位后，郝经在中统元年所上《立政议》中首先提出这个问题，亦未见有反响。我们现在知道的见诸记载的争论有三次：

一次是至元四年九月，"蒙古主归自上都，王鹗请立选举法，诏议举行，有司难之，事遂寝"（《续通鉴》卷一七八）。有司是谁呢？史无明文。当时中书省的主要成员是：右丞相安童，左丞相史天泽，平章政事忽都察儿、耶律铸，右丞伯颜，左丞廉希宪，参知政事阿里别、张惠。据《续通鉴》卷一八六追述说："至元初，丞相史天泽、学士承旨王鹗等屡请以科举取士。"则史天泽显然不是阻力，而是动力。耶律铸是耶律楚材的儿子，是汉化的契丹人，又与当时文士元好问等颇多交往，恐亦非阻力。且据史载，此时甚为忽必烈所倚重者为安童、伯颜与廉希宪（忽都察儿情况不明）。安童、廉希宪都是主张汉化者，伯颜也倾向汉化，然则所谓"有司"是谁？殊难索解。我怀疑反对者就是安童和廉希宪。因为这两人都同许衡很亲近，特别是安童，据《元史·许衡传》说："至元二年，帝以安童为右丞相，欲衡辅之，复召至京师，命议事中书省。"又《元史·安童传》说："三年，帝谕衡曰：'安童尚幼，未更事，善辅导之，汝有嘉谟，当先告之以达朕，朕将择焉。'衡对曰：'安童聪敏，且有执守，告以古人所言，悉能领解，臣不敢不尽心，但虑中有人间之，则难行，外用势力纳入其中，则难行。……'"可见安童在某种程度上还是许衡的代言人。然则许衡为什么会成为复科举的阻力呢？这就与科举考试的内容有关了。原来金代的科举虽分经义和词赋两种，但试词赋者多，故当时提议复科举的人初未有排除词赋者。上引刘秉忠的上书即主张设经义、词赋及策论三科，窝阔台十年试各路儒士也是三科，且名人杨奂、刘祁等皆以词赋中选。此后的地方考试词赋也未排除，如董文用、王构等即是以词赋中选（文用事前已引，王构以词赋中选见袁桷《清容居士集·翰林承旨王公请谥事状》）。可见这种意见的势力之大，而词赋一科则是为文士所擅长，而为理学家所反对的。许衡在讨论科举时的言论虽不可见，但在《许文正公遗书》卷二所收"语录"中可以看到他不但鄙薄词赋一科，说是"人于富贵尊荣上多用心，故此科转盛"，而且还进一步反对用心作文，像他的老祖宗二程一样，大呼"文章之为害，害于道"。并因而反对设科考试，说是"先王设学校，养育人材以济天下之用，及其弊也，科目之法愈严密，而士之进于此者愈巧，以至编摩字样，期于必中。上之人不以人材待天下之士，下之人应此者，亦岂仁人君子之用心哉！虽得之，何益于用！"这种反对科举的态度比朱熹还要彻底，因为朱熹在《贡举私议》中尚只是要求改变科举的内容，以考经义为主，不要诗赋，而许衡则从根本上对科举采取否定态度。旧史多称许衡曾为科举立法（《元史纪事本末》《续通考》等均有此说），但我们从许衡的集子中找不到赞成复科举的言论，更找不到具体意见，在他的弟子们的传记中也找不到，有的只是主张办学校的建议和批评科举的言论。如许约在元祐已复科举后就大呼要恢复荐举之法，说"今罢荐举，独行科举之法，命有司以防奸欺，设逻卒以检怀挟，功名之士不拘小节，固不以为嫌，彼恬退高蹈之士，必不屑就"（《元文类》许约《建言五事》）。这颇为典型地反映理学家那种故作鄙薄功名的姿态。据此，我认为许衡即使有过建议，也只能是比朱熹的《贡举私议》更带理学家的偏见。

假如说第一次议科举的没有结果可能是由于理学家的阻挠

还是出于推断,那么,第二次出现两派的争论就有史实可据了。第二次据《续通鉴》及《元史·董文忠传》是在至元八年,其时"侍讲学士徒单公履欲奏行贡举,知帝于释氏重教而轻禅,乃言儒亦有之,科举类教,道学类禅,帝怒,召姚枢、许衡与宰臣廷辨。文忠自外入,帝曰:'汝日诵四书,亦道学者。'文忠对曰:'陛下每言:士不治经讲孔孟之道而为诗赋,何关修身,何益治国! 由是海内之士,稍知从事实学。臣今所诵,皆孔孟之言,焉知所谓道学! 而俗儒守亡国余习,欲行其说,故以是上惑圣听,恐非陛下教人修身治国之意也!'事遂止"(《董文忠传》)。这段记载很有火药味,一方欲以皇帝所忌讳的禅压倒理学(道学)家,一方则攻击徒单公履为亡国的俗儒,真可谓不择手段了。但这次的争论似乎并非如此之快地结束,因为这时王恽正在朝任监察御史里行,我们从他的《乌台日事》《乌台笔补》中尚可读到《请举行科举事状》《论科举事宜状》《论明经保举等科目状》等三篇奏状,根据这三篇奏状,我们知道在这年以前,议科举的事早在进行(也许自至元五年起并未中断,因为王恽是至元五年十一月开始到御史台任职的),只是"未闻施行",因此他上了前举第一状。大概之后不久就下诏议科举了,"闻礼部所拟,止以经义、词赋两科取人",王恽认为太狭隘了,建议增加"时务对策,直言极谏"及"博学宏词"两科,并建议"其经义、词赋两科,乞转经出题",即参照朱熹在《贡举私议》中提出的办法,注重经学方面的要求,以示向理学家靠拢,因而上了第二状。但后来尚书省却"拟将词赋罢黜,止用经义、明经等科,其举子须品官保举之人,然后许试"。这种以荐举为基础的考试制度也许就是来自许衡的"立法",它"将见公道扫地,关节大行",而明经一科又"轻且泛",不足以得士,真是"事出非常,中外失望",所以他又上了第三状加以反对。据此,我们可以推测,这次讨论由于双方争论的激烈,因而出现了折中的意见,官方的折中方案既有利于贵族和上层士大夫,又照顾了理学家重经学的意见,对文士的意见则概未采纳,这太使"中外失望"了,因而终于搁置没有施行。

第三次是至元十二年,也就是大举攻宋的第二年,据姚燧《牧庵集·领太史院事杨公神道碑》载,这次倡议复科举的仍是徒单公履,"诏先少师文献公(按:指姚枢)、司徒窦文正公(按:指窦默)与公(按:指杨恭懿)杂议"。杨恭懿首先也是发表了反对试诗赋的议论,并引忽必烈重经学的话为证,说"斯言足立万世治安之本",然后说,"今欲取士,宜敕有司举有行检、通经史之士,使无投牒自荐,试以五经四书小大义、史论、时务策"。这基本上与至元八年尚书省的意见一致,实际上主要代表理学家的意见,据说"上善之",但这次他的意见也未施行,原因不详,我想,也许又是有人认为"中外失望"之故吧?

第四次是至元二十一年,史载这时"和尔果斯(按:即和礼霍孙)与留梦炎等复言天下习儒者少,而由刀笔吏得官者多,帝曰:'将若之何?'对曰:'惟贡举取士为便,凡蒙古之士及儒、吏、阴阳、医、巫,皆令试举,则用心为学矣。'方下中书省议而和尔果斯罢,事遂寝。"(《续通鉴》卷一八六)此次科举议我们所见到的史实止此。但最后的结语却值得玩味。考《元史·宰相表》,我们知道,和礼霍孙罢相后,接替的正是安童,我认为,这也证明我在前面的推断:安童是科举制度的反对者。

至元二十一年以后,关于恢复科举的建议和讨论并未停

止，如王恽在至元三十年所上《论政事书》中，就又一次提出
开科举的建议。又据许有壬《李孟谷文集序》说："贡举倡于草
昧，条于至元，议于大德。"仁宗皇庆二年中书省臣上言说："科
举事，世祖朝屡尝命下，成宗、武宗寻亦有旨。"(《元史纪事本末》卷
八)则成宗、武宗朝也有过讨论，其格而未行的原因尚待深入考
索。但我们从《元史》及《元史纪事本末》中看到，至元后数
年到武宗时，兴办和重视学校的措施是从来没有间断的，约举
如下：

（至元）二十四年闰二月，初置国子监，以耶律有尚（许
衡高足）为祭酒……增广弟子员……设江南各路儒学提举
司……设提举儒学二人，统诸路府州县学祭祀钱粮之事。

（至元）二十六年秋八月，始置回回国子学。

（至元）二十七年春正月，敕从臣子弟入国子学。又立兴
文署，掌经籍版及江南学田钱谷。

（至元）二十八年春正月，令江南诸路学校及各县内设立
小学，选老成之士教之。其他先儒过化之地，名贤经过之所，与
好事家出钱粟赡学者，并立为书院。

成宗元贞元年三月，增置蒙古学政，以肃政廉访司领
之。秋七月，诏申饬中外，有儒、吏兼通者，各路举之廉访司，每
道岁贡二人，省台立法考试，中程者用之，所贡不公者，罪
其主者。（按：这也许就是成宗立的科举法，但这是以荐举为
基础的，与宋、金的科举均不同。）

武宗至大元年，召吴澄（著名理学家）为国子监丞。

（至大）四年夏四月，敕国子监师儒之职，有才德者，不
拘品级选用。

仁宗皇庆元年二月，以吴澄为国子司业。

这些措施都未见有什么人反对。可见按理学家的意见办事，并无多大阻碍。又《吴澄传》载，吴澄虽按程颢、胡瑗、朱熹等的意见建立国子学的教法，但因其曾说过："朱子于道问学之功居多，而陆子静（九渊）以尊德性为主，问学不本于德性，则其蔽必偏于言语训释之末……议者遂以澄为陆氏之学，非许（衡）氏尊信朱子本意，然亦莫知朱、陆之为何如也。澄一夕谢去……"又可见当时不仅尊理学已成定局，而且连理学中的异派也不相容了，尽管那些攻击者连朱、陆究竟有何区别也不知道。据此，我认为科举的未能恢复，其中当仍有理学派在作梗。不过到了皇庆二年，终于在王约等的建议下，仁宗决定举行科举，然其办法与宋、金的科举制度不同。宋、金的制度亦累有变化，然进士试以分诗赋和经义两科为久，而以试诗赋者为多，金代尤其如此。元制则并为一途，先考经义，然后试词赋、诏诰和策论（蒙古人不考词赋诏诰）。又改试律赋为试古赋。就是说，理学家的主张取得了上风，但也照顾了文士的意见。

由上面的叙述，我看可以作出这样的结论：在蒙古贵族入主中原后一段很长的时间内，科举考试未能在中央一级举行，从蒙古皇帝的角度来说，除了受到本民族保守势力的制约外，主要在于他们对汉文化的认识很肤浅，对封建统治术的认识也很肤浅，还不能有一个固定的文化政策，因而对不同流派的文化思想采取兼容并包，有时甚至是放任的态度。但他们对不同流派的文化思想也不是完全一视同仁的。大致说来，在灭金后一二十年内，他们重用的主要是那些从文学出身的功名之士如耶律楚材等人。忽必烈即位后，特别是在他杀掉讲究纵横术的汉人宰相王文统之后,对于功名之士不免有了戒心。加之他们对汉文学无知,其重用儒学,是着眼于"纲常伦理"对他们有利(《元史·耶律楚材传》及《赵良弼传》均有此类记载),这才慢慢地较多信任理学家了。但在忽必烈时期,我们还不能说理学思想已取得支配地位,也还不能说提倡理学已成了元朝的政策,忽必烈没有就科举问题对两派争论作出断然的裁决、付诸实施,即其证。只有经过成宗到仁宗,元朝统治者对理学才有了更明确的态度,理学也才成为官方的统治思想。

金元之际蒙古统治者的文化政策,特别是他们的废科举和尚未确定以理学作为官方的统治思想,我认为这正是元杂剧繁荣的一个重要原因。因为正是这种文化政策,造成了两个相反相成的条件:一方面使一些士人对统治者不满,使他们对社会的黑暗和不平能够有清醒的认识;另一方面又让他们有较多的思想和创作的自由,较少受到理学思想的控制。杂剧之花正是在这两种条件的结合下盛开的,没有这两方面的条件,即使有一定的经济条件,社会矛盾也很尖锐,杂剧的繁荣是不可能的。南戏始于宋光宗朝,南方的城市经济较金元之际的北方要发达,南宋后期阶级斗争又未尝不尖锐,然而及至元统一以后的一段长时期,南戏并未产生比较成熟的好作品,这不是很好的反证么?

弄清了杂剧繁荣的原因,杂剧衰落的原因也就清楚了。除了南戏的兴起对杂剧的衰落不无影响外,我认为,主要是元统一全中国以后,蒙古统治者对文化、思想的统制逐渐加强了。王晓传辑录的《元明清三代禁毁小说戏曲史料》中,把元朝对戏曲、词话等的禁令都收集了。那些禁令几乎全部是元统一全中国以后的(因为元代的刑律是灭宋后才制订的,以前是行金律),其中最严重的一条是"诸妄撰词曲诬人以犯上恶言者,处死",这是露出杀机了的(尽管我们并未看到有为此而杀人的记载)。这是一方面。另一方面就是前面提到的复科举和倡理学了。但其关键又不仅在于复科举使士人有了正常的仕进之途,而尤在于按照理学家的意向复科举,把理学作为官学的地位通过科举固定下来。加之南方从宋理宗后理学已广泛传播,南北统一后,北有刘因、萧斠,南有金履祥、吴澄、黄泽、许谦等理学名家,或仕或处,遐迩知名,从社会影响方面说,理学的声势也越来越大。这就大大改变了学风,给文学创作特别是戏剧创作造成了极不利的条件。

也许有人会说,这样看问题,未免把理学的作用看得太大了,也把它看得太坏了。我并不是彻底否定理学论者。从中国哲学发展史来看,理学是有其贡献的,但是,理学家(我这里主要指程朱派理学家)的政治伦理道德观、道德修养的学说以及他们的文学观,则是极不利于文学创作的,尤其是戏剧发展的大敌,这主要体现在下列几个方面:

(1)理学家认为文是"贯道"的,而所谓道,其核心就是"存天理,去人欲",也就是教人们像遵守宗教戒条那样,遵守封建的伦理道德教条,像宗教徒随时体验佛性一样,随时以"主敬""存诚"的态度去体验封建道德。这同戏剧作家要深通人情,洞察世故,并在其作品中表现各种人物的思想、情感、性格,是多么格格不入!何况理学家在政治方面又是非常保守的,并极端地轻视人民群众,凡不合于纲常伦理的话,不合于尧舜孔子之教的言论都认为是大逆不道,这就把人们的思想束缚得死死的,哪里还谈得上在文学中表现新的思想和人民群众的意向呢?

(2)在理学家看来,创作素称文学正宗的诗文,已是"害道"的了，作戏剧、小说，那当然更为害道。因从事戏曲活动，竟至于像关汉卿那样"偶倡优而不辞"，自然更为理学家所不齿。我们读《录鬼簿》可以发现，带理学气味而染指戏曲的人是极少的（前期仅有侯正卿，后期仅有范廉，他们都够不上称理学家）。这还不关紧要，而且是好现象。但我们又发现，钟氏所记，属于"前辈名公才人"的共有56人，这是局限在中原地区的，而属于"方今已亡名公才人余相知者""已死才人不相知者""相知者"与"闻名而不相知者"这四类加起来却只有55人，且这55人不但包括南北各地的（以南方为主），还包括一些不写戏剧的"乐府"作者。这就说明，后期（或中后期）的杂剧作家（其实也包括南戏作家）是大大地减少了。为什么以全中国之大，戏剧作家反而不如前此大河南北数省的作家之多呢？科举的恢复，引导士人去从事举业，应是一个原因。但延祐以后的科举考试，取录的人是很少的，而他途进身者则远过此数，许有壬在后至元罢科举时说："今通事、知印等，天下凡三千三百余名，今岁自四月至九月，白身补官受宣者亦且七十三人，而科举一岁仅三十余人。"（《元史纪事本末》卷八）像这样的情况，士人是未必都趋向科举的。然而从事戏曲创作的人却大大地减少了，我看，这主要是在理学流行之后，为"娼优"写戏，被看成了"贱业"所造成的恶果。及至《琵琶记》出来，人们对戏曲的作用有了另一种认识，情况才有所改变。但从此至明中叶，戏曲作家仍是很少的。待到明中叶以后，理学的统治出现了危机，戏曲作家才又像雨后春笋一样再次大量出现。这就是理学摧残戏剧的铁证。

（3）理学家又极端强调主观修养，反对学习广泛的知识，甚至抄录经书也被看成"玩物丧志"（程颢批评谢良佐语）。这就造成一种空疏不学的坏学风。仁宗时的诗人袁桷就曾指出："先儒用心，实欲见之行事，自宋末年，尊朱熹之学，唇腐舌败，止于四书之注。故凡刑狱、簿书、金谷、户口，靡密出入，皆以为俗吏而争鄙弃。清谈危坐，卒至国亡，而莫可救。近者江南学校，教法止于四书，訾訿诸生，相师成风，字义精熟，蔑有遗忘，一有诘难，则茫然不能以对，又近于宋世之末尚。甚至知其学之不能通也，于是大言以盖之：'议礼止于诚敬，言乐止于中和。其不涉史者，谓自汉而下皆霸道，其不能词章也谓之玩物丧志。'又以昔之大臣见于行事者，皆本于'节用而爱人'之一语，功业之成，何所不可。殊不知通达之深者，必悉天下之利害。灌膏养根，非终于六经之格言不可也。……"（《清容居士集·国学议》）甚至深受理学影响与熏陶的虞集也说："文正（按：指许衡）没后之随声附影者，谓修辞申义为玩物而苟且于文章，谓辨疑答问为躐等而姑困其师长，谓无所献为为涵养德性，谓深中厚貌为变化气质，外以聋瞽天下之耳目，内以蛊晦学者之心思。"（《道园学古录·送李扩序》）这对理学家败坏学风的罪恶真可谓揭发无遗。虞集文中颇为许衡本人开脱，的确，许衡本人因接受理学时已及中年，原来读了不少的书，所以本人知识颇广，文章也写得不错。理学大师如二程、朱熹等大都是这样，自己未尝不杂学旁搜，但教门人却说："学者先学文，鲜有能至道，至如博观泛滥，亦自为害。"（程颢语）这也是理学大师的一种过恶。正是在他们的这种论调的影响下，人们的知识变得很贫乏，这样固然出不了治国的人才，但又何尝能出杰出的作家呢？作家是需要丰富的知识的啊！

总之，我认为，杂剧的兴盛固然与当时的经济条件、民族矛盾、阶级矛盾有某种联系，但同金元之际蒙古统治者的文化政策，特别是同停科举和尚未确定理学为官方哲学有密切联系。杂剧的衰落，也不仅仅由于它的体制不如南戏，更是同科举的恢复与理学在思想文化界占统治地位相联系的。理学的广泛传播，实际上不但窒息了杂剧的生机，也是南戏长期只能在民间流传而得不到提高的一个重要原因。揭示这一点，我觉得不只是一个尊重历史事实的问题，也是一个理论和研究方法的问题。三十多年来，我们重视研究社会经济和社会阶级斗争对文化的影响，这是一个巨大的进步；但是，人们往往忽视了意识形态各部门之间的相互影响，忽视了当时政府的文化政策和当代的学风对文学的影响。实际上，马克思主义经典作家早就指出，社会经济的发展与文化的发展是不平衡的，他们也从来没有作出阶级斗争愈尖锐文学就愈繁荣的结论。相反，列宁在强调新时代的文学应成为党的事业的一部分时曾郑重地指出：“在这个事业中，绝对必须保证有个人创造和个人爱好的天地。”在以往历史的任何社会里，要完全做到这一点当然是不可能的，但如果没有一定程度的思想解放和创作自由，即使也可能从夹缝里产生个别伟大的作家和伟大的作品，较为普遍的文学繁荣却是不可能的。

第六章　元代诗文发展的道路与理学

我们已经说过，从北宋末期起，理学开始对诗文创作产生一定的影响，至南宋末年，这种影响更为显著了。但是，"苏学盛于北"，在北方的金国，程朱之学虽已开始传播，对文学却几乎未产生什么影响。蒙古灭金后，理学在北方得到发展，然而正如前章所说的，它在一个相当长的时期内对戏曲、散曲的创作是没有什么影响的；诗文的创作则不然，在元灭宋统一中国以前，就已可看到理学的幽灵了。自此以后，一直到明代中叶以前，理学的幽灵同诗文的发展结了不解之缘。宋濂等修《元史》，取消了"文苑传"，把它并入"儒学传"，固然反映宋濂本人企图合程朱道统与韩、欧文统为一的思想，大体上也反映元代诗文作家的实际。我们只需查一下《宋元学案》，便不难发现，元代一些著名的诗文作家，十之六七都同理学家有师友渊源。如进一步查看他们的作品，则可看出受到程朱理学影响的要更多一些。特别是延祐复科举后，程朱理学成了官学，士大夫不受理学熏染的更几乎没有了。

当然，诗文的发展绝不只是受理学的影响，它还要受政治、经济以及诗文本身发展规律的制约，此外还有宋、金文化传统的不同。故在元朝（包括窝阔台灭金后至忽必烈改称元朝的蒙古时期，下同）的不同时期，理学对文学的影响有浓淡之别。综合各方面的情况，我们把元代诗文的发展分为三个时期，至于那些跨时期的作家，则斟酌在形成占主导地位的文风中所起的作用，决定放在哪一时期来论述。

从蒙古灭金到灭宋后二三十年间，是元代诗文发展的第一时期。这一时期，从政治上说，是蒙古贵族在中原地区和全中国逐步建立和巩固其统治；从文化思想方面说，则是宋、金两种文化传统的互相融合。

我在上一章已指出，理学在北方的传播虽不是从 1235 年（蒙古窝阔台七年）赵复至燕开始，但真正在士大夫中产生影响却是在赵复到北方以后，而且要到许衡受到忽必烈器重以后才发生较大的影响。但即使在这时，理学还未成为官学，并受到许多固守金源文化传统的北方士大夫的顽强抵制。及至忽必烈灭宋，南北统一，一大批受理学熏陶的南方士大夫进入元朝，南北呼应，理学的声势才壮大。因此，在这一时期，就文学与理学的关系来说，实际上又可以分为两个阶段。第一阶段是忽必烈即位以前。这时在文坛上居领导地位的主要是元好问、李俊民以及杜仁杰、耶律楚材、杨宏道等人。他们都是在金朝的文化环境中哺育出来的，据说李俊民曾注意"程氏学"，但从其作品来看，不见有程氏学的影响。《河汾诸老集》所收金遗民诗人麻革、张宇、陈赓、陈庾、房皞、段克己、段成己、曹之谦等八人的诗亦然。这些人在诗文创作的成就上有高下，元遗山是公认的巨擘，但几乎所有著名作者的诗文都较有生气，并有不同程度的时代感。第二阶段的文人则大都是在忽必烈统治时期显名的，他们又分为两部分，一部分是北方的，另一部分是南宋灭亡后进入元朝的。他们的思想和文风又有所不同。

由于赵复在北方的讲学和姚枢、窦默、许衡等的鼓吹，这时北方的一些文人如郝经、刘因、姚燧、卢挚等都受到理学的熏陶，刘因且是著名的理学家。另一些人如胡祗遹、王恽等则受到的影响较少或者没有。但是，即使那些受到理学影响的人仍然受过金源文化的陶冶，有的人（例如郝经、王恽等）还受到元遗山的亲自指点，因而他们的诗文都比较雄放，他们的文学观亦基本上仍然是承继着北宋以前文学家的观点。如姚燧说："文章以道轻重，道以文章轻重。"（《牧庵集·送畅纯甫序》）就接近唐代韩、柳的文论，而与理学家重道轻文的观点不侔。刘因论诗，谓"魏晋而降，诗学日盛，曹、刘、陶、谢，其至者也。隋、唐而降，诗学日变，变而得正，李、杜、韩，其至者也。周、宋而降，诗学日弱，弱而后强，欧、苏、黄，其至者也"（《元诗选·刘因传》引）。与元遗山论诗的旨趣大体相近，也不如理学家之狭。卢挚论诗曰：

> 大凡作诗，须用《三百篇》与《离骚》，言不关于世教，义不存于比兴，诗亦徒作。夫诗，发乎情，止乎礼义；《关雎》乐而不淫，哀而不伤，斯得性情之正，古人于此观风焉。

与理学家论诗宗旨颇相近，然亦是儒家传统的老调。其论文说："真公（指理学家真德秀）编次古文（指《文章正宗》），自西汉而下，它并不录；迄唐，惟存韩公四记、柳公游西山六记而已。古文之难，岂其然乎？"似很推崇真德秀的裁断，然在具体论述时，于苏洵、苏轼皆有所取，于司马相如、扬雄，虽斥为"名教罪人"，仍称"其文古"。（以上引文均见《卢疏斋集辑存·文章宗旨》）可见仍是比较通达的。不过，他的文学观毕竟向理学家靠近了。

就文学观来说，理学气味最浓的当推郝经，他在《文说送孟驾之》中说：

> 盖文可顺而不可作也。天地有真实正大之理，变而顺，有通明纯粹不已之文，是其所以为之，非矫揉造凿而然也。

这颇类理学家所谓的"有德者必有言"。故他在其他文章中，于所谓名节有亏、行事逾轨的文人，一概加以非议，而作出"夫惟无文人，故所以为三代；无虚文，所以为六经"（《陵川文集·文弊解》）的结论，力图挽回文道分裂的"弊端"。不仅如此，他还本着理学家强调为学先要"为己"、治内的宗旨，提出了"内游"之说，这是针对苏辙认为司马迁"周览名山大川，故其文疏荡有奇气"而提出的反驳。以周览山川为"游乎外"，而以沉潜儒家的经典，"而后易志颐精而游乎史"为"游乎内"。他认为"如是则吾之卓尔之道，浩然之气，巍乎与天地一，固不待于山川之助也"而游于外，则得小失大，并谓司马迁在《史记》中"论大道则先黄老而后六经，序游侠则退处士而进奸雄，述货殖则崇势利而羞贫贱"，对其列项羽于本纪，置陈涉于世家，亦加以指摘。（引文均见《内游》）这真可说是摆出理学家的架势了。抱着这种观点，所以他论诗只推崇《三百篇》，认为那些经过圣人"删定"的诗，才是"摅写襟素，托物寓怀，有言外之意，意外之味，味外之韵"的，以后只有苏、李赠答，下逮建安，"犹有三代之遗风"。"至李、杜氏，兼魏、晋以追风雅，尚辞以咏性情，则后世诗之至也。"苏、黄"又不逮夫李、杜"，此外就不足论了。这也与朱熹之论大致相近，只是朱熹尚推崇屈赋，郝经则谓骚赋人抵是"怨讟烦冤，从谀侈靡之文"，把骚同赋一道加以抹倒了。（以上均见《与撖彦举论诗书》）不过，郝经毕竟是曾经受教于元遗山的，并未把道绝对化，仍承认"道非文不著，文非道不生"（《原古录序》）。在具体论及诗文时，更能注意文学的特点，上引所谓"言外之意，意外之味"，即是对抒情诗的一种很高的美学要求。在论文时，虽极力推崇周敦颐等理学家，却也不排斥苏轼，曾说"有宋氏兴，欧、苏、周、邵、程、张之徒，始文乎理，而复乎本"（《文说送孟驾之》）。把苏轼也算在"文乎理"的人之列，不自觉地混淆了程朱学与苏学的界限，显出仍有金源余风的影响，没有正统理学家那么狭隘。但也因有此修正，理学才有可能进一步同文学结合，倘仍如宋朝理学家那样坚持门户之见，那么，诗人和作家就只好同理学决裂，理学就难以普及了。郝经、刘因、姚燧、卢挚等人在诗文创作上都取得成就，其原因亦在此。

从南宋入元的诗文作家稍不同，他们受理学的熏染比北方士大夫一般要深一些，但是对理学的弊端看得也清楚一些。自周敦颐创始，到朱熹集其大成的宋代理学，由于极端强调治内、为己和去欲，带有浓厚的僧侣主义的色彩。尽管他们自己吹嘘说是一种"明体达用"之学，实际上既不可搬用到政治上，更不可搬用到文学上。政治上不可搬用，从宋理宗朝真德秀、魏了翁一度掌权，完全无所作为，甚至出乖弄丑而得到证明；文学上则性理诗的末流足以使理学家在文坛上的声誉扫地。这两种弊端在真、魏当权后都暴露出来了。故南宋末年的有识的文人，尽管从维护纲常伦理方面服膺理学，对于空谈性理、性命和写质木无文的性理诗却是厌弃的。其实朱熹和魏了翁对后一点早就有所觉察，故朱的论文，已不如程颐的狭隘，魏的论文，又比朱通脱。至于南宋的理学别派，如吕祖谦、薛季宣、陆九渊等尤不废文。宋元之际的文人正是承继这种认识而有所发展。他们的为学既多不如理学家之狭，论文亦不如理学家之隘，而寻求文道结合的道路。仕元的文人多如此，遗民诗人亦多如此。

生长于南宋而仕于元的文人可以方回、戴表元、赵孟頫作为代表。方回（虚谷）学宗程朱，论诗则宗江西，思路同南宋北之际的吕本中颇相似。但针对南宋时江西末流之弊，他特别强调江西派诗源于杜甫，并把过去未列入此派的陈与义尊为一宗，从而创一祖三宗之说，以杜甫为祖，黄庭坚、陈师道、陈与义为宗。杜甫是公认的"诗史"，陈与义也写作了大量反映现实的诗篇，他把这两人列进派中来，明显地反映出一种不仅重诗法，也重视恢复"诗言志"的传统的倾向，这就为江西诗派与理学的结合进一步开拓了道路。方回曾宣言："彼尘污俗染者，荤膻满肠胃，嗜欲浸骨髓，虽竭力文饰乎外，自以为近，而相去愈远。"（《桐江集·赵宾旸诗集序》）这正是理学家的口吻。然而他又说：

> 古之人虽闾巷子女风谣之作，亦出于天真之自然。而今之人反是。惟恐夫诗之不深于学问也，则以道德性命、仁义礼智之说，排比而成诗；惟恐夫诗之不工于言语也，则以风云月露、草木禽鱼之状，补凑而成诗；以哗世取宠，以矜己耀能。愈欲深而愈浅，愈欲工而愈拙。此其故何也？青霄之鸢非不高也，而志在腐鼠，虽欲为凤鸣得乎？是故诗也者，不可以勇力取，不可以智巧致。学问浅深，言语工拙，皆非所以论诗。（同上）

这仍归宗于感情要高尚。然不以学问论诗，又反对以风云月露补凑成诗，这就既纠正了性理诗的弊病，也反刊了南宋末年某些江湖派诗歌的形式主义倾向，在坚持诗的内容的纯洁性的同时，也坚持了诗的美学要求，同理学家的诗论又有很大的不同了。方回其人，以宋官而降元，大节不可取；据周密《癸辛杂识》所说，其品格也很恶劣，然其创作却颇多反映民生疾苦之作，揭露了宋元之际人民所受元、宋统治者的残害，这与其诗论是一致的。又戴表元为其诗集作序，对他极为推崇。表元曾仕元，然仅作过一任信州教授，人品颇端正，诗中亦多故国之思。因此颇疑周密所言方回人品未可全信。但理学家言不顾行者甚多，方回或亦其人乎？

戴表元曾从学于王应麟、舒岳祥，得理学之传。但《元史》本传称"其学博而肆"，故亦不以道废文。其《紫阳方使君文集序》云：

> 人之精气，蕴之为道德，发之为事业，而达之于言语词章。……凡以著述表见于世者，莫不皆有统绪。若曾、孟、周、邵、程、张之于道，屈、贾、司马、班、扬、韩、柳、欧阳、苏之于文，当其一时，及门承接之士，固已亲而得之；而遗风余韵，传之将来，犹可以隐隐不灭。

这里分文与道言之，以周、邵、程、张接曾、孟，是理学家之常言，有尊崇之意，然于屈、马至欧、苏等的文亦未有轻视之意。不过，他的主张却是要合文于道，所以又说：

> 故尝考之，自夫子之徒没，言道者不必贵文，言文者不必兼道，如此几二千年。迨新安子朱子出，学者始复不敢杂道于文。

这是推崇朱熹，实际上亦隐然以此自许。戴表元的诗文颇多反映宋金之际社会面貌、民生疾苦之作，其取径实比朱熹要广，然词义大都趋于"雅正"，不失儒者轨度，仍见出理学的影响。

赵孟頫曾学于敖继公，上接永嘉薛季宣之传，于理学为别派，然其强调以六经为文的旨归则与一般理学家相同，只是说得较平实。其《刘孟质文集序》曰：

> 文者所以明理也。自六经以来，何莫不然。其正者自正，奇者自奇，皆随其所发而合于理，非故为是平易险怪之别也。……故尝谓学为文者皆当以六经为师，舍六经无师矣。

他的文学观的特点是颇强调风格的多样性和个人的独创性。其《南山樵吟序》云：

> 诗在天地间视他文最为难工。盖今之诗虽非古之诗，而六义则不能尽废。由是推之，则今之诗犹古之诗也。夫鸟兽草木，皆所寄兴；风云月露，非止于咏物，又况由古及今，各自名家，或以清淡称，或以雄深著，或尚古怪，或贵丽密，或春容乎大篇，或收敛于短韵，不可悉举，而人之好恶不同，欲以一人之为，求合于众，岂不诚难工哉！必得其才于天，又充其学于己，然后能尽其道耳。

他在这里实际上已有不求合于众之意。在《陈子振诗集序》中则明确地说："读君自叙有曰：'不好追蹑前人法则。'嗟乎！若是者虽余亦壮之，而游何必广哉？"而其《第一山人文集序》，针对宋末科举文之弊，尤剀切言之，甚至说："狃于科举之习者则曰：'巨公如欧、苏，大儒如程、朱，皆以是显，士舍此将焉学？'是不然，欧、苏、程、朱其进以是矣，其名世传后，岂在是哉？"这完全是文学家的甘苦之言了。

宋元之际的南宋遗民诗人很多，仅据《四库全书总目》所载，有诗文集或诗集传世者即有二十余家，像谢翱、力凤、谢枋得、汪元量、朱德润、林景熙等都是值得重视的作家，但按旧时史家的习惯，这些人都放在宋朝叙述。其实，他们中许多人有价值的作品都是在入元以后作的，有些人（例如谢翱、方凤）在文坛上发挥影响也主要在入元以后，用我们的历史观点看，应放在元代来考察。明清之际的著名学者黄宗羲对这些遗民的诗文评价甚高，尤推崇谢翱，说"文章之盛，莫盛于亡宋之日，而皋羽（谢翱字）其尤也"（《南雷文约·谢皋羽年谱游录注序》）。黄氏同这些亡宋遗民有共同的遭遇，评价也许过高，但这些人的一些诗文确如黄氏所说，如"元气鼓荡而出"，激发人们的爱国感情。正惟如此，尽管他们中有些人也受到理学的影响，甚至崇信理学，然而有时却反转过来对当时的理学之士提出了批判。如谢枋得说：

> 今日师文公（指朱熹），学孔、孟者，必自读四书始。意之诚，家国天下与吾心为一；诚之至，天地人物与吾性为一，夫人能言之。手指目视，常在于人所不见，戒谨恐惧，常在于己所独知，天下能几人哉！不心旷神怡于人所不堪之忧，不去欲存理于视听言动之隐，语人曰："舜之事吾可以有为，四代礼乐吾可以自信。"舜与跖不分于鸡鸣之善利，人与禽兽不分于昼夜之存亡，语人曰："吾正人心，即可成周、孔，吾知性善，即可为尧舜。"孔、孟六经之教万世，文公四书之助孔、孟，所望于天下英才者果如是乎？嗟乎！五帝、三王自立之中国，竟灭于诸儒道学大明之时，此宇宙间大变也。读四书者有愧矣。虽然，达而行道者，有负于孔、孟，学者所当戒也；穷而明道者，终无负于孔、孟，学者所当勉也。（《谢叠山集·东山书院记》）

这等于是对许衡、吴澄等仕元的理学家的讨伐书，然其出发点却与明中叶以后抨击伪道学者不同：那些人实际上是不满于理学，而谢枋得却是笃信理学，他只是恨别人不去实践，忘记了民族大义。这大概算是理学在中国历史上起过的一种积极作用吧！正因为谢枋得崇理学的要旨在于实践纲常伦理，故他对文学家及其作品亦颇能从大处着眼，不像理学家那样的吹毛求疵。他论诗虽尊江西派，尤重二泉（赵章泉、韩涧泉，二人均与朱熹为师友），对韩（愈）、苏（轼）二家亦颇赞许（见《与刘秀岩论诗书》)，且对苏轼生前身后"竟为世所屈"表示愤慨，认为他与程颐的道不同，只是"贤者不相知"，"为川洛学者两怒交毁"，是"自陷其师"（《重刊苏文忠公诗序》)。这同朱熹的念念不忘洛、蜀之争是迥不相同的。

　　由上所述可知：到了宋元之际，随着理学的普及，它的排他性已逐渐在削弱，不仅理学内部有融合的趋势（吴澄即欲调和朱陆之争），理学家对文学家和其他地主阶级思想家也比较地不那么排斥甚至加以包容了。这对理学本身来说是一种蜕变，而对文学来说，则是加强了控制。不过，由于当时尚处在民族矛盾很尖锐的时期，蒙古贵族尚未建立统治汉人的较完善的制度，汉人也还不适应异族的统治，故这时的诗人、作家（无论是南方的或北方的）也都还有不同程度的不平之气或隐痛，因而像北方的郝经、刘因等，南方的许多遗民诗人和戴表元、方回等都在自己的诗文中或多或少地反映了当时尖锐的民族矛盾和民生疾苦，发出了某种正义的呼声。反映在诗文的风格上，除个别作家（如赵孟頫）以柔婉见称外，其余多带有刚健的情调。虽或不免于粗率，却蓬勃有生气，既不同于江西末流的生涩和四灵的幽冷，也不同于前世理学诗的枯淡。从诗文的发展来看，确是一个较有成就的时期。当然，这只是就其主导倾向而言，生涩、幽冷、枯淡的诗是并未绝迹的。

讲到这里，我想特别指出：现在有的文学史著作，认为元代诗文成就不高的重要原因之一，是元前期的诗人、作家受到政治压力，不敢公开表达故国之思和揭露元朝统治的黑暗，这是不大合乎实际的。首先，他们只注意到赵孟頫等少数人，而没有注意到更多的人，特别是没有注意到方回、戴表元以及大量的遗民诗人，还忘记了北方的元好问等人，这些人的诗文并没有多少忌讳，至少不比他们生活在金或宋时的忌讳多。如前举谢枋得的《东山书院记》就是没有什么忌讳的，戴表元的《行妇怨》《书叹》（一、二首）均直斥元朝统治者的暴行，方回《苦雨行》揭露元至元二十四年杭州官府不恤饥民，在"委巷比门绝朝饭"时，仍然"酒垆日征七百万"，也没有什么忌讳。至于遗民诗人缅怀故国、歌颂抗元义士的诗篇，更是车载斗量，只是人们未加重视罢了。其次，今人对元朝对待汉族士大夫的政策，也往往作了不正确的描述。其实，元朝的蒙古贵族虽歧视汉人，对汉族士大夫却是比较宽容的，更无宋、明、清三代那样严酷的文字狱。我在上章已作了详细论述，这里还可补充两件事：一是当时南宋的遗民诗人结社吟诗的事不少，连文凤组织的月泉吟社最有名，方凤、谢翱、吴思齐主其事（见《宋诗纪事》卷八一），谢翱自己也组织过诗社（同上，卷七八），黄庚曾参加过山阴诗社、越中诗社（同上，卷七九），王镃曾与尹绿坡、虞君集、叶柘山诸人结社赋诗（同上，卷八十），王英孙亦"延致四方名士，赋咏相娱"（同上，卷七九），周密则参加杭社（同上，卷八十），可见他们的文学活动非常自由，这在明初、清初都是不可能的。二是元朝对文学"讥讪"之类并不重视。据《宋诗纪事》卷七五引《至正直记遗编》载：遗民诗人梁隆吉"登大茅峰，题壁赋长句，有黄冠诉于句容县，以为讪谤朝廷,行省闻之都省,收梁于狱,礼部免罪放还"。这个梁隆吉,据周密《癸辛杂识》,也曾挟嫌控告其友莫子山作诗"有讥讪语",审其事在宋末,"官捕子山入狱,久之得脱而归",但"未几病死"。以元比宋,其看待这类事的轻重不同就可知了。所以我们完全有理由说:就创作诗文而言,元代文人的自由绝不比在汉人皇帝统治下差,而可能要好。当然这不是说,元朝的统治者格外行仁政,而是他们还未学到汉人皇帝的统治术。

元朝诗文的衰落,我觉得也如杂剧的衰落一样,主要是由于元朝的当权者逐渐学会了汉人地主阶级的许多统治术,特别是大力提倡理学,并以利禄引诱汉族士大夫为朝廷效劳,从而在中原地区和南方建立了比较稳定的秩序。这在元贞、大德到泰定年间收效较为显著。旧时的史家认为代表元代诗文成就的一些作家正是活动在这个时期,我也认为这确是元代诗文发展的一个新时期,但却不是代表它的成就较高的时期,而是比较衰落的时期。在这一时期,前期的一些著名作家如姚燧、赵孟頫还有影响,在开始一段时间甚至是文坛领袖。姚之文"春容盛大"(《元史》本传评语),赵之诗柔婉有法,在开启新文风上也起了一定的作用。但是,作为这个时期(第二期)文风的代表已不是这些人了,而是当时所谓虞(集)、杨(载)、范(椁)、揭(傒斯)四大家,或虞、揭、柳(贯)、黄(溍)四大家以及欧阳元、袁桷(以上均南人)、马祖常(雍古部人)、张养浩、元明善(以上二人均北方人)等人。其中以虞、揭的文名最高,影响也较大。诗人萨都剌,据萨龙光考证,论年龄也应属这一辈,但其成名在后,就文坛地位说,应属于李孝光、杨维桢一辈,故拟放在下面说。

上述的一些作家,受理学影响的程度不一。大致说来,南方人虞、揭、柳、黄受理学的影响较深（虞是吴澄的门人，柳是金履祥的门人，揭尝问学于许谦，黄亦崇理学），杨载、范梈较少。北方人马祖常曾从理学家张䇓问学，元明善受知于吴澄，但思想均较通达。故总的说来，北方文人受理学影响要浅一点。《元史·元明善传》载明善与虞集的分歧说：

> （元明善）初在江西、金陵，每与虞集剧论，以相切劘。明善言："集治诸经，惟朱子所定者耳，自汉以来先儒所尝尽心者，考之殊未博。"集亦言："凡为文辞，得所欲言而止，必如明善云'若雷霆之震惊，鬼神之灵变'然后可，非性情之正也。"

这说明两人治经的门径不同，虞集拘于理学家言，元明善取径广；对诗文的要求也不一样，元好奇，虞守"正"。二者其实是互相联系的，这大致也是当时北方文人同南方文人的区别。从流溯源，也可以说仍反映金源遗风与南宋轨范的不同。当然，这只是一种概括的说法，如细加区分，各个人的风格仍不一样，而如果就总的倾向而言，则此时的诗文作家大都趋向于浅显和平的一路。《四库全书总目提要》蒲道源《闲居丛稿提要》说：

> 盖元大德以后，亦如明宣德正统以后，其文大抵雍容不迫，浅显不支。虽流弊所滋，庸沓在所不免，而不谓之盛时则不可。

我们不赞成《提要》编纂者最后的结论，因为按我们的标准来衡量，这实是元代诗文比较衰落的时期，但他拿这时的诗文同明宣德以后的台阁体相比，实为洞中肯綮之论。因为这个时期的诗文与明代的台阁体相似，既是所谓承平时期的产物，又是以理学作为创作指导思想的产物。为了说明这一点，我们不妨把此时一些有代表性的作家的言论作一番粗略的考察。

在这一时期的诗文作家中，虞集是最负盛名的，我们且看他的一段话：

> 《离骚》出于幽愤之极，而《远游》一篇欲超乎日月之上，与泰初以为邻。陶渊明明乎物理，感乎世变，《读山海经》诸作略不道人世间事。李太白浩荡之辞，盖伤乎大雅不作，而自放于无可奈何之表者矣。近世诗人深于怨者多工，长于情者多美，善感慨者不能知所归，极放浪者不能有所反，是皆非得情性之正。惟嗜欲淡泊，思虑安静，最为近之。然学有以致其道，思有以达其材，庶几古诗人作者之能事乎？（《道园学古录·胡师远诗集序》）

虞集很推崇欧阳修，认为欧阳修"秉粹美之质，生熙洽之朝，涵淳茹和，作为文章，上接孟、韩，发挥一代之盛，英华　郁，前后千百年，人与世相期，未有如此者也"（《庐陵刘桂隐存稿序》）。他的诗文亦颇似欧阳修，冲淡平和，而有唱叹之音。上引文字即如此，然其意仍很明白：他对"幽愤之极"的《离骚》、李白的"浩荡之辞"以及"深于怨""长于情""善感慨""极放浪"的诗都有所不满，而极赏"欲超乎日月之上"的《远游》、"不道人世间事"的《读山海经》诸作，期于达到"嗜欲淡泊，思虑安静""有以致其道"的境界，这实际就是理学家所追求的思想境界。所以他尤推崇朱熹，说"朱子继先圣之绝学，成诸儒之遗言，固不以一艺而成名，而义精理明，德盛仁熟，出诸其口者，无所择而不当。本治而末修，领挈而裔委，所谓立德立言者，其此之谓乎。"（《庐陵刘桂隐存稿序》）我们在谈到南宋理学家的文学观时曾指出，朱熹在北宋古文家中比较推崇欧阳修、曾巩，而对苏氏父子多所讥评，所以虞集在这里既崇欧，又崇朱，并不矛盾。他稍不同于朱熹的是：朱熹虽也承认苏轼的文章写得好，却说它"伤于巧"（《朱子语类》卷一三九），"败人才、败风俗"（《朱文公集·答吕伯恭》）。虞集在这篇《序》中却赞扬苏轼是"不世之才……英迈雄伟，亦前世之所未有"，没有朱熹那样的门户之见。因为虞集毕竟是一位有一定见解的文人，而不是党同伐异的理学家。

揭傒斯、范梈、杨载的诗风与虞集不同。据说，虞集曾谓"杨仲宏（载）诗如百战健儿，范德机（梈）诗如唐临晋帖"，揭曼硕（傒斯）诗如"三日新妇"，而"自比汉廷老吏"。这个评语揭傒斯甚不满，谓"闻者皆大笑"。（见揭傒斯《范先生诗序》）现在看来，"大笑"是应该的，特别是其对揭傒斯的评语很不当，因为虞集的诗虽格律谨严，句法稳健，然除少数怀古、念旧的作品尚写得颇有情韵外，其余大都格调比较低，十之七八不出所谓眷恋君恩和自甘恬退这两层意思，杨载诗颇有豪气，内容亦平平。倒是范梈和揭傒斯颇有些关切现实的诗篇。揭氏这类诗尤较多，即寻常应酬、咏物之作，如《玛瑙石》《奉同柯博士甘内掾下直赋》之类，落笔亦自不凡，《四库提要》说其"清丽婉转，别饶风韵"，亦不似，但谓其"神骨秀削，寄托自深"，则近之。但总的说来，他们的诗都词意平和，并以此相号召。虞集固如此，揭傒斯亦然，他在《萧孚有诗序》中说：

> 夫为诗与为政同，心欲其平也，气欲其和也，情欲其真也，思欲其深也，纪纲欲明，法度欲齐，而温柔敦厚之教常行其中也。

又在《吴清宁文集序》中说：

> 庐陵代为文献之邦，自欧阳公起而天下为之归，须溪（刘

辰翁）作而江西为之变。……须溪没一十有七年，学者复靡
然去哀怨而趋和平，科举之利诱之也。

他们诗中的情是否"真"，不去评论，思深则较为秀出的揭氏亦
多未能做到，余子距离更远。但温柔敦厚与和平，他们大体上都
办到了。揭氏认为"去哀怨而趋和平"是"科举之利诱之"使然，可
谓一针见血。不过，他本人恐不肯自居于此等，我们不妨为之进
一解："亦理学的熏染使之然也"。

　　四家之外的一些诗文作家，情况大体亦近似，柳贯诗文最平
庸，马祖常、张养浩之作都有关切现实者，马氏且有才气，然均
伤浅露。诗境比较高的倒要推黄溍，他的一些诗常流露出居于异
族统治下的隐痛，尤堪注意，这大概因为他是宋遗民诗人方凤的
学生吧。

　　约自泰定、天历之间起，元代诗文的主导风格又发生一定的
变化，标志着第三个时期的开始，一直延续到元朝的灭亡。这时
上一时期的许多作家也健在，有些还活到后至元与至正。但是这
时又有一批新人登上文坛。他们中有代表性的是萨都剌（答失蛮
人）、杨维桢、李孝光、王冕、吴莱、周霆震、黄镇成、张宪、郭钰，还
有吴师道、苏天爵、张昱、傅若金、王逢、戴良、余阙、丁鹤年、迺贤、
泰不华（以上四人为蒙古及色目人）等一大批人。宋濂、刘基、
高启等也于元末登上文坛，不过他们的影响不如在明初之大。

　　这些人都是在延祐复科举后成长起来的，因而在不同程度上
都受到理学的熏陶，有的还与理学家有师承关系，如王冕为韩性
的弟子，杨维桢为倪渊的弟子，苏天爵为安熙的弟子，泰不华为
周仁荣弟子等，有的则与上一时期著名文人有师承关系，如张昱
曾从虞集学诗，傅若金追随范梈，张宪、郭钰则为同时杨维桢的

门人等。但是他们所处的政治条件与上一时期的作家不同了。从泰定、天历年间起，元朝的统治危机已经暴露了。蒙古贵族内部斗争频繁，人民起义时有发生。至正以后，形势愈来愈恶化，到至正十一年，终于爆发了红巾大起义，导致元朝的覆灭。在这种情况下，士大夫之眷恋元朝者，不得不注视现实，谋复兴之道；就是一些有离心倾向的人，也不能不忧心忡忡，并对当权的统治者提出抗议。当然，他们有时也抱着悲观或超脱的态度，姑且在山水、歌舞中去寻找暂时的安慰。不管怎样，理学家所追求温厚和平的境界已经被动乱的现实所打破了。他们所强调的纲常伦理，虽然还激励着某些文人为维护元朝的统治而拼命（如余阙、泰不华）、守节（如戴良等人），对另一些人却失去了作用。诗文于是朝着两个方向发展：一种是摆脱理学的羁绊，去自抒其性灵，以至流于妖艳、绮靡或险怪；另一种则继承《风》《骚》怨刺的传统，发为对现实的抗议和抨击。其主要表现是：（1）带有现实主义倾向的诗歌大量出现，尤以乐府体为最出色。王冕、周霆震、张宪、郭钰、黄镇成、刘基是比较突出的，杨维桢的《铁崖古乐府》或直指时事，或借古讽今，尤为一时的代表之作。其他作家如李孝光、萨都刺、吴师道、吴莱等也有一些这类的诗。（2）写作宫词、竹枝词成风。宫词由萨都刺为之倡，杨维桢等和之。竹枝词则杨维桢倡导最力，他的许多乐府小诗和香奁体也与宫词或竹枝词相近。张昱《庐陵集》也有大量的这两类诗作，其《辇下曲》一百零二首体兼宫词与竹枝，杨允孚的《滦京杂咏》一百首亦然。倪瓒、顾瑛等所作竹枝或宫词亦不少。这两类作品，人们容易等闲视之，宫词尤易遭人忽视。其实，这两类作品的出现，突出地表现元代散曲对诗歌的影响，也反映理学对诗歌控制的削弱，在这时是有其特殊意义的。(3)产生了一批具有很强烈的政治倾向的揭露性的杂文或寓言，这以刘基的《郁离子》为代表，宋濂、苏伯衡及高启等一些作家都有此类作品。这类作品承继唐代古文家柳宗元的杂文的战斗传统，同晚唐的小品文一样，是我国散文史上又一批艺术珍品。写作这些作品的作家自然都是意在挽救元末的危机，但其中有的篇章（例如《郁离子》中的《术使》之类），在客观上却触及了封建制度的根本问题，这是作者自己始料不及的了。

元代晚期的诗文虽大体上表现为上述的倾向，但从作家的文学观及其思想出发点来说却不尽同。如果略去每个人的差别，一类可以杨维桢为代表，包括萨都剌、张宪这些人，他们是不那么笃信理学的。另一类则可以戴良、宋濂、刘基为代表，包括吴师道、吴莱等一大批人。他们都比较笃信理学，然而在新的形势下文学观也有变化。刘基、宋濂我们在下章还要谈到，这里只举杨维桢（铁崖）、戴良为例。

杨维桢是这时诗歌创作的领袖人物。他不仅是宫词、竹枝词、香奁体的重要创作者和倡导者，也是乐府诗歌创作的倡导者。其《东维子文集·潇湘集序》中曾谈及此事说：

> 余在吴下时，与永嘉李孝光论古人意，余曰："梅一于酸，盐一于咸，饮食盐梅，而味常得于酸咸之外，此古诗人意也。后之得此意者，惟古乐府而已耳。"孝光以余言为韪，遂相与唱和古乐府辞。好事者传于海内，馆阁诸老以为李、杨乐府出而后始补元诗之缺，泰定文风为之一变。

这段话具有很高的历史价值，由此可知，元代末期出现那样多乐府诗，几乎形成了一个运动，固然有着现实的土壤，实亦由于杨维桢和李孝光的推动。仅这一点在诗的发展史上就是应该大书一笔的。但铁崖倡导的乐府诗，其意义又不止此。因为他写作的古乐府辞，既不是唐代白居易、元稹等所倡导的新乐府的翻版，也不是南北朝诗人至唐代大诗人李白的乐府歌诗的翻版，而是冶古今为一炉，甚至把咏史一体也引进乐府体中来了（该体李白已有之，但用的是《远别离》那样的乐府古题，而不是像铁崖那样用《鸿门会》这样的标题）。所以他的乐府诗不但题材很广，体裁也多样，小至儿女风情，大至民生国计，短止五言四句，长则七言大篇，无所不有。他把竹枝词也列入乐府中，尤为一种卓见。在铁崖这些众多的乐府诗中，其反映军国大事、民生疾苦的大篇，人们是颇易承认其价值的，然他的这类乐府诗，并无超出同时其他诗人之作的成就，也许还不及王冕、周霆震、刘基及其学生张宪之作。他写得最出色的是那些乐府小诗，如《买妾言》《海乡竹枝词》之类，那真有"味在酸咸之外"的意趣，无怪胡应麟极为叹赏，以为"俊逸浓爽，如有神助"（《诗薮外编》卷六）。

铁崖之所以能在乐府诗的创作上取得这样的成就，作出这样的贡献，除了他的才华之外，主要是他在一定程度上突破了理学家的束缚。他论诗同理学家颇异趣，理学家讲"性情"，他却讲"情性"，并强调要有个人的特色，曾说："诗者，人之情性也。人各有情性，则人各有诗也。得于师者，其得为吾自家之诗哉！"（《李仲虞诗序》）正唯为此，在他的心目中，自然既没有什么宗唐宗宋的问题，也没有什么题材、体裁风格的限制。故他的诗不仅题材、体裁多样化，风格虽以浓丽为主，险怪、清新者亦有之。但铁崖也不是对诗文的内容没有要求。他在《全信诗集序》中曾指出"言工而弗当于理，义窒而弗达于辞"，则不能传，而名家传世之作，则"大抵言出而精，无庞而弗律也；义据而定，无淫而弗轨也"，就是要求在内容上遵守一定的轨范。而在《赵氏诗录序》中他更进一步指出：

> 评诗之品无异人品也，人有面目骨体（骼），有情性神气，诗之丑好高下亦然。《风》《雅》而降为《骚》，而降为《十九首》，《十九首》而降为陶、杜，为二李，其情性不野，神气不群，故其骨骼不瘠，面目不鄙。嘻！此诗之品，在后无尚也。下是为齐、梁，为晚唐、季宋，其面目日鄙，骨骼日瘠，其情性神气可知已。嘻！学诗于晚唐、季宋之后，而欲上下陶、杜、二李，以薄乎《骚》《雅》，亦落落乎其难哉！

质言之，就是要摆脱庸俗的气味，用他在别处说的话，就是要不流于"街谈市谚之陋"，而有"《风》《雅》余韵"（《周月湖今乐府序》）。当然，他也说过，《国风》是"发乎辞，止乎礼义"的（《剡韶诗序》），而关汉卿等的传奇"非治世之音"，只是"文墨之士之游"（《沈氏今乐府序》），有高下等级的区别，然而他毕竟承认这种"游"是不可少的。实际他自己的诗即有此两种，有合乎《骚》《雅》的怨刺之义的，也有只是"游"的，一些宫词、竹枝词（不是全部）即属于"游"的一类。故总的说来，他的文学观和文学创作都是在一定程度上逸出了理学的轨道的，无怪明初的王祎要对他严加声讨，斥之为"文妖"（《王常宗集·文妖》）。在我们看来，这倒是他的一种美称。

戴良同宋濂一样，都是浙江金华人，都曾从黄溍、柳贯学古文。金华是宋元之际著名理学家金履祥的故乡，宋亡后他在家讲学，传许谦、柳贯等人，其影响所及，金华地区的文人如吴师道等多崇信理学。然理学亦因此蜕变，黄伯生在《宋元学案》卷八二《北山四先生学案》的按语中说：

> 金华之学，自白云（指许谦）一辈而下，多流而为文人。夫
> 文与道不相离，文显而道薄耳。虽然，道之不亡也，犹幸有斯。

这是站在理学家的立场说的，但却道出了金履祥这一系理学演变的趋向。"文显而道薄"，如按全祖望在《宋文宪公画像记》中所说，是指于道"未有深造自得之语"。其实远非如此，而是自柳贯、黄溍下及宋濂等人还吸取了文学家的一些思想观点修正了理学，戴良也是如此。他论文，认为"文主于气，而气之所充，非本于学不可也"（《九灵山房集·密庵文集》）。这是秉承其师黄溍之说，而黄说又源于韩愈（朱熹也接受韩愈的观点）。然其所谓"学"又与韩愈所指不同，他在另一处谈到虞、揭、柳（贯）、黄（溍）文章的特点时指出："其摘辞则拟诸汉唐，说理则本诸宋氏，而学问则优柔于周之末衰。"（《夷白斋稿序》）则所谓"学"实兼包六经、宋代理学与汉唐古文而言，把古文家的文统与理学家的道统融合为一，这正是虞集等人的思想的发展，同时也是对理学家文学观的修正和发展。其论诗亦然，强调诗要"本之性情之正"。与理学家相同，这也是虞集、黄溍等论诗的宗旨所在。然而他又说："诗之道，行事其根也，政治其干也，学其培也。"（《玉笥集序》）这虽是从《诗大序》论诗与政治的关系的观点中引出，但向来理学对此是不重视的，而强调诗在陶冶性情中的作用，虞集等人亦然。戴良旧话重提，且加以发挥，以"政治"为"干"，这显然是由于政治形势的变化，因而想起诗在反映政教盛衰中的作用。他在论及《三百篇》中的《风》《雅》时，也重提正变的老话，认为"陈古刺今之作，又所以为风雅之变也"（《皇元风雅序》）。还指出："世道有升降，风气有盛衰，而文运随之。"（《夷白斋稿序》）也

都反映此种认识。这对理学家的诗论来说，同样是一种修正。此外还要提到，虞集等人在诗歌创作上都有宗唐的倾向，但对北宋欧、苏、黄的诗尚颇尊崇，至戴良则说："唐诗主性情，故于风雅为犹近，宋诗主议论，则其去风雅远矣。"这虽与理学的关系较少，但也反映当时的一种趋向。

以上我们对元代诗文发展的三个阶段及其与理学的关系作了粗略的考察，由此我想可以得出这样的结论：前人谓元代诗文的成就在中期，那是不正确的，元代诗文的精华是在两头。近人说元代诗文反映现实之作少，也是不正确的，那是上了前人的当，误把中期作代表。元代诗文的发展呈现这种两头高、中间低的规律，当然同政治形势的升降相关联，但理学也起着重要的作用。这是一个方面。另一方面我们也可看到，理学在浸润到文学的领地时，它自身也在蜕变，有识见的文学家总是自觉或不自觉地在修正它，甚至抵制它。然而从总的趋势来看，韩欧文统受程朱道统的支配、文统与道统走向结合毕竟是元代诗文发展的主流，也可以说，对理学作点修正，使之能包容文学是主流，而脱出理学的羁绊，求得文学的发展则是支流。这是元代诗文所以成就不高的一个重要原因（当然还有别的原因，例如诗文在唐宋已高度发展，艺术上难以创新等等，此处不具论），同时也直接影响到明代诗文的发展。明代前期的诗文可以说是对元代诗文发展主流的继承，特别是对元代中期诗文主导倾向的继承，明代的公安派则继承着杨维桢的传统而又有较重要的发展，因为那时的历史条件不同了。

第七章　明前期的文风与科举、理学

　　我国古代每一个封建王朝的建立，在文风上都要发生一定程度的转变，但转变有早有迟，这取决于当时的历史条件和新的当权者对改变文风的自觉程度以及与之相适应的文化政策如何。大凡形成新文风的历史条件早已酝酿成熟而当权的新统治者又有高度的自觉，则文风的改变快，汉魏之际就是适例。反之，则改变较慢，汉初、唐初、宋初即是如此。明初则属于前一种情况，尽管它同汉魏之际文风的转变在性质、作用和影响等方面都很不相同。汉魏之际的转变是革新性质的，它开创了我国古代文学繁荣的一个新的时代，而元明之际的转变基本上是保守性质的，它导致明前期一百二十年左右文学的沉寂和衰落。

　　明初文风的一个突出变化是文学对社会重大问题的反映削弱了。我们知道，元代后期的杂剧就已丧失了现实主义的光彩，但这只是一种文体的衰落，就文学的整体而言，现实主义的文学传统并未中断，特别是到了元末，在其他一些文体的创作中，现实主义精神又得到了发扬。《三国志演义》和《水浒传》的基本写定究竟在什么时候，现在还没有确切的证据，但这两部小说名著的产生是受到元明之际社会动乱的感召则似可无疑。南戏的题材似稍狭隘一些,但其中一些反映爱情与婚姻的剧作中亦透露出反理学的思想倾向。诗文中反映和揭露政治黑暗、民生困苦的作品更多,杨维桢、王冕、张宪、周霆震、高启、刘基等在元末写的大量反映现实的诗歌,刘基的《郁离子》、宋濂的《燕书》、苏伯衡的《晳说》等战斗性的杂文都是勃勃有生气的。然而这种情况到明初,尤其是在明朝的统治已经巩固以后,我们就很难看到了。这在我们读高启、刘基、宋濂、苏伯衡等由元入明的作家的文集时即有突出的感觉。这些人在元时的许多作品都是反映了比较深刻的社会矛盾的,到入明以后就多是歌功颂德的苍白无力之作了。高启的诗中尚稍有不平之气,然而他很快就被杀了。以后一百余年间,当然也还有少数反映民生疾苦之作,即使在所谓"台阁体"的作家中也可有所发现,茶陵派的作品中更多一点。然而总的说来,敢于正视现实的作品却稀少了,即使有所反映,也大多词旨和平,无怨怒之气。

明初文风的第二个重要变化,是作家们比元代晚期的一些作家更强调文、道的结合和诗的教化作用,因而新鲜活泼的作品少,道貌岸然或平平正正的作品多。这本是中国古代文学一个古老的传统,但围绕这个问题的斗争也是很尖锐的。自汉以来,几乎每个朝代都有反叛这个传统的异端,魏晋六朝尤甚。唐宋以来也不是每个作家都重视这个传统。唐代的大量诗人、宋代的苏轼和苏派文人就不强调这一点,宋时多数词人、元曲的多数作家以及元末的杨维桢等人就不大理会它。这并不是说他们的作品没有思想和理性的光辉(当然也有少数是缺乏的),而是不受一成不变的六经、孔孟之道的约束。自南宋晚期理学得势以来,强调文以载道的人才多起来,强调诗教化作用的人也多了。明初正是进一步扩展这种趋势。其突出表现是：

（1）明初作为文学宗匠的宋濂、王祎、方孝孺等均具有文学大师和理学宗匠的双重资格，他们不但把理学家的道统和唐宋古文家的文统融为一体，而且用道统统帅文统，把道看得重于一切。如宋濂就说："大抵为文者，欲其辞达而道明耳，吾道既明，何问其余哉！"（《宋文宪集》卷二六《文原》）王祎也说："文不载道，不足以为文。"（《王文忠公集》卷二十《文原》）方孝孺则不但说"文不足以明道，犹不文也"（《逊志斋集》卷一四《送牟元亮赵士贤归省序》），还进一步说："夫《诗》所以列于五经者，岂章句之云哉！盖有增乎纲常之重，关于治乱之教者存也。……人孰不为诗也，而不知道，岂吾所谓诗哉！"（《逊志斋集·读朱子感兴诗》）他这样论诗，是本于宋濂的"诗文本出于一原"（《题许元先生古诗后序》）之说，实在比宋代的理学家还进了一步，因为宋代理学家讲《诗经》，虽也说治乱之教，一般地论诗却主要讲吟咏性情，且不抹杀诗文的区别。

（2）明初那些不以理学家自命的诗人也比较强调文道结合和诗的教化作用，如贝琼就说："抑尝闻儒先君子之论文者，务合于道，非徒以其词高一世为上也。"（《清江贝先生集》卷二八《唐宋六家文衡序》）高棅也说："诚使吟咏性情之士，观诗以求其人，因人以知其时……本乎始以达其终，审其变而归于正，则优游敦厚之教，未必无小补云。"（《唐诗品汇》总序）

（3）不仅诗文作家强调文学的教化作用，戏剧家也加以附和。高明的《琵琶记》开宗明义即说："不关风化体，纵好也徒然。"（此《记》作于元末，但实代表元、明之际的倾向）邱濬的《五伦全备记》以宣扬封建道德为主旨，这是大家所熟知的。其实，所谓明初四大传奇，除《拜月记》外，也都是以宣扬封建道德为宗旨的。就是《拜月记》也多少打上了一点烙印，这只要比较一下关汉卿《拜月亭》与《拜月记》对结局的不同处理即可看得出来。关剧的说白已不全，但从曲辞和尚存的少量科白中，我们可知，当王尚书将亲生女儿瑞兰配与武状元陀满兴福，将义女瑞莲配与文状元蒋世隆时，两位少女之间还有一段互相谐谑之语，可见关氏并不很强调瑞兰的贞节观念，而着意突出重文轻武与重武轻文的斗争，这是反映元初的现实的。到《拜月记》中，这一点便删去了，而突出瑞兰与蒋世隆两人对爱情的坚贞。这一改动虽然并无不好，但其中的贞操观念显然增强了。此外，现存的明初南戏如《牧羊记》《精忠记》等也都是有宣传封建伦理的浓厚色彩的，有一定的反封建色彩的则只有刘东生的《娇红记》等个别的剧本。

明初文风的又一个变化，是诗歌的复古之风有了进一步的发展。自元以来，诗歌宗唐之风本来已比较盛行，戴良即明确提出要宗唐，明初即承其势。但宋濂、方孝孺等人虽强调道而不忽视艺，在唐诗中不注意初、盛、中、晚的区别，也不排斥宋诗。高启、张羽、袁凯等诗人取径亦较广。强调宗唐、排宋的是以林鸿、高棅为首的闽中诗人和以刘崧为首的江西诗人，林、高还标榜盛唐。高的《唐诗品汇》对明诗影响甚大，《明史·文苑传》谓"终明之世，馆阁宗之"。但在明代前期，专宗盛唐并未成为风气，只是宗唐之风越来越占据主导地位。这看来似与崇尚理学没有关系，实际不然。因为理学家所欣赏的是朴质、浑厚的文风，宋诗穷形尽相，发露无遗，是不合他们的要求的，故朱熹、真德秀等都是诗歌复古论者，而于唐宋两代诗人之诗，则右唐而左宋，可见当时宗唐之风与宗理学在方向上是一致的。

同上述第二种变化相联系,明代前期的文坛还有一个重要现象:作家和评论家多很强调学行和创作的关系,认为学问、道德好的其文品自高;反之,人不足取,则文不足道,文风不正,则其人亦不足取。这是理学家一贯强调的"有德者必有言"的发挥。宋濂吹嘘周敦颐、程颢、程颐、张载、朱熹得文章的"心髓",所著"妙斡造化而弗违,百世以俟圣人而不惑。斯文也,非宋之文也……六经之文也。文至于六经,至矣,尽矣"(《徐教授文集序》),即是用的第一个标准。王褘骂杨维桢为"文妖",用的是第二个标准;而宋濂所说的,"古之为文者未尝相师,郁积于中,摅之于外,而自然成文。其道明也,其事核也,引而申之,浩然而有余,岂必窃取辞语以为工哉?"(《苏平仲文集序》)则是此种见解的理论性的概括。宋濂这种观点,影响到他的学生们如方孝孺、王琦等,也影响到后来的台阁体作者。如杨士奇在其诗集《自序》中说:"古之善诗者,粹然一出于正,用之乡闾邦国,皆有裨于世道。"原因是"夫诗,志之所发也。三代公卿大夫,下至闺门女子皆有作,以言其志,而其言可传",并自悔"早未闻道,既溺于俗好,又往往不得已向应人之求,即其志之所存者,无几也"。意即谓志得其正,则诗自然有益于世。李时勉在为杨士奇的《东里续集》作序时则更明确地说:"夫文章之见重于世,以其人也,苟非其人,虽美而传,反以为病矣。"(《明文衡》卷四四)此类言论,我们还可以在明前期著名文人的文集中举出一些,可见是反映一时的风气的。

明初文风的形成,是同当时政治经济形势都比较稳定相联系的。朱元璋时期文字狱多,文人动辄得咎,不获好死,后来因诗文得祸的事也间有之,迫使文人说话审慎,对文风的变化也有一定的影响,而科举制度的确立和理学的提倡则尤其起了重要的作用。这两者是相辅相成的,在某种意义上说就是一回事。只是提倡理学又不限于科举而已。

明朝的科举制度基本上承袭着元朝而又有所发展。其主要区别是:元人尚试辞赋,明则只试经义及论、策,而尤重经义。经义亦称制艺,后发展为八股文,分《四书》义及《五经》义,前者必试,后者任选一种。元人《五经》义虽以宋儒(理学家)传注为主,尚参用古注疏,明则逐渐变为全用宋元理学家的传注了。这种考试制度,据《明史·选举志》称:"盖太祖与刘基所定。"又《宋濂传》谓宋濂"勋业爵位不逮(刘)基,而一代礼乐制作,濂所裁定者居多",似宋濂亦可能预其谋议。然据《明史纪事本末》记载:太祖吴元年定文武科取士之法,"其应文举者,察之言行,以观其德;考之经术,以观其业;试之书算,以观其能;策之经史时务,以观其政事"。按封建国家用人的标准,可谓全面考核。洪武三年,定科举格,"初场各经义一道,四书义一道;二场论一道,诏、诰、表、笺内科一道;三场策一道。中式者后十日以骑、射、书、策、律五事试之"。经义是突出了,但仍存全面考核之意。尽管如此,对这种考试办法,朱元璋仍不满意,认为"今所司多取文词,及试用之,不能措诸行事者甚众"。故洪武六年即诏罢科举,改为官吏察举。据《明史·选举志》,至十五年又复行科举考试,十七年颁行科举成式,与三年所定者略同,但初场试《四书》义三,《经》义四,二场改试论一(后复原),判语五,诏、诰、章、表内科一,三场试《经》史策五,不再补试骑射之类了。考刘基于洪武四年即告老还乡,后虽因故曾居京城,已不与国事,洪武八年复归家,寻卒。宋濂亦于洪武十年告归，十三年因长孙慎牵连胡惟庸党狱，几乎被杀，后安置茂州，次年卒。则洪武十七年定格，他们肯定没有与谋。但洪武三年应天府乡试、四年会试，由刘主试，宋是同考官之一（《弇山堂别集》卷八一《科试考》），则他们参预洪武三年科举制度的拟订是可能的。然据《明史纪事本末》，朱元璋在洪武二年与詹同谈话，有"自今翰林为文，但取通道理，明世务者，无事浮藻"的指示，三年开科举的诏书中有批评"唐宋科举，但贵词章，不求德艺"的戒饬，六年又有"禁对偶文辞"的诏令，则讲求对偶的八股文绝非朱元璋时所定，刘、宋则只可能在考试经义这一点上有过建议，于八股文的形成亦无直接责任。经义之演变为八股，是在一个较长的历史过程中逐渐形成的。

科举试经义，始于王安石的熙宁改革。本想借以培养通经致用之才。但通经与致用，这本身就存在着矛盾，何况利禄所趋，作文者为求得进身之阶，未免言不由衷，故实行的结果连王安石本人也感到失望，谓本意想把经生变为秀才，不料把秀才也变成经生。元祐初年以司马光为首的旧党上台，次第废除新法，但科举之制却争论未决，原因是旧党中有些人也赞成考经义。及至元祐四年，才决定采取折中的办法：进士试分经义、诗赋两科。哲宗绍圣元年，新党上台，又废诗赋专考经义，及至北宋灭亡。南宋又恢复元祐四年之制，金亦然。但南宋及金，对各经的诠释不完全主一家，故士人还比较自由。元代皇庆二年决定复科举，定制汉人、南人第一场考经疑二篇，在四书内出题，注释遵用朱熹《集注》，但得以己意作结。经义一道，士子各选一经，《诗》以朱《传》为主，《尚书》以蔡《传》为主，《周易》以程《传》、朱熹《本义》为主，但都得兼用古注疏，《春秋》许用三传及胡

《传》、《礼记》用古注疏。第二场古赋、诏、诰、章、表内科一道。第三场试策。这在《四书》《五经》义的考试上已基本上确定理学的宗主地位了，但灵活性还是较多的。到明初定制，《四书》义主朱《注》，《易》义主程《传》及朱熹《本义》，《书》主蔡《传》及古注疏，《诗》主朱熹《集传》，《春秋》主三传及胡安国、张洽《传》，《礼记》主古注疏，理学的地位有所增强。至永乐间，颁《四书·五经大全》，废注疏不用，其后《春秋》不用张洽《传》，《礼记》只用陈皓《集说》，除《春秋》外，其他各经都以理学家之注为宗主了。这是内容变化的大致情况。

至于形式，由于文献不足，未得其详。顾炎武《日知录》云：

> 经义之文，流俗谓之八股。盖始于成化以后。股者，对偶之名也。天顺以前经义之文，不过敷演传注，或对或散，初无定式，其单句题亦甚少。成化二十三年会试《乐天者保天下》文，起讲先提三句，即讲乐天四股，中间过接四句，复讲保天下四股，复收四句，再作大结。弘治九年会试《责难于君谓之恭》文，起讲先提三句，即讲责难于君四股，中间接过二句，复讲谓之恭四股，复收二句，再作大结。每四股之中，一反一正，一虚一实，一浅一深。亦有联属二句四句为对，排比十数对成篇，而不止于八股者。其两扇立格，谓题本两对，文亦两大对。则每扇之中各有四股，其次第之法亦复如之。故今人相传谓之八股。若长题则不拘此。

近人商衍鎏在其所著《清代科举考试述录》中不同意顾氏的意见，他说：

> 据顾炎武说，是八股始于成化之时，但成化以前，于谦《不待三然则子之失伍也亦多矣》题文，王宗贯《知者乐水，仁

者乐山；知者动，仁者静；知者乐，仁者寿》及《乡人皆好
之何如，子曰未可也；乡人皆恶之何如，子曰未可也，不如
乡人之善者好之，其不善者恶之》题文，皆八股格也。推之
宋杨诚斋（万里）、汪六安（立信）之经义，中间已有用四股、
六股、八股之体。然则八股之法，实肇于宋绍兴、淳祐，定于
明之洪武，而盛于成化以后者。

按二说皆有所据，然成、弘以前的经义，传世甚少，尤不闻有以
此名家者，名家如王鏊、钱福、归有光、唐顺之，皆出成、弘以后。推
其原因，固由时代邈远，遗失者多，亦由文无定式，无须模拟。这
犹之唐代试律赋始于高宗时，然定格不严，故传世者少。中唐以
后，格式渐定，因难见巧，故流传甚夥，而名家即因此产生。又
八股的最大特点，就形式言，实为对偶成文，成、弘以前，虽有
此体，然单行散句，正复不少，弘治间唐寅以制艺擅名，其体制
尚多变化，也说明其定式尚在形成中。故我认为，顾氏之说较为
可靠。但八股文的某些格式，例如开篇必须破题，中间必须从正
反两面反复申明题意，篇末应有结语，则其源甚远。除结语外，采
取代言体（即所谓代圣贤立言）亦势所必至。因为应试之文，成
于仓促，例不能长，且制艺既必须反复申明《经》旨，自必体
会其意，未可遽申己论，这样久而久之，自然就形成八股文的格
式了。唐代试律赋，开始亦须破题，韵脚原为四、六、八不等，后
固定为八韵，亦是为了便于申展起承转合之意，与八股文形成的
轨迹相同。明时会试中试之文，例录刻传播，供士子揣摩，更加
速定格的形成。这其间，考官的意图当然起着某种作用，但实为
应试文，特别是经义难以克服的弊端。我们既不能责怪明初某一
个人，似亦不能责难成化间的某个人，而应推寻产生这种弊端的

历史原因。

关于考试制度的弊端，因为牵涉甚广，我们且不论。至于考经义的原因，我在前面已说过了。需要补充的是，王安石的提倡考经义，尚可以说是一种历史造成的矛盾，元明以后的考经义，则主要出于用理学统制士人的思想的需要。这也是封建制度发展的必然，然而朱元璋、刘基、宋濂等人亦起着相当大的作用。

朱元璋本出身贫苦农民。他在做小和尚时，通过念经，可能识一些字，但文化水平是不高的，当然也不懂得什么理学。不过，朱元璋是个极聪明而又好学的人。他在打天下的过程中，不但学会了打仗，也提高了文化水平，学会了封建的统治术。由于他学习的目的是为着建立和巩固自己的统治，其所学、所取当然不限于理学，他曾因《孟子》中有"民为贵"之语，欲黜孟子，后来又指令删《孟子》，对大臣、文士的诛杀频仍，手段残忍，都殊谬于理学之旨。但朱元璋又深知理学家所鼓吹的纲常伦理对他的统治地位的巩固是非常重要的，故他又大力予以提倡，而在这一方面，刘基、宋濂、王祎等人对他的启发是颇为巨大的。

朱元璋在打天下的过程中颇注意延揽人才。由特殊的历史条件所决定，在开国以前聚集在他手下的主要是两类人：一类是他家乡的亲戚故旧及起义初期的归附者，如徐达、常遇春、邓愈、汤和、沐英、李文忠、廖永忠、李善长、汪广洋、胡惟庸等，他们都是功名之士或武人；另一类则是朱元璋已经有了一定的军事力量进军江浙后所招来的文人，其最著者则是刘基、宋濂、章溢、王祎、詹同、朱升等，而他对前四人尊礼特异。这些人都是讲求经世致用之学的，对诗文都有较深的造诣。刘基之学尤博，不是空谈性命的理学家，但黄伯生《诚意伯刘公行状》谓刘基"年十四入郡庠，从师受《春秋经》，后又"讲性理于复初郑先生，闻濂、洛心法，即得其旨归"。可见他在理学上又是具有渊源的。至于宋濂、王祎、章溢，则都是著名理学家许谦的再传弟子，宋、王所师柳贯、黄溍，也是著名理学家或崇尚理学的人。许谦一派的弟子、再传弟子在明初的闻人颇多，除宋、王外，尚有胡翰、苏伯衡等人。这对明代学风和文风的形成都有颇大的影响，而其中最重要的一点则是经过他们的熏染，使朱元璋等奉理学并以之作为科举考试必遵的官学。此外，他们还以其声望，在身边聚集了许多同道和弟子。特别是宋濂，因其文名既盛，又好奖掖后进，门下士尤众，方孝孺、王琦、王绅即其著者。他们又继续发挥其影响。所以，我们可以毫不夸张地说，宋濂及其同道实开明朝一代的文风，尤以对明前期一百二十年间的影响最巨。旧时谈明代文学的多首举宋濂，诗文创作成就远在其上的刘基反在其次，不是没有道理的。不过，应该说在尊崇理学这一点上，刘基基本是他的同道，尽管他们的文学观并不尽同：刘基论诗，强调"变风变雅，大抵多于论刺，至有直指其事，斥其人而明言之者"（《诚意伯文集·王原章诗集序》），并反对兴"诽谤之狱"（《照玄上人诗集序》）；宋濂则对违反"温柔敦厚"之教的各种作品一概反对（见《徐教授文集序》）。

　　当然，我们说以宋濂为代表的合文统与道统为一的文学思想开一代的文风，并不是说明初以后的文风就没有变化。弘、正以后文风上所发生的巨大转变，我将在后面再谈，就是永乐以后也是有变化的。这在诗文方面较为显著，其突出表现就是台阁体的盛行以及茶陵派和陈（献章）庄（昶）为代表的性理诗的产生。

　　讲到台阁体，近人大都以"粉饰现实、歌功颂德"八字目之，这大体是不错的，但它只能作为这一派的代表作者杨士奇、杨荣、杨溥以及黄淮、刘定之、倪谦、王直、周叙、金幼孜、彭时等一些人在身居馆阁（即任内阁大学士和翰林学士之类职务）及担任朝廷要职时所写诗文的特点的概括，而不能完全概括他们所代表的文风。那么，什么是他们代表的文风呢？我们先不妨摘录《四库全书总目提要》中的几条评语：

杨士奇《东里集》提要："明初三杨并称而士奇文章特优，制诰碑版，多出其手。仁宗雅好欧阳修文，士奇文亦平正纡徐，得其仿佛。故郑瑗《井观琐言》称其文典则，无浮泛之病，杂录叙事，极平稳不费力。"

杨荣《杨文敏集》提要："……应制诸作，沨沨雅音，其他诗文，亦皆雍容平易，肖其为人。虽无深湛幽渺之思，纵横驰骤之才……而逶迤有度，醇实无疵。台阁之文所由与山林枯槁者异也。"

黄淮《省愆集》提要："其文章春容安雅，亦与三杨体格略同。此集乃其系狱时所作，故以省愆为名。当患难幽忧之日，而和平温厚，无所怨尤，可谓不失风人之旨。"

金幼孜《金文靖集》提要："其文章边幅稍狭，不及士奇诸人之博大，而雍容雅步，颇亦肩随。"

王直《抑庵集》提要："诗文典雅纯正，有宋元之遗风。"《提要》的作者对文风的鉴别是较精的，颇能力求体现各家文风的特色，此处对金幼孜的评语亦然。但以上所引对各家的评语，虽用词微异，有所谓"平正""典则""雍容平易""醇实无疵""春容安雅""雍容雅步""典雅纯正"等语，实质却没有区别，基本上可用"雅正"二字概括之。这正是"台阁体"的主要特点。形成这一特点的原因，《提要》提到三点：（1）馆阁之文与山林之文异，这是就狭义的台阁体的客观需要而言的；（2）明仁宗和杨士奇都好欧阳修文，而欧文是有"雍容醇厚气象"的（杨士奇《滁州重建醉翁亭记》引仁宗语），这主要是就皇帝及领导者的爱好言的；（3）遵循古代的"风人之旨"，即传统的温柔敦厚的诗教的影响，这是就文学传统而言的。这三者都是重要的，而贯串在这三者之中的，我以为就是从明初以来形成的占统治地位的文道结合和重风教的传统。

但是台阁体所体现的文道结合又与宋濂等人所倡导的文道结合有所不同：宋濂等人的所谓道，虽然主要指理学家之道，但他们曾经历元末的社会大动乱，深知空疏的性命之学不足以应世，故其学问的规模比较阔大，如宋濂就把"明其道"与"见诸事功"并提（见《宋学七集·经畲堂记》），其论文深有取于苏氏父子，认为文章"自秦以下，莫盛于宋，宋之文莫盛于苏氏"（《苏平仲文集序》）。方孝孺亦然。所以宋、方的文，刘基等的诗，气象都比较宏阔，笔力也较苍劲。至于受理学影响较少的高启的诗更能转益多师，不拘一格，随意境不同而有所变化。台阁体的主要作者虽也不是纯粹的理学家，尚能通世务，然而他们生活在封建统治比较稳定的时期，本人的官运一般比较好，写诗文或者是为了弘扬"教化"，或者是为了怡情养性，或者干脆是为了应酬。作者的心气既比较平和，诗文的气象自然也就平和了。台阁体的作者大都尊尚欧文，就是欧文的风格正适合他们的需要，容易仿效。

台阁体主要盛行于仁、宣两朝，延及英宗、景帝时。但英、景两朝的政治形势已非仁、宣两朝可比了。明前期最大的国耻土木之变即发生在此时，故当时的文风亦有所变化。首先是一些人抛弃"台阁体"那种雍容雅正的文风，面对实际矛盾写出了一些悲歌慷慨的诗篇，于谦、郭登、王越即其代表。但郭是武将，于、王均曾主管军务，在文学方面又缺少理论，亦未操文柄，故未能转移风气。其次是有的理学家觉得"台阁体"还不够理学化，不能起涵养德性的作用，于是大力创作性理诗，企图加强理学的宣传，陈献章及稍后的庄㫤即其代表。陈献章尝作诗曰："子美（杜甫）诗之圣，尧夫（邵雍）更别传，后来操翰者，二妙少能兼。"（《陈献章集》卷五《随笔》）又说："大抵论诗当论性情，论性情先论风韵，无风韵即无诗矣。"（《陈献章集》卷二《与汪提举》）企图会通诗人之诗与理学家之诗，把诗的风韵与理学家所谓其性情统一起来，其自负可谓不凡。但正如钱谦益所说："子美、尧夫之诗，其可得而兼乎？"（《列朝诗集小传》丙）故他本人及后起者庄㫤虽写过一些有风韵的好诗，也写了不少枯燥、浅俚的理学诗，效之者就更不如了。这自然也不能取台阁体而代之。

以李东阳为首的茶陵派（李东阳是长沙郡茶陵县人，故有此称）是在出现上述变化之时产生的。后来复古派的巨子之一王世贞在其《艺苑卮言》中对李东阳作了看似相反的评价，他一方面说："台阁之体，东里（杨士奇）辟源，长沙（李东阳）导流。"把李东阳作为台阁体的后殿。另一方面又说："长沙之于何（景明）、李（梦阳）也，其陈涉之启汉高乎？"把李东阳当作复古派（李、何为复古派前七子首领）的先导。后人对此往往游移其词，或强调其后一面，或强调其前一面，未有定论。其实，王世贞的两段话是互相发明而又有轩轾的。

茶陵派首先是台阁体的继承者。这不仅是由于李东阳也像二杨一样久处馆阁，且多次主持科举考试，客观上要求他继承台阁体的传统，而且文学见解、文风也基本相同，比如他与台阁体作者论诗宗唐，诗文都力求"雅正"，这就是显而易见的；不过他的才气较大，作品内容也较丰富，同时，论文的见解也较精，对台阁体的缺点有所匡救，从而对复古派有所启示。下面我们不妨把他的文学观稍作剖视。

先看他对文道关系的看法。其《篁墩文集序》云：

> 文之见于世者，惟经与史。经立道，史立事。载道之文，《易》《诗》《书》《春秋》《礼》《乐》备矣。《书》与《春秋》虽亦纪事，而道固存焉。及其渐晦，则孟子扩之；又晦，则韩子发之；久而愈晦，则周、程、张、朱诸子大阐明之。自是而后，殆无所复事乎作者。纪事之文，自《左传》迁《史》、班《汉书》之后，惟司马《通鉴》、欧阳《五代史》，若朱子《纲目》，则取诸《春秋》，亦以寓道，而非徒事也。道无穷，而事亦无穷，故作者亦时有之。若序、论、策、义之属，皆《经》之余；而碑、表、铭、志、传、状之属，皆史之余也。二者分殊而体异，盖惟韩、欧能兼之，若朱子则集其大成。

这同前面讲到的宋濂的见解几如出一辙，与台阁体作者的议论也相承，都是合六经、孔、孟、程、朱的道统与韩、欧的文统为一，而以道统去统帅文统。如果要说有什么差异的话，那就是台阁体的作者还缺少讲得这么全面的言论，理学的色彩也没有这样浓。这是英、景以后政治形势恶化，统治阶级力图加强理学对文学的控制的一种反映，是茶陵派对台阁体的一种发展。后来的复古派（除王廷相外）则不唱这种调子，他们号召不读唐以后的书，把宋以来理学家的道统和古文家的文统都抛掉了。

李东阳的诗论基本上也是沿袭宋濂及台阁体作者的。其《王城山人诗集序》说：

> 夫诗者，人之志兴存焉。故观俗之美与人之贤者必于诗。今之为诗者，亦或牵缀刻削，反有失其志之正，信乎有德必有言，有言者之不必有德也。

这同宋濂的反对"风月烟花之章"（见前），方孝孺的反对"华而不实"之诗（见《刘氏诗集序》）声口如一，同彭时的"先道德而后文辞"（《刘忠愍公文集序》，见《明文衡》卷四四）之说亦相通。不过，东阳论诗，又强调言情，这颇给人以错觉，似乎在这一点上他同后来的复古派与公安派皆有相通之处。其实古人讲言情，不可一概而论，要看其内涵。朱熹也讲"情动于中而形于言"，但他所谓"情"，要受"性"的制约，实即受封建伦常的制约，这叫作"性情之正"，并不是人们通常理解的人的活生生的感情。李东阳所说的"情"亦类此，故其言曰：

> 情主乎动者也，动之极则静生焉。然人能动而不能静，天下之通患也。……故善用情者，以一应万，如鉴之于貌，括之于矢，来则应之，去则遗之，故事毕而情不困。（《一闲轩诗序》）

所谓"静""一"是什么呢？《礼记·乐记》上说："人生而静，天之性也。感于物而动，性之欲也。"可见所谓"静"也就是理学家所谓"复性"而"一"，则是诚一于性。以不变之性应万变之物，情虽动而不流，则心境不乱，故说"情不困"。这同复古派、公安派只强调情之真是有区别的。

李东阳文学思想的保守性还可以从他论馆阁之文与山林之文的区别见之。他在《倪文僖公集序》中说：

> 文一也，而所施异地，故体裁亦随之。馆阁之文，铺典章，裨道化，其体盖典则正大，明而不晦，达而不滞，而惟

> 适于用。山林之文，尚志节，远声利，其体则清耸奇峻，涤
> 陈薙冗，以成一家之论。二者，固皆天下所不可无，而要其
> 极，有不能合者。

倪文僖，即前举台阁体的著名作者倪谦。东阳在这里提出文体因
所施而异，当然并不错。他说"馆阁之文"要求"惟适于用"、"山
林之文"要"成一家之论"，也是对的。问题是他把"山林之文"的
内容限制在"尚志节，远声利"的范围之内，只讲道德情操，不
提民生国计，这就比某些理学家的议论都要狭隘了。

李东阳的文学见解中比较新的东西是他很强调文法和声
调。其《春雨堂稿序》说：

> 夫文者，言之成章，而诗又其成声者也。章之为用，贵
> 乎纪述铺叙，发挥而藻饰，操纵开阖，惟所欲为，而必有一
> 定之准。若歌吟咏叹，流通动荡之用，则存乎声，而高下长
> 短之节，亦截乎不可乱。虽律之与度，未始不通，而其规制，则
> 判而不合。及乎考得失，施劝戒，用于天下，则各有所宜而
> 不可偏废。

我们知道，讲究声律是从六朝开始的文学传统，宋代某些诗人的
诗，特别是江西派诗人的诗，把注重声律、声调美的传统抛弃
了。元以后的诗人在实际上开始纠正这一缺点，但未形成明确的
理论。至于文，则不但骈文家注意声律，古文家自韩愈起也很注
意，只是注意的重点不同：骈文家注意的是声律的对偶和谐，古
文家注意的是高下错落。但唐宋古文家讲声调，是同气联系起来
讲的，至宋濂仍继承这个传统。诗文讲法，主要是从宋人开始
的，江西诗派就重视所谓诗法，而强调文法则作俑于理学家，朱
熹就说文章有个"天生成腔子"，吕祖谦、真德秀等则通过文章

选本来加以提倡。这固是人们对文章写作方法认识的一种进步，但也出于应举的需要，故古文家多不屑谈，明初的古文家亦然。像李东阳这样脱离具体内容谈"操纵开阖"之准（即法），脱离文气谈"高下长短之节"（即声调），尤属罕见。他这种看法，虽主要是从唐宋古文和唐诗中体会出来的，也受到宋人诗文评的启发，似与科举文亦有关系，因为从无定式的经义发展到有定格、讲究声律对偶的八股文正是沿着注重文法和声律的道路前进的。茶陵派的兴起恰与八股文的定型大体同时，颇耐人寻味。后来的诗文复古派也重视法与声调。尽管他们所说的法与调又与李东阳所说的法有所不同，但显然是受到李氏倡导的这种风气的影响。王世贞所说的"犹陈涉之启汉高"，大概就是从这一方面说的。清人潘德舆在其《养一斋诗话》中说："汉魏诗似赋，晋诗似道德论，宋、齐以下似四六骈体，唐诗则词赋骈体兼之，宋诗似策论，南宋人诗似语录，元诗似词，明诗似八股时文，风气所趋，虽天地亦因乎人，而况于文章之士哉！"他说得过于绝对了一点，但并非无据。不过，明文受经义文的影响尤甚于诗，茶陵派的诗文及以后的唐宋派古文，在这方面的表现更为突出。复古派及晚明公安派的作品虽也间接地受到某种影响，但就其基本精神来说，却是与八股分道扬镳了。

第八章　明代中期学术思想的
变化与诗文复古运动

在明代中期出现的诗文复古运动，从弘、正间的李梦阳、何景明等前七子开始，由嘉、万间的李攀龙、王世贞等后七子接续，历时八九十年。中间虽然有唐顺之、王慎中、归有光等的反对，但未能动摇其在文坛上的统治地位。及至公安三袁等人出来，大声疾呼加以挞伐，其声势才逐渐低落。然余音袅袅至明末犹未绝。一个文学运动能延续这么长的时间，且其领导者初时地位并不高，却能牢笼一世，使许多人（其中包括一些豪杰之士）都跟着他们走，这必然有着深刻的历史原因。对此，近人作了一些探索，特别是从郭绍虞先生开始，已初步意识到它的反理学（即"道学"）的思想倾向，但是，迄今人们还多限于揭橥其某些反理学的言论加以阐发，而未能把他们的主要纲领放在当时学术思想（包括文学思想）的变化中加以考察，阐明其反理学的性质和作用，本章拟就此作初步的探讨。

人们都知道，我国封建社会的发展有一个规律：每个统治时间较长的王朝，其经济、思想、文化到了中期大都要发生变化。明代中期也如此。但是，这一时期思想、文化方面的变化，比前此汉、唐及北宋中期的变化既要深，也要广。这是由多种因素造成的，而首先是社会经济有了新的发展的反映。

同汉、唐等朝的中期相似，明朝也是经过前期一百多年的酝酿，到弘、正以后，农业和工商业都有所发展。其不同之处是商品经济的发展超过了以往的水平，在一些经济发达的地区，还出现了资本主义生产方式的萌芽。这一点，史学界的同志早就指出来了。我在这里要强调的是，明代中期发展起来的商品经济，虽然还带有严重的封建性，但已影响到社会生活的一些方面。顾炎武在《天下郡国利病书》中引《歙县风土论》说：嘉、隆以来"末富居多，本富益少，富者愈富，贫者愈贫……贸易纷纭，诛求刻核，奸豪变乱，巨猾侵牟"，就是描绘当时社会结构的变化的。何良俊在《四友斋丛说·正俗》中说，"宪、孝两朝以前，士大夫尚未积聚……至正德间诸公竞营产谋利"。又说"余小时见人家请客，只是果五色、肴五品而已。……今寻常燕会，动辄必用十肴，且水陆毕陈，或觅远方珍品，求以相胜"，则说明社会生产的发展，既刺激了剥削阶级对财富的贪欲，又使他们的生活更加奢靡。这些情况结合起来，自然要使自给自足的经济基础遭到破坏，造成农村自耕农的破产，加剧了地主与农民、地主与商人以及地主阶级内部的矛盾，同时，也必然要使建筑在自给自足的经济基础上的旧有的风俗习惯和伦理道德遭到破坏。明末清初西周生所作的小说《醒世姻缘传》中所描写的山东明水镇（在今山东章丘区南）在宪宗前后风俗的变化以及士大夫经商谋利、道德沦丧等情形，正是这种变化的生动的反映。

明代中期思想、文化的变化，还同明前期的政治和思想、文化本身的发展相联系。

明自朱元璋开国即实行严酷的封建专制制度,集大权于皇帝一身,以严刑峻法御下,把地主阶级内部的民主也降到很低的程度。但为了便于统治,明初定的一套官吏考核制度和会推大臣的制度,尚有利于选拔人才和黜退奸邪。这一套制度至英宗时已因宦官的专权而受到破坏,至正、嘉以后就渐次大坏了。各级官吏的进退,主要由宦官与权臣把持着,士大夫不奔走权门,献谀纳贿,就难有进身和升迁的机会,甚至会招来杀身灭门之祸。这种情况一方面固然造成朝政的紊乱和官吏道德的堕落,另一方面也破坏了统治者的权威,促使一些有识之士寻求新的挽救危机的药方,为地主阶级内部思想的活跃提供了条件。

前章已经指出,配合着封建专制政治制度,明初的统治者还大力推行程朱理学。在科举考试中,用经义(后发展为八股文)取士。规定对《四书》《五经》的诠释,都以程朱派理学家的传注为准。程朱理学本来是一种脱离人们的生活实践、束缚人们思想的僵化的理论体系,充满着虚伪的道德说教。这样的理论一旦成了士人追求利禄的敲门砖,其虚伪与无用的本质就更加暴露无遗。然而它却假借封建帝王的淫威,无孔不入,在思想、文化的各个领域都被人们搬出来装点门面。明前期盛行的"台阁体"诗文和成化至正德间盛行的庄㫤、陈献章等的性理诗即其尤者。这种伪学术、伪文学,在所谓承平时期,已是令人生厌,到了社会矛盾已经暴露、封建伦理道德面临着危机的明代中期自然更要为人们所厌弃而起来要求变革了。

由上述原因所决定,明代中期学术思想方面一个最突出的变化是许多人从不同的角度开展对程朱理学的批判。在哲学上批判程朱理学的主要有罗钦顺、王廷相和王守仁（阳明）等，在文学上则主要有以前后七子为代表的诗文复古派、以祝允明为代表的吴中文学家和著名的学者与诗人杨慎。这里拟先对其他各家作简略的介绍，然后再来讨论复古派。

王学的兴起是明代思想史上一个划时代的事件。王阳明的"致良知"和"知行合一"的学说，正如其后学刘宗周所说，"吃紧在去人欲而存天理"。这同程朱理学的本旨是一致的，它实际上只是理学的别派。但是，王学的流传确曾对正统的理学起了某种破坏作用，并引起了一些卫道士的惊呼。这是王学在某些方面同程朱理学有所不同所造成的。

首先，程朱所谓"天理"，从理论形式上看是客观的，人们需要通过"格物致知"的过程才能体认天理（主要指仁、义、礼、智等封建伦理道德准则）。这从思想修养方法来说，虽颇具体，但必然拘忌很多。故陆九渊当时就批评它太"支离"，而人们行起来则常不免矫揉造作，形成一种"伪"的作风。王学有见于此，所以发挥陆氏之学，强调"心"的作用，把"天理"看作人心具足的东西，是所谓"良知""良能"，说什么"心外无物，心外无事，心外无理，心外无义，心外无善"（《传习录·与王纯甫书》）。这样一来，修养的方法就简化了，只要领悟、培养自己心中的良知就够了。但所谓"良知"，原是不可捉摸的，尽管王阳明本人反复说明天理、良知、性和封建伦理道德本质上是一个东西，人们实际做起来，却不免按照各自的成心任性而行。其结果有的人固不免"阳为道学，阴为富贵；被服儒雅，行若狗彘"（李贽语），有的人则在一定程度上突破"名教"的羁勒，走上了所谓"儒侠"的道路。何心隐、李卓吾等王学"左派"就是后一种人的代表。

其次，王阳明的主观唯心主义哲学受到了禅宗的显著影响。禅宗的宗风是强调见性成佛，不重教义，甚至呵佛骂祖的。王阳明对儒家经典和儒家祖师爷的态度虽不似"狂禅"那样的放肆，但他敢于说："夫学贵得之心。求之于心而非也，虽其言之出于孔子，不敢以为是也，而况其未及孔子者乎？求之于心而是也，虽其言之出于庸常，不敢以为非也，而况其出于孔子者乎？"又说："夫道，天下之公道也；学，天下之公学也。非朱子可得而私也，非孔子可得而私也。"（《传习录·答罗整庵少宰书》）他这种不但要把朱熹的言论，而且也把孔子的言论都提出来加以重新审查的精神，对当时的士大夫无异是晴天霹雳，有振聋发聩的作用。后来李卓吾提出不要以孔子之是非为是非，正是王阳明这种精神的发舒。

罗钦顺、王廷相对程朱的批判不像王阳明那样的有锋芒，因而在当时的影响较小。但他们的批判带有唯物主义倾向，在理气关系上、在人性问题上都有很好的见解。值得注意的是他们都不反对人的正当的情欲，这正代表着明代中期思想发展的一种新趋向。后米、何心隐、李卓吾等人对王学的修正，这就是一个主要的方面。王廷相是复古派的前七子之一，这对我们了解复古运动的性质也是不容忽视的。由于哲学研究者对罗、王的思想评价比较一致，我在这里就不多说了。

祝允明等和杨慎对理学的批判近人很少注意，这大概是因为他们的批判缺乏浓厚的理论色彩吧。其实，他们侧重从实践上对程朱加以批判，往往更能挖掘理学家们灵魂深处的丑恶，破除人们对程朱理学的迷信。

祝允明对理学的批判集中在他的《祝子罪知录》一书。此书专门是非前人，自汤、武、伊尹、孟轲而下至于程颐、朱熹、许衡、吴澄等，莫不遭到他的弹击。其议论不无偏颇之处，也不乏迂腐之谈。但如说孟轲是"纵横者流，不可谓贤人"，讥刺许衡、吴澄、赵孟頫等屈身事元等，都不为无见。其于程、朱的批判，集中在四个方面：

（1）他指出：程朱虽有传经之功，但不过是在前代经师的基础上"或加标置，或为分北之，或少有润益"。所谓"标置"，是指分析"心、性、情、才之名"，"谓学者必先小学而即及大学"，以及标举"四书"等。所谓"分北""润益"是指综合分析前人的注释，"或有异同，去彼取此，以成其一家"。他认为这些都未必全对，如把性分为"天命之性"与"气质之性"，就"未审的为夫子之旨否？"因而称不上是"集大成"，更不能说是"前无古人后无来者"。这种批评，在我们现在看来，似乎是很温和的，然在当时，却是剥夺了程朱垄断经学的地位，打破了人们的迷信。

（2）他列举宋人一些笔记所载朱熹的言行后指出：当时人弹击朱熹的言论虽不一定可靠，但有些事实，如"欲报（赵）汝愚援引之恩，则为其子崇宪执柯，娶刘珙之女，而奄有其身后巨万之财；又诱尼姑二人以为宠妾，每之官，则必与偕行……冢妇不夫而自孕，诸子盗牛而宰杀……知南康则妄配数人而后为改正；帅长沙则还诏赦而断徒刑者甚多；提举浙东则多费朝廷赈济钱米，尽与其徒而不及百姓……"等都是"皆有指名"的，然而朱熹自己既不辩，其徒也"不为一一据实详具本末"，这是使后世不能不置疑的。这就用含蓄的手法把朱熹为人的矫伪之处揭露出来了。

（3）他指出：理学家多伪，连朱熹也不过是"吾固不敢真以为伪"而已。故他感慨地说:"道学之名甚尊,伪学之利甚厚,莫不小祸于初,而大获于后。官不峻而势益张,权愈失而力转重,时君通国莫敢婴其锋,以是黠子从之如狂。从古以来,窃名利者,无若此涂之捷也。伪学二言为世大讳,虽宋社已亡而其弊故在,士君子果有意于世道,能畏祸而忘言乎?"这段话虽是针对南宋的"伪学之禁"而发,揭示当时的士人借"道学"以沽名钓利的历史真相,其锋芒同时也指向明代的现实,作者自己已说得明白了。

(4)由疾恶理学,进而对宋代文学家乃至宋人所尊奉的杜甫也加以反对。他说:"宋儒有言:'文到欧阳、曾、苏,理到二程方畅。'(按:此朱熹语)此正是今日士子膏肓。主意科举之文,即其效也。"又说:"言学则指程朱为道统,语诗则奉杜甫为宗师,谈书则曰苏、黄,评画就云马(远)、夏(珪),凡厥数端,有如天定神授,毕生毕世不可转移,宛若在胎而生知,离母而故解者,可胜笑哉?"又说:"所称近人选辑之妙者,如吕祖谦、真德秀、楼钥、谢枋得、李涂之属(按:都是理学家或理学气味很浓的人),由其取舍之意,词必本枯钝,理须涉道学,不知大通之义,千情一律而已。……逶日如唐之淳《文断》,宋景濂《文原》之类弥甚。"这里不无偏颇之见,但其主要目的是在批判理学家对文学的桎梏也是显然的。

杨慎对朱熹和朱学的批判不像祝允明那样的集中,大多是随事而发。他也像祝允明一样嘲笑后人的墨守朱注(《丹铅续录》"先郑后郑"及"朱子自言传注"条),讥议朱熹的为人(同上,"朱子忿憾"条),并深恶那些"谈性理而钓名利者",认为他们类似庄子所说的以"诗礼发冢"之儒,谓"其流莫盛于宋之晚世,今犹未殄。使一世之人吞声而暗服之,然非心服也"(同上,"庄子愤世"条)。而其尤可注意者则为：

（1）揭发《易图》出于道士陈抟（希夷），朱熹"恐后人议其流于神仙"，讳而不说，然"掩耳盗铃"，"藏头露尾，亦何益哉！"还进一步指出，朱熹后作《周易启蒙》，竟说传为孔子所作的《易·系辞》是"直解图意"。这是"廋辞误人"，"茅塞一世，眩惑千古，莫此为甚"（《丹铅续录》"希夷易图""易图考证"条）。按：宋代的理学家是借助于《周易》来建立其宇宙构成的模式的，而《易图》及仿之而作的《太极图》尤为重要。杨慎发其奸，这对他们是一个沉重的打击。

（2）明确指出理学的盛行是文学衰落的原因。他引证陆机、韩愈等的话，认为文学的生命在于创新。而"近世以道学自诡而掩其寡陋，曰吾不屑为文。其文不过抄节宋人语录，又号于人曰：'吾文布帛菽粟也。'予尝戏之曰：'菽粟则诚菽粟矣，但恐陈陈相因，红腐而不可食耳。'一座大笑"（《丹铅杂录》"陆韩论文"条）。又说："宋世儒者失之专；今世学者失之陋。失之专者，一骋意见，扫灭前贤；失之陋者，惟从宋人，不知有汉唐前说也。宋人曰是，今人亦曰是；宋人曰非，今人亦曰非。高者谈性命，祖宋人之语录；卑者习举业，抄宋人之策论。其间学为古文歌诗，虽知效韩文杜诗，而未始真知韩文杜诗也，不过见宋人尝称此二人而已。"（同上，"文字之衰"条）他还指出诗赋之类的文学作品，不能像朱熹那样，以儒者穷理之学来要求。因为"以六经言之，《诗》则正而葩，《春秋》则谨严，今责十五国之诗人曰：'焉用葩也！何不为《春秋》之谨严？'则《诗经》可烧矣。止取穷理，不取艳词，则今日五尺之童，能写仁义礼智之字，便可以胜相如之赋，能抄道德性命之说，便可以胜李白之诗乎？"（同上，"大招"条）这些话，不但深刻地揭露了理学家们的迂腐，也说明宋元以来，理学的泛滥对文学造成多么严重的危害，反对它对文学的钳束已成了多么迫切的任务！

需要特别指出的是，在明代中期不仅有一些人对程朱理学、对弥漫在文学中的理学臭味深感不满，同时有不少著名文人对市井流行的通俗文学产生浓厚的兴趣。最早注意民间小曲的是复古派的李梦阳、何景明（详后），最先将《水浒》与《史记》相提并论的则是崔铣、熊过、唐顺之、王慎中、陈束等人。（见李开先《一笑散》）这也是明代中期学术思想的一个重要的转变。此种转变也是商品经济有了发展，城市市民壮大，通俗文学广泛流行的结果。我们知道，城市通俗文学始于唐宋，元代已有通俗说唱文学的刊本流传，杂剧更盛极一时。至元末明初，《三国志演义》《水浒传》《西游记》等大型小说的雏形大概都已出现。然而我们现在所知道的《三国演义》和《水浒传》较早的刊刻本是弘治、正德年间的，其他话本小说及包括民间小曲在内的散曲、戏曲选本如《盛世新声》《词林摘艳》《雍熙乐府》等也先后刊刻于正德、嘉靖年间，这绝不是一个偶然的现象。它说明到了明代中期，群众对通俗文学的兴趣空前高涨，因而使得一些诗文作家也不得不为之震惊，并发现它们在思想上和艺术上的价值。

大致了解明代中期学术思想的变化，我们就可以来具体研究当时兴起的诗文复古运动了。因为对这个运动的性质尚有不同的看法，我想即从此谈起。

明代中期的诗文复古运动同唐代陈子昂倡导的诗歌复古和韩柳倡导的古文运动都不同，陈子昂明确地提出要恢复建安风骨，韩、柳强调"文以明道"，因此，它们的性质是比较容易弄清楚的。前后七子倡导的诗文复古，其纲领通常用"文必秦汉，诗必盛唐"来概括，似乎只是就诗文的形式言，故其底蕴颇不易为后人所认识。其实这个概括并不准确，更非其理论的全部。因为他们论诗，并非专主盛唐，而是提倡学汉魏至初盛唐；论文，虽颇鄙薄西汉以后的作品，说过"西京之后，作者无闻矣"（李梦阳《论学》）、"秦汉以后无文矣"（李攀龙《答冯通府》）的话，但实际上李梦阳只"劝人勿读唐以后文"（王世贞《艺苑卮言》），未尝废弃唐文；何景明说"夫文靡于隋，韩力振之，然古文之法亡于韩"（《与李空同论诗书》），对韩文有微词，然亦未尝没其功。王世贞更明确地说："西京以还至六朝及韩柳，便须铨择佳者，熟读涵泳之。"（《艺苑卮言》）其意虽谓东汉及唐人之作不及群经、诸子及《史》《汉》（《汉书》作于东汉，但王世贞仍奉为准绳），然未尝废弃不学。他们所完全抹杀的只是宋以后的文。李梦阳《论学》中说：

> 宋儒兴而古之文废矣。非宋儒废之也，文者自废之也。古之文：文其人，如其人便了，如画焉，似而已矣。是故贤者不讳过，愚者不窃美。而今之文：文其人，无美恶，皆欲合道，传志其甚矣。是故考实则无人，抽华则无文，故曰宋儒兴而古之文废。或问何谓？空同子曰：嗟！宋儒言理，不烂然软？童稚能谈焉，渠尚知性行有不必合邪？

这段话的意思很明白：他反对宋以后的文，是因其受到所谓"道""理"的束缚，所写的必合于"理"。但实际人的性行并不必与他们的"理"合，故写出来的并非"如其人"的真文，而成了"考实则无人，抽华则无文"的伪文。这与前引祝允明和杨慎的论文之说大体上相似，但说得更为深刻，"性行有不必合"一语尤其击中了理学家的性理哲学的要害，揭穿了它违反人的实际的虚伪的本质，只是没有把宋代理学家与非理学家之文加以区别，有片面性。但宋代的古文家除苏氏父子外也多强调文道结合，与理学家的文论相去不远，梦阳不加区别，亦非无故；且在当时，反理学被视为一种异端，梦阳笼统地提宋儒，不加区分，在策略上也许是更为妥当的。

李梦阳这种反理学的观点，发展到后七子首领的李攀龙就更为露骨了，梦阳尚不反对文中言理，攀龙则公然提出了"视古修辞，宁失诸理"的论点。这两句话后来遭到了袁宗道、黄宗羲等的非难，也被近人引作他"把模拟古人辞藻放在第一位的倾向"的证据。李攀龙及前后七子都有过于注意模拟古人的缺点，这是无须为之辩护的，但这里却非此意。袁宗道所说，古代作者"皆理充于腹而文随之，彼何所见，乃强赖古人失理邪？"乃是误会了攀龙的意思。攀龙这两句话，见其所作《送王元美序》，原文云：

> 以余观于文章，国朝作者无虑数十家，称于世，即北地李献吉辈其人也。视古修辞，宁失诸理。今之文章如晋江（指王慎中）、昆陵（指唐顺之）二三君子，岂不亦家传户诵？而持论太过，动伤气格，惮于修辞，理胜相掩。彼岂以左丘明所载为皆侏离之语，而司马迁叙事不近人情乎？故同一意一事而结撰迥殊者，才有所至不至也。后生学士，乃惟众耳是寄，至不能自发一识，浮沉艺苑，真伪相含，遂令古之作者谓千载无知己。……

这段话的意思极为明确。他认为王慎中、唐顺之（他们都是王学信徒）等的文是"持论太过""理胜相掩"，即"理"太多，而文采不足，气格不高，抛弃了左丘明、司马迁的传统，以致文章千篇一律，没有自己的识见。其中所谓"叙事不近人情"，当指司马迁好奇，叙事不合儒家观点而言。而"真伪相含"一语，则正与李梦阳所谓"考实则无人"相同，都是指以"理"伤真。可见他所谓"理"，绝非泛指一般的道理，而是专指理学家的"理"。攀龙这个意思，黄宗羲倒是很了解的，他在《沈昭子耿岩草序》中说："降而失传，言理学者惧辞工而胜理，则必直致近譬；言文章者以修词为务，则宁失诸理，而曰理学兴而文艺绝。"不过，黄宗羲本是崇奉王学的，自不能容忍文学脱离理学而独立，故他在《明文案序》中仍要说："六经所言惟理，抑亦可以尽去乎？"

正如提倡秦汉文的目的在于反对理学影响下的文风一样，前后七子提倡学习盛唐以前的诗也是主要针对理学影响下的诗风。不过，正如他们对宋元以来的文一概排斥一样，他们对宋诗也一概排斥，像王世贞那样有分析地对待宋诗的，在复古派中是少见的。复古派的这种见解确实不免偏激，但却有其思想上、美学上的原因。

复古派之所以抬出盛唐以前的诗来反对宋诗，首先是因为盛唐以前的诗多言情。中唐以后的一些诗渐开说理之风，至宋而说理之诗甚多，不独理学家为然，其他作家亦多如此。而复古派则是主张要继承《诗经·国风》抒情言志的传统的。此意李梦阳曾反复说过。如云："夫诗，宣志而道和者也。"（《与徐氏论文书》）又云："夫诗发之情乎？"（《张生诗序》）又云："情者，动乎遇者也。……故遇者因乎情，诗者形乎遇。"（《梅月先生诗序》）这些话看起来并不新鲜，我们在《礼记·乐记》《毛诗大序》中早就读到过，甚至在朱熹的《诗集传序》中也可找到类似的语言。梦阳的抒情言志说之异于前人处，在于他既不强调"发乎情止乎礼义"（《毛诗大序》），更不强调什么"得其性情之正"（《诗集传序》），而强调情要真，并赞成其友人王叔武之论，认为"今真诗乃在民间"（《诗集自序》）。故他对当时市井流行的写恋情的小曲极为赞赏，何景明亦然。李开先《一笑散·时调》云：

> 有学诗文于李空同者，自旁郡而之汴省，空同教以若似得传唱《锁南枝》，则诗文无以加矣。……何大复继至汴省，亦酷爱之，曰："时词中状元也。如十五国风，出诸里巷妇女之口者，情词婉曲，自非后世诗人墨客操觚染翰、刻骨流血所能及者，以其真也。"每唱一遍，则进一杯酒，终席唱数十遍，则酒数亦如之，更不及他词而散。

这件事，近人论复古派者大都要引用，然多以为只是李梦阳晚年的看法。其实上引何景明的话已说得清楚，他们之喜爱民间小曲，是因其上继《国风》，而继承《国风》则正是李、何等的一贯宗旨。此意李梦阳在《缶音集序》《诗集自序》等文中都有透露，《论学》中说得更明白：

> 或问：《诗集自序》谓真诗在民间者，风耳；雅颂者，固文学笔也？空同子曰：吁！《黍离》之后，雅颂微矣。作者变正靡达，音律罔谐，即有其篇，无所用之矣。予以是专风乎言矣。吁！予得已哉！

这段话极堪玩味。其意是说，上继雅颂的文人之作，已不明正变之义，即不能真正反映时代的盛衰，音律又不谐，已经没有什么价值，故有价值的就只有反映民间真情的风诗了。类似的意思在何景明的《明月篇序》中也有表白：

> 夫诗，本性情之发者也。其切而易见者，莫如夫妇之间，是以三百篇首乎雎鸠，六义首乎风，而汉、魏作者，义关君臣朋友，辞必托诸夫妇，以宣郁而达情焉，其旨远矣。……子美

之诗，博涉世故，出于夫妇者常少，致兼雅颂，而风人之义
或缺。

他在这里过于强调风诗的比兴，与李梦阳在《诗集自序》中强
调"诗有六义，比兴要焉"同，都过于拘守汉人的《诗》说，以
此不满于杜甫，尤为未当。然而他们想恢复风诗的传统，用比兴
来进行美刺，则是明确无误的。

复古派反对宋诗，还因为他们认为说理的宋诗破坏了诗的艺
术，李梦阳说：

> 宋人主理作理语，于是薄风云月露，一切铲去不为，又
> 作诗话教人，人不复知诗矣。诗何尝无理，若专作理语，何
> 不作文，而诗为耶？今人作性气诗，辄自贤于"穿花蛱蝶""点
> 水蜻蜓"等句，此何异痴人前说梦也？即以理言，则所谓"深
> 深""款款"者何物邪？诗云："鸢飞戾天，鱼跃于渊。"又何
> 说也？（《缶音集序》）

按：这段话是针对程颐说杜诗"穿花蛱蝶深深见，点水蜻蜓款款
飞"是所谓"闲言语"而进行的反驳。它与前引杨慎批评朱熹不
懂诗要"葩"的意见相似，只是这里批判得更为尖刻一些。前人
多谓前后七子的复古运动是反对"台阁体"的，其说甚是，前引
他们对"正变靡达""真伪相含"的文人诗的批评，即主要是对
粉饰太平的台阁体的批评；但从这段引文来看，他们也深恶当时
流行的"太极圈儿大，先生帽子高"之类的性理诗。这是必然的，因
为这两种诗虽有所不同，性理诗是理学家的"吟咏性情"之作，台
阁体多是当时官吏们的贡谀和消闲之作。然而在理学占统治地位
的当时，官吏们也不免打着理学的"官腔"，二者的精神是相通的。

讲到这里，人们也许要说，复古派要继承《国风》抒情言

志的传统，反对台阁体和性理诗，这都是对的，为什么他们在诗歌形式上也要强调学古甚至拟古呢？他们既然叹赏《锁南枝》之类的小曲，为什么不能学习那种新鲜活泼的新体诗，在诗歌形式上也力求创新呢？这个反驳在今天看来确实是至当不移的，是复古派的一个失误。但从我国古代诗歌发展史看，五七言诗经过唐宋两代，在艺术上的变化确实基本上已达到极致了。反宋必定学唐，厌唐则不免学宋，这似乎已成了一种规律。而从总的成就看，宋不如唐，这也是难以改变的事实。故自南宋以来，已有不少诗人和批评家厌薄宋诗而提倡学唐，明初的高启、闽中诗派以及复古派的前辈李东阳也是唐诗的鼓吹者（关于他们前章已论及）。甚至台阁体作者也在学唐，只是他们多只学到中晚唐诗中的庸音、俗调罢了。后来公安派的袁宏道自称要按照《打草竿》小曲的样子作诗，然其诗仍似宋诗而不似曲；清朝的一些诗人颇注意兼收并蓄，不分唐宋，然究其实仍不免近于宋或近于唐，即其证明。还有一些作家，当其作曲子时颇能通俗，而作诗则仍不免走老路，复古派中的康海、王九思即如此（传说李梦阳也作北曲，但今已不见），都是受这个规律的支配。复古派同其前后许多诗人的不同之处，是他们反宋特别彻底，对中唐诗亦加以排斥而学古又太过。这仍然同他们所理解的风诗的传统有关。为了说明这个问题，我想从李梦阳与何景明的争论说起。

李、何本来同倡复古，但后来却发生了分歧。从表面上看，争论的焦点是李"刻意古范"，不失尺寸，何则主张"舍筏登岸"，注重独创；实则是由于他们对什么是"古法"的认识很不相同。

何氏论诗重意象，认为"意象应日合，意象乖日离"，其所谓"象"大体上相当于"境"或"景"。要求意与境合、情与景会，这是作诗的基本要求，惟用"象"而不用"境"或"景"，似颇含境界要阔大之意。故其所谓"法"仅指"辞断而意属，联类而比物"（《与李空同论诗书》）。前者是指结构要浑成，后者是指要运用联想和比兴，这含有反对筋脉外露、词意显豁的宋诗风格之意。但它实际上是《诗经》以来许多诗篇所共有的基本的表现方法，中晚唐以后的一些诗也未始有异。故李梦阳认为仅仅守此是很不够的，而他所认定的"古法"则严密得多，其《驳何氏论文书》说：

　　故辞断而意属者，其体也，文之势也。联而比之者，事也。柔澹者思，含蓄者意也，典厚者义也。高古者格，宛亮者调，沉著雄丽、清峻闲雅者，才之类也，而发于辞。辞之畅者，其气也。中和者，气之最也。夫然，又华之以色，永之以味，溢之以香，是以古之文者，一挥而众善具也。然其翕辟顿挫，尺尺而寸寸之，未始无法也，所谓圆规而方矩者也。

这里涉及体、势、格、调、气、味、色等许多诗歌美学上的要求，还包括"翕辟顿挫"这样的具体表现方法。在《潜虬山人记》中，他又概括为七个方面：

　　夫诗有七难：格古、调逸、气舒、句浑、音圆、思冲、情以发之，七者备而后诗昌也。

对于他提出的这众多的要求，这里不拟一一讨论，其中最重要的我以为还是格、调。因为格、调特别是格，是很概括的术语，包括品格和体格两重意义。故不仅"气舒、句浑、音圆"以及"翕辟顿挫"等都与之密切关联，是其所谓"格调"的具体表现，就是所谓"柔澹""含蓄""典厚""沉著"等亦与其所谓格调相关。格要高古，是指诗的意象、体式要似汉魏古诗和初盛唐近体那样的典厚、柔澹、含蓄、沉著。这是针对宋诗多巧而刻，元诗和"台阁体"多庸而俗提出来的。至于调，则既是《国风》诗乐结合的传统的引申，也是针对一些说理的宋诗不注意诗的音乐性的缺点。李梦阳对此曾反复强调，如其《林公诗序》说：

> 夫诗者，人之鉴者也。夫人，动之志必著之言，言斯永，永斯声，声斯律，律和而应，声永而节。言弗睽志，发之以章，而后诗生焉，故诗者非徒言者也。

又《缶音集序》云：

> 诗至唐，古调亡矣。然自有唐调可歌咏，高者犹足被管弦。宋人主理不主调，于是唐调亦亡。

这都是极力倡导诗歌要有音乐美。

李梦阳这种格调的观点，基本为后来的复古派所继承。谢榛在后七子结社之初，提出选李、杜十四家之最佳者，"熟读之以夺神气，歌咏之以求声调，玩味之以裒精华，得此三要则造乎浑沦，不必塑谪仙而画少陵也"（《四溟诗话》）。虽易格为神气，但二者的含义是相近的。李攀龙说："诗可以怨，一有嗟叹，即有永歌，言危，则性情峻洁；语深，则意气激烈。"则是讲作家的思想感情与诗的声调的关系。但后七子对格调说也有修正。如谢榛认为："诗有四格，曰兴，曰趣，曰意，曰理。"其所谓"理"是指李涉《上于襄阳》诗中"下马独来寻故事，逢人惟说岘山碑"这样一般的事理，而非特指理学家所谓理。但他以兴、趣、意、理并列为诗的四种格，且所举趣、意、理之例都是中晚唐人的诗句，这就与李梦阳惟以高古为格的首趣不同了。又王世贞说："才生思，思生调，调生格。思即才之用，调即思之境，格即调之界。"（《艺苑卮言》）把格调归于才思，于是"调"被转易为才调之调，而"格"也变成仅以才调的不同来区分了。谢、王的看法，大概都是感到李梦阳对格调说得太死，不利于变化和发挥个人的创造，而有意作的修正。但谢榛又说："诗文以气格为主，繁简勿论。"(《四溟诗话》)王世贞晚年在《宋诗选序》中仍说："余所以抑宋者，为惜格也。"这两处所谓"格"，依然与梦阳所提倡的高古之格相近，可见他们总的趋向还是相近，只是谢、王等稍趋向于风格的多样化，与何景明相近罢了。

总之，复古派不仅力图恢复《国风》以来的抒情言志的传统来同宋元诗对立，而且他们所倡导的诗歌艺术风格，也是同宋元诗的风格对立的。他们这一方面的理论，同他们关于文的理论相比，要更为丰富，其反理学的倾向也更为明显。但他们的失误是：（1）未能对理加以分析，因而对说理成分较多的宋诗一概加以反对。（2）没有看到诗文的语言风格乃至整个艺术风格不但因人有所不同，而且随着时代的变化而变化。宋以后文学语言的通俗化是历史的进步，艺术描写日趋精微、纤细、刻露也是一种必然的发展，因而不恰当地在文学语言、表现方法乃至文学风格上也提倡复古。这在二李的理论上表现尤为突出，何景明、谢榛、王世贞等较通脱一些。但他们的反理学的倾向又不如二李显明，尤不如李梦阳突出，至少在理论上如此。

复古派诗文理论的优点和缺点，在他们的创作中都表现出来了。他们的诗文当然不是没有内容平庸空虚的东西，这是古代绝大多数诗文作家都难免的；但其诗文中许多都是有为而作的。反映当代社会问题的作品之多，在明代更是空前（明初作家反映当代社会问题之作颇多，但基本上作于元末）。特别值得注意的是他们的一些诗不仅鞭挞了宦官权臣的罪恶，还直接讽刺了皇帝的荒淫。例如李梦阳的《内教场歌》、王廷相的《赭袍将军谣》、边贡的《迎銮曲》，都是直刺正德皇帝的，王世贞的《正德宫词》也对皇帝多所讥刺，其《西城宫词》则对嘉靖迷信道教、妄冀长生有绝妙的形容和深刻的揭露。他们的文，一般地说，生气较少，然而李梦阳的《康长公传》《家传》不加粉饰，如实地刻画了一些普通人的言行，也使人面目一新，对以后公安派、竟陵派的传记文，特别是对张岱《家传》《五异人传》之类的传记颇有影响。他们的诗文作品的主要缺点是艺术风格、艺术技巧的变化都少，甚至有模拟古人的痕迹，缺乏创造性。诗文相比，文的缺点尤为突出。但这种缺点正是他们想恢复秦汉文和盛唐以前诗歌的优秀传统连类而及的，这不可不辨。

上面我们概述了明代中期学术思想变化的总趋向，也分析了复古运动的纲领及其性质。如果把二者联系起来考察，我想可以看出，复古派在反对理学对文学的桎梏上，其见解基本上是同祝允明、杨慎等相近的。所不同的是，祝、杨对理学及理学家的批判要尖锐一些，而在建立一套反理学的诗文理论方面，则祝、杨都远远地不及复古派。当李、何倡复古运动时，与祝允明交好的吴中诗人如徐祯卿、黄省曾等都加入到复古派的行列，以杨慎之才，而不能自成一派，就是因为复古派的诗文理论较为完整。

复古派的首领李梦阳同王阳明也有关系，但无论从思想体系还是文学见解看，复古派同王学正统派都没有关系，后来王学左派对理、欲的关系的看法与复古派的王廷相有暗合之处（李梦阳对理、欲的看法与王廷相相近，见《论学》），但所遵循的道路是不同的。故受王学影响的文学家也同受程朱理学影响的文学家一样，大都对复古派持批判态度，从嘉靖间的王慎中、唐顺之到万历间的公安派就多是些受王学影响的文学家。关于公安派需另作论述，这里只简单地说一下以王、唐为首的唐宋派。

　　所谓唐宋派究竟包括哪些人迄今无人作详细的考证。也许应把所谓"嘉靖八才子"即王慎中、唐顺之、陈束、熊过、任瀚、李开先、赵时春、吕高都算上，另外还当列入归有光、茅坤等。这些人在诗歌方面并无统一的见解，大抵仍多宗尚唐诗及六朝古诗，只是不拘一格，同前七子近体刻意学杜，古诗刻意学汉魏乐府古诗及初盛唐七古有所不同。而且他们的诗多未足名家。他们较有独立见解的是关于散文，其要点：（1）由欧、曾以窥《史》《汉》，即王慎中所谓"学马迁莫如欧（欧阳修），学班固莫如曾（巩）"（王慎中《与道原弟书》），实际是学欧、曾。（2）认为汉以前之文，"法寓于无法之中，故其为法也，密而不可窥。唐与近代之文，不能无法，而能毫厘不失乎法"。而其所谓法则是"自古以来开阖首尾经纬错综之法"（唐顺之《董中峰文集序》）。这与李梦阳所说的"翕辟顿挫之法"颇相近，然李及复古派重在学格调，此则重在组织结构，着重点不同；而且唐宋派是以唐宋古文家之法为法，加上他们多是时文名家，实际还是以八股文为法，故其结果更是大不相同的。近人多肯定唐宋派具有文体进化的观点，前已提到的唐顺之、陈束等对《水浒》的看法尤其表现这一点。但我们也要看到，他们的文论基本上仍是南宋以来那些不反对学文的理学家的旧见解。当然，这只是就唐宋派的一般情况而言的。他们中间有的人并不那么拘拘于法度，如赵时春和李开先；有的人则前后的主张不同，如王慎中、唐顺之原本受过复古派的影响，中间强调学欧、曾之法，与复古派立异，晚年宗尚王氏的心性之学，主张为文直抒所见，以"本色"为宗（见《荆川集》卷七《答茅鹿门知县二》），就更是一种纯粹的理学家的文论了。只是唐顺之接近于王学左派，他所谓"真精神与千古不可磨灭之见"（同上），其实质又与正统理学家不同，而带有某种思想解放的色彩。后来公安派的文学理论，正是唐这种见解的进一步的发展。

唐宋派文论的前后不同，特别是它未能脱去南宋以后某些理学家尊重欧、曾文统的窠臼的情况，我以为，正是他们的散文尽管语言上较为平易，结构较为严密，然在当时却未能同复古派争衡的一个重要原因。不过，他们的散文在体式上毕竟有其优点，加之又有归有光这样较有成就的作家。故其对后来散文发展的影响，确实超过了复古派。

写到这里，我觉得有必要谈一下所谓王世贞"晚年定论"问题，据钱谦益《列朝诗集》说：

元美（世贞字）之才，实高于于鳞（李攀龙字）……少年盛气，为于鳞辈捞笼推挽……迨乎晚年，阅世日深，读书渐细，虚气销歇，浮华解驳，于是乎涣然汗下，蘧然梦觉，而自悔其不可以复改矣。论乐府，则亟称李西涯（东阳）为天地间一种文字，而深讦模仿、断烂之失矣。论诗，则深服陈公甫（即理学家陈献章）；论文，则极推宋金华（濂），而赞归太仆（有光）之画像，且曰"余岂异趋，久而自伤"矣。其论《艺苑卮言》，则曰"作《卮言》时，年未四十，与于鳞辈是古非今，此长彼短，未为定论，行世已久，不能复秘，惟有随事改正，勿误后人"。元美之虚心克己，不自掩护如是。今之君子未尝尽读弇州之书，徒奉《卮言》为金科玉条，之死不变，其亦陋而可笑矣。元美病亟，刘子威（凤）往视之，见其手子瞻（苏轼）集不置。其序《弇州续集》云云，而犹有

> 高出子瞻之语，儒者胸中有物，专愚成病，坚不可疗，岂不
> 悲哉！

谦益所录世贞晚年之论，大都有据。可见王世贞晚年的见解确与早年有所不同，但他推许陈献章的诗一事却不可过于注意，因为陈献章虽写过枯燥无味的性理诗，但也写过一些好诗，而其人又颇以淡于名利著称，世贞晚年读他的某些诗，不觉"陶然以醉"（王世贞《书白沙集后》），是不足怪的。从世贞整个著作来看，他一生对理学（包括其时盛行的王学）都是既无研究，也不感兴趣的。他晚年文学好尚发生一定的转变，是因为他原本就比较通达，见解不如二李的专固；且他的晚年，在通俗文学的冲击下，文体解放的思潮已经涌起，后进的名士如徐渭、汤显祖，乃至曾受过复古思潮的影响的屠隆、卢枏等大都惟尚才情，不拘体格。而他又是个虚心的人，归有光曾骂他"妄庸"，汤显祖曾涂抹其文，他都不以为意，自然不免在新思潮的影响下，多少改变其旧日的某些偏激之见。钱谦益赞扬他晚年的这种转变，是对的；但企图以他晚年的"定论"，来作为复古运动的定论，那却是一种缺乏历史眼光的片面观点。

在明代，我以为真能给复古运动以较正确的历史评价的是李卓吾。他在《续藏书·李梦阳传》后说：

> 昔人言文章与时高下，不其然哉！……弘治间，李公梦阳以命世雄才，洞视元古，谓文莫如先秦西汉，古诗莫如汉魏，近体诗莫如初盛唐，乃与姑苏徐祯卿、信阳何景明作为古文辞，以荡涤南宋、胡元之陋，而后学者有所准，彬彬郁郁，蔚以尚矣。

我们知道，卓吾是提倡"诗何必古《选》，文何必先秦"（《童心说》）的

文体进化观的,似与上引的论述相矛盾,其实不然。他在这里首先提出"文章与时高下"一语,并具体肯定复古派在"荡涤南宋、胡元之陋"上的巨大作用,即表明他同样是坚持了文学与时代相随变化的观点。值得注意的是他在"宋"上还加了"南"字,同复古派的反宋有所不同,这显是为他本人崇尚苏轼的诗文留下地步,大概还考虑到北宋的文学实际上并未受到理学的多少影响。可见这是他经过郑重考虑而作出的评价,绝非一时兴到之论。又其《与管登之书》中说:

> 第有所欲言者,幸兄勿谈及问学之事,说学问反埋却种种可喜可乐之趣。人生亦自有雄世之具,何必添此一种也。如空同先生与阳明先生同世同生,一为道德,一为文章。千万世后,两先生精光具在,何必更兼谈道德耶?人之敬服空同先生岂减于阳明先生哉?

卓吾对王阳明是极为尊仰的。这里却认为李梦阳的文章可与王阳明的道德并立,不惟表明他对梦阳的倾倒已达到极点,更表明他认为文学家不必是理学家,尤不必挂理学的招牌,这在当时也是卓越的见解。

明代中期的诗文复古运动如果以王世贞的去世(1590)大体上算是告一结束的话,距离现在已是将近四百年了。四百年来,特别是近七十年来,我国的文学运动已经出现了崭新的面貌。但是,某些历史的顽症往往以新的形式出现,例如:类似"台阁体"的新八股、类似性理诗的口号诗就并未绝迹,而类似复古派的那种认为好的一切都好、坏的一切都坏的绝对化的思想方法则甚至还很流行。因此,重温明代复古运动的历史,我认为仍然是很有教益的。

第九章　王学的分化与李卓吾的反理学思想及其对文学的影响

在谈到明代中期学术思想的变化时，我曾提到王学在动摇程朱理学统治地位中的作用。但这个理学别派在其初产生时似乎对文学没有产生多大影响。前七子中的李、何同阳明都是朋友，政治上也同道，然阳明既未接受他们的诗文复古主张，李、何也未沾染阳明的心学。据阳明为徐祯卿作的《墓志》，徐似有从阳明探究性命之学的意向，但这位复古派诗人不久即逝世了，也许算是有志未遂吧！不过阳明本人是能作诗文的，他虽秉承理学家的一贯宗旨，重道轻文，但颇重视诗歌的感化教育作用，认为对青少年的"栽培涵养之方，则宜诱之歌诗，以发其志意"（《传习录》中）。他甚至注意到戏曲在化俗中的功用，曾说："今要民俗反朴还淳，取今之戏子，将妖淫词调俱去了，只取忠臣孝子故事，使愚俗百姓，人人易晓，无意中感激他良知起来，却于风化有益。"（《传习录》下）这些当然都未脱离理学家的根本立场，然比程颐、朱熹之见确有所进步。晚明诗文戏曲作家多挂王学招牌，这不能不说是原因之一。

王学同文学发生直接关系，是在嘉靖年间，当时文坛上的所谓唐宋派的巨子唐顺之、王慎中都信奉王学（归有光则否），故王世贞说："理学之逃，阳明造基，晋江（王慎中为晋江人）、毘陵（唐顺之为毘陵人）藻棁。"（《艺苑卮言》）但考查这两人的历史，其皈依王学是在晚期，而提倡以唐宋古文为法则在前，那时他们还是受程朱的影响较多，故谓唐宋派（包括归有光）是受理学、八股文影响较深的文学流派是可以的，谓其文风与阳明早期的创作相近也不错（阳明早期尚奉程朱学），却还不能说这个文派是在阳明学的影响下产生的。不过，唐顺之晚年论文，提倡崇尚"本色"，强调要"真有一段千古不可磨灭之见"（《荆川集》卷七《答茅鹿门知县二》），那确是在阳明学说影响下的见解了。他认为先秦"儒家者有儒家本色""老、庄家有老、庄本色，纵横家有纵横家本色……"（同上）亦本于阳明所说的："居今之时，而有学仁义，求性命，外记诵辞章而不为者，虽其陷于杨、墨、老、释之偏，吾犹且以为贤。"（《别湛甘泉序》）但说得更为彻底。理学传到文学家那里，往往要变质，这即是一例。

王学对文学产生较大的影响主要是在左派王学形成之后，特别是李卓吾的学术活动开始以后。其中诗文中的公安派受左派王学影响最大，一些戏曲小说作家也或多或少、或直接或间接同左派王学所代表的社会思潮有联系，也可以说是互相影响，其余波则及于《红楼梦》。对此，我将在下面几章中论及（《红楼》则为时代所限不予评论了），这里主要探讨一下李卓吾的反理学思想和他的文学观，并概括地说明其影响。而卓老是公认的左派王学大师，所以又先从王学的分化和左派王学的形成谈起。

什么是王学左派？近人似乎没有给它下一个明确的界

说，许多研究者往往把它与王学中的泰州学派等同起来。这在理论上和实际上都出现了漏洞。如王艮在实践上、理论上都是比较保守的，实难称为左派。耿定向是泰州派巨子，而他与卓吾在思想上有原则的分歧，且互相攻伐，一度势若水火，同属左派为何会出现这种奇怪的现象？正唯如此，于是有的学者干脆否定左派王学的存在。我认为从当时的历史条件看，所谓王学左派主要应指那些承认人的正当情欲的合理性并对虚伪的名教有所抨击或在实践上有所突破的人。据此，泰州学派的创始人王艮及这一派的巨子耿定向等人显然不能算为左派，真正的王学左派应是黄宗羲在《明儒学案》中不予列传的颜山农、何心隐、邓豁渠和李卓吾等人，也许还可算上王龙溪，而以卓吾为代表。

但是，也应看到，王学左派有一个形成的过程。从理论形式讲，它是王阳明本人学说中的矛盾的一种必然的发展。

同朱熹一样，王阳明也对情欲问题感到很棘手。朱熹曾说："圣贤千言万语，只是教人明天理，灭人欲。"（《语类》卷十二）似乎人的情欲都是不合理的，但他又说："盖钟鼓、苑囿、游观之乐与夫好勇、好货、好色之心，皆天理之所有而人情之所不能无者。然天理人欲同行异情，循理而公于天下者，圣贤之所以尽其性也，纵欲而私一己者，众人之所以灭其天也。"（《孟子·梁惠王章句下》注）这又承认情欲的正当性，只是反对纵一己之私欲了。阳明也是一方面说："必欲此心纯乎天理而无一毫人欲之私，此作圣之功也。"（《传习录·答陆元静书》）一方面又说："莫谓天机非嗜欲，须知万物是吾身。"（《全集》卷二十《碧霞池夜坐》）他们这种既承认人的情欲的合理性发于天机，又使之净化不带一点个人色彩的理论，似乎在理论上是剖析得精微，但这太玄妙了，在实践中谁也难以分辨得清楚，这就不能不使人产生矛盾和疑问。不过，在朱熹的理论体系中，天理是先宇宙而存在的精神实体，以天理制约情欲，说来还是顺理成章的，在阳明的理论体系中，"物理不外于吾心""良知即是天理"（均见《传习录》），天理完全是主观的产物，这样，矛盾就更尖锐了。那些甘于自欺欺人的固然可以行由情欲而口谈天理，敏感而崇实的思想家就不免要得出天理只在情欲之中的结论。左派王学家走的正是后一条思想的路线。

王学理论中天理与情欲的矛盾，还因为所谓天泉证道而变得更为尖锐。《明儒学案·浙中王门学案》王畿传中记载：

> 《天泉证道记》谓师门教法每提四句："无善无恶心之体，有善有恶意之动，知善知恶是良知，为善去恶是格物。"绪山（钱德洪）以为定本，不可移易。先生（王畿）谓之权法。体用显微，只是一机；心意知物，只是一事。若悟得心是无善无恶之心，则意知物俱是无善无恶。相与质之阳明。阳明曰："吾教法原有此两种：四无之说，为上根人立教；四有之说，为中根以下人立教。上根者，即本体便是工夫，顿悟之学也。中根以下者，须用为善去恶工夫，以渐复其本体也。"

这段话并不是讨论情欲问题，而是说的体用、知行问题。但按照所谓"四无"之说，作为宇宙和认识本体的心固然纯是虚静照物，不存善、恶的成见，人的认识活动（意、知）和人的行为（格物）也应随机应变，不应存善恶的成见。用王畿（龙溪）的话说，就是"致良知只是虚心应物，使人人各得尽其情，能刚能柔，触机而应，迎刃而解。如明镜当空，妍媸自辨"（《维扬晤语》）。这也说得很玄妙，实际上人不管如何虚心，总还是有个是非利害得失的权衡的，而所谓"仁义之心，本来完具，感触神应，不学而能"（王畿《拟岘台会语》),则不过成了具文。故"四无"之说,不管倡导者的本意如何,客观上却是启示人们不要照现成的善恶是非标准行事,而强调用个人的"良知"去揆度人情的利害得失,这样,封建的道德教条(即理学家所谓"天理")自然就不免要销解在情欲之中。从这个角度看,我以为,与其说泰州学派的创始人王艮是王学左派的开创者,倒不如说,王畿是它的先导。

但王学左派的形成也不能说同泰州学派的王艮等人没有关系。王艮说:"圣人之道,无异于百姓日用,凡有异者,皆谓之异端。"(《遗集》卷一《语录》)这显然有助于破除"道"的神秘性,引导人们去研究解决实际问题,王襞的弟子韩贞说:"率性工夫本自然,自然之外别无传。"(《寄王云衢》)这对左派王学家的自然人性论的形成可能也有影响,至少是相呼应的。而夏廷美的"为人须求为真人"以及"天理人欲……只在迷悟间,悟则人欲即天理。迷则天理亦人欲也"(《明儒学案·泰州学案》引),则显然已是一种理学异端的议论,也就是我们所谓左派王学的观点。至于颜山农说:"人之好贪财色,皆自性生,其一时之所为,实天机之发不可壅阏之。"(王世贞《弇州史料后集》卷三五《嘉隆江湖大侠》条引)这简直是异端之尤了。故顾宪成说"心隐辈坐在利欲胶漆盆中"(《泰州学案》引),表示深刻的不满。然而公开承认人类的情欲和功利思想是人的本性和社会活动的契机,这正是左派王学的特色,也是其思想的光辉之处。从中国思想史来看,这种思想当然不是全新的,先秦的韩非子、宋代的陈亮都鼓吹过类似的观点,但把情欲的发动看作不可壅阏的天机,这在论述上是更加哲理化了,因而它并不是传统思想的简单的重复,而是有新的理论和实际的意义。

王学左派的形成，不仅是因为阳明学说在理论上有矛盾，更重要的是晚明社会经济和政治上的变化促进人们产生了进一步解放思想的要求。近人在讨论晚明文学的时候，每喜提到左派王学的影响，这当然是事实，特别是李卓吾的影响不可低估。但我认为更应看到，正是一些敏感的文学家加入了王学的队伍，才促进左派王学的形成，壮大了它的声势。而这些也挂王学招牌的文人，实际上对王学并无深的造诣。他们也研究一下王学，固然是想从王学那里寻找性命的归宿，同时也是因为王学同程朱学相比较易为他们那种要求个性自由的思想作掩护，也较易为他们文学上追求个人独创性的主张寻找理论上的依据。徐渭、汤显祖等人的依附王学，大都是属于这种情况。而不管是寻找性命归宿也好，是追求个性自由、发挥创作个性也好，都是由于时代精神的感召。

谈到晚明的时代精神，人们往往把它同资本主义生产方式的萌芽、同商品生产的发展联系起来，我认为是对的。因为正是商品生产的发展，才使人们较为清楚地看到，人的生存欲望和增长财富的贪欲是怎样支配着他们的行动，从而暴露出那些实际上在追逐名利却满口仁义道德、对情欲讳莫如深的道学家的虚伪性，这样，才出现了要求承认情欲（广义的）的合理性和要求从理学教条束缚下解放出来的思潮。但是，我又认为如果仅仅看到这一点，那是不够的。还必须看到，当时有一定程度发展的商品经济，虽然有其同封建的生产方式相矛盾的一面，有破坏自然经济的一面，但由于中国封建经济是一种与西方封建经济不同的特殊形态，它是小农经济与地主经济的结合，而且土地可以自由买卖，所以它同商品经济的一定程度的发展并不是绝对排斥的，甚至是可以结合的。何良俊在《四友斋丛说》中所记载的官僚地主经商的活动就是结合的一种形态,商人买土地转化为商人地主则是结合的另一种形态。正唯如此,在中国,资本主义生产方式的独立发展就特别困难,及至近代,它还同地主官僚有千丝万缕的联系,在晚明,当然就更是地主经济的附庸了。这种情况反映到意识形态上,就是新的思想也挟带着浓厚的封建性。故承认情欲的合理性并没有发展为生产经营上的竞争,而是发展为任情恣性的享乐,甚至发展为纵欲主义。对个性自由的追求也没有发展为对封建罗网的勇猛冲击,而多表现为一种名士的狂态。徐渭、袁宏道等人基本上都是走的这种道路。只有颜钧、何心隐、李卓吾、汤显祖等稍不同。但他们的思想也存在深刻的矛盾,颜、何对文学的影响不大,姑不论;汤拟在后面再谈,这里先说卓吾吧。

卓吾原名载贽,后改为贽,字宏甫,卓吾是其号。他是明泉州晋江(今福建泉州)人,泉州为温陵禅师驻锡之地,故他自称温陵居士,晚年居湖北麻城龙湖,并落发,因又自称为龙湖叟,当时尊奉他的人则多称他为卓老或卓吾老。他生于嘉靖六年(1527),万历三十年(1602)三月十五日,因受迫害在京城狱中自杀。

卓吾出生的年代,反程朱理学的思潮早已在士大夫间流传。他的家乡泉州是明朝对外的通商口岸,其先世又是地主兼商人,且有数代信奉过伊斯兰教,因此,卓吾从青年时期起就对中国的传统文化思想,特别是理学抱着怀疑和批判的态度,正如他自己所说:

> 余自幼倔强难化,不信学,不信道,不信仙释,故见道人则恶,见僧则恶,见道学先生则尤恶。惟不得不假升斗之

禄以为养,不容不与世俗相接而已。(《阳明先生年谱后语》)
不过,由于历史的原因,他这种朴素的反传统的思想并没有完全
继续下去。到了四十岁在京城任礼部司务的时候,由于友人的劝
说,他开始读王阳明、王龙溪的著作,并因而对王学和佛学产生
了兴趣乃至信仰。此外,他对先秦的道家、墨家、法家的著作也
辛勤地学习和吸取。这样便形成了他的兼包儒、释、道及诸子百
家的庞杂的思想体系。尽管如此,他的思想的骨髓仍然是反理学
的,只是在理论形式上假借了王学、禅学和道家思想的外壳,而
这些外壳往往同他的思想本质处在尖锐的矛盾之中。

宋明理学的核心是人性论和伦理道德学说。无论是正统的程
朱派或是别派的陆九渊、王阳明,都把论证封建伦理道德出自人
的本性作为自己的主要任务。与之相反,卓吾提出了他的自然人
性论。它虽然未能完全摆脱封建伦理道德的影响,但在一些根本
问题上是同理学家针锋相对的:

(1)理学家人性论的突出特点是多方设法避免把情欲、利欲
说成是人的本性,强调所谓性、情之辨和义、利之辨,从而把人
性"净化"为先天的封建道德或道德素质。王阳明虽然说过"莫
谓天机非嗜欲"的话,但他又说:"性一而已。仁义礼智,性之
性也;聪明睿智,性之质也;喜怒哀乐,性之情也;私欲客气,性
之蔽也。"(《传习录》)可见他仍是把"欲"排除在"性"之外的。卓
吾则继承和发扬颜山农等王学左派的观点,他不仅说:"好货好
色与民同乐,邪道而归正也,天机只在嗜欲中矣。"(《李氏六书》卷
六二《二孟说书》)甚至公开说势利和自私是人的本性。其言曰:

夫圣人亦人耳,既不能高飞远举,弃人间世,则自不能
不衣不食,绝粒衣食而自逃荒野也,故虽圣人不能无势利之

心。……财之与势，固英雄之所必资，而圣人之所必用也，何可言无也？……则知势利之心亦吾人禀赋之自然矣。(《道古录》卷上，转引自朱谦之《李贽》)

夫私者人之心也。人必有私而后其心乃见，若无私则无心矣。如服田者私有秋之获，而后治田必力；居家者私积仓之获，而后治家必力；为学者私进取之获，而后举业之治也必力……此自然之理，必至之符，非可以架空而臆说也。(《藏书》卷三二《德业儒臣后论》)

卓吾不知道人性有一个历史发展过程，是各种社会关系的总和。自私自利只是历史上剥削阶级和小生产者的阶级性的一种表现，并非永恒的人性。但当时的许多理学家，正如卓吾所说，是"阳为道学，阴为富贵；被服儒雅，行若狗彘然"(《初潭集》卷十一)。他这种议论，无异是一把利刃，戳穿了他们的虚伪的面目。事实上，卓吾的这些议论也正是针对他们而发。他同耿定向的论争，就集中在这个问题上，人们对这一论争谈得很多，在这里就不多谈了。

（2）针对理学家们都把人性（所谓"天命之性"）说成是先天的封建伦理道德素质，李贽则从人的自然的情欲和利欲观念建立起自己的伦理道德观，他说：

穿衣吃饭即是人伦物理，除却穿衣吃饭，无伦物矣。世间种种皆衣与饭类耳，故举衣与饭而世间种种自然在其中，非衣饭之外更有所谓种种绝与百姓不相同者也。(《焚书·答邓石阳》)

他这里讲的穿衣、吃饭代表着人的基本生活需求和欲望。这些欲望是如何决定着人伦物理，他在本文没有申述；但是，从其许多具体论述中，我们可以看到，他基本上都是以利或欲来理解各种人际关系，而否定或轻视超利欲的道德教条。《焚书·夫妇论》云：

> 夫妇，人之始也。有夫妇然后有父子，有父子然后有兄弟，有兄弟然后有上下。

此语虽本于《周易·说卦》，但宋元以来的理学家在五伦中多强调父子、君臣，而卓吾却特别拈出夫妇作为人伦之始，显然是与理学家的讳言情欲作对。又同书《兵食论》说：

> 夫子曰："足食足兵，民信之矣。"夫为人上而使民食足兵足，则其信而戴之也何惑焉。至于不得已犹宁死而不离者，则以上之兵食素足也。……而儒者反谓信重于兵食，则亦不达圣人立言之旨矣。

这是从物质条件来解释统治者与人民的关系。又同书《答耿司寇》说：

> 余尝谬谓千古有君臣无朋友，岂过论欤？夫君犹龙也，下有逆鳞，犯者必死，然而以死谏者相踵也，何也？死而博死谏之名，则志士亦愿为之，况未必死而遂有巨福邪？……若夫朋友则不然，幸而入则分毫无我益，不幸而不相入，则小者必争，大者为仇。何心老至以此杀身。身杀而名又不成，此其昭昭可鉴也。故予谓千古无朋友者，谓无利也。

这是以利害来说明君臣关系。不过他把朋友一伦除外了。卓吾这样解释人伦物理，在我们看来，当然过于简单化，但同理学家只空谈仁义道德相比，显然进步多了。

（3）同理学家的矫情饰性相反，卓吾主张率性而行，顺人之性。他说：

> 自然之性乃是自然真道学也，岂讲道学者所能学乎？既

不能学，又冒引圣言以自掩其不能。……嗟乎！有利于己而欲时时嘱托公事，则必称引万物一体之说；有损于己而欲远怨避嫌，则必称引明哲保身之说；使明天子贤宰相烛知其奸，欲杜此术，但不许嘱托，不许远嫌，又不许称引古语，则道学之术穷矣。(《初潭集》卷十九)

这是说人只有任自然之性而行，才能达到思想道德的最高境界，而矫情饰性的理学家则不过是用古人的道德教条来文饰其奸而已。所以他认为，与其听那些理学家言不顾行的胡说，"反不如市井小夫，身履是事，口便说是事，作生意者但说生意，力田作者但说力田，凿凿有味，真有德之言，令人听之忘厌倦矣"(《焚书·答耿司寇》)。正是从这个认识出发，他反复赞扬那些率性而行、敢作敢为、不顾人言的"英灵汉子"(《焚书·为黄安二上人》)、"侠士"(《焚书·昆仑奴》)；同样是从这个认识出发，他认为"人人皆可以为圣，故阳明先生曰'满街皆圣人'。佛氏亦曰'即心即佛，人人是佛'"(《焚书·答耿司寇》)。还是由此出发，他认为统治者必须顺人之性。其言曰：

夫道者，路也，不止一途；性者，心所生也，亦非一种已也。有仕于土者，乃以身之所经历者而欲人之同往，以己所种艺者而欲人之同灌溉，是以有方之治而驭无方之民也，不亦昧于理欤？……至人则不然，因其政不易其俗，顺其性不拂其能。(《焚书·论政篇》)

当然，他也不是提倡一切无为，而是主张"因性以牖民"(同上)，即顺其性而加以开导。他认为儒、释、道三教其实也只是诱导，"孔子知人之好名也，故以名教诱之；大雄氏知人之怕死也，故以死惧；老氏知人之贪生也，故以长生引之；皆不得已权立名色以化诱后人，非真实也"（《焚书·答耿司寇》）。

卓吾对人性的这些看法，从其强调率性自然和顺人之性来说，很明显地受到老庄及魏晋玄学家的影响，从其强调利欲是人的本性来说，又可以看到韩非的启示。但是韩非从人的势利和自私之心所引申的结论，从伦理上说是非道德主义；从政治上说是极端的专制主义。卓吾则相反，他是反对"欲为一切有无之法以整齐之"的，即反对政治上和思想上的封建专制主义的。卓吾的人性论也不是道家及一些玄学家所提倡的自然之性的重复。因为他不但把情欲、利欲看成人的本性，同道家及一些玄学家有所不同；他所强调的性"非一种"，而又"皆可以作圣"，也是一种新的认识。这种新的认识当然还不能与近代的个性解放思想等同，因为，近代的个性解放思想是同个人竞争相联系的，而卓吾的最高理想却是诱导人们由异趋同，去认识那种物我一体的"仁"，或不可名相的"真空"。故他一方面说，"穿衣吃饭，即是人伦物理"，一方面又说，"学者只宜于伦物上识真空，不当于伦物上辨伦物"。但如果我们因此就说卓吾的这种认识没有包含近代个性解放思想的萌芽则不可。因为他确实如此尖锐地提出了必须尊重和顺应人的个性问题，只是最后又用形而上学的旧框框把它扼杀了。

卓吾不但用其自然人性论和初步的个性解放思想批判了理学家的以封建宗法制伦理道德为基础的人性论，还从其他许多方面对理学和理学家进行了尖锐的批判：

（1）反对迷信孔子，揭露理学家以"孔子的是非为是非"的荒谬。他说：

夫是非之争也，如岁时然，昼夜更迭不相一也。昨日是

而今日非矣，今日非而后日又是矣。虽使孔夫子复生于今，又
不知作如何非是也，而可遽以定本行罚赏哉？（《藏书·世纪
列传总目前论》）

这是用变化的观点来论述对真理的认识。虽然卓吾在论述这个问
题时开始曾说"人之是非初无定质，人之是非人也亦无定论"，未
免流于相对主义。但在理学家把孔子的言论当成万古不变的教条
时，他这个认识是有极大的启蒙意义的。

（2）反对理学家所鼓吹的道统论。他指出："道之在人，犹
水之在地也；人之求道，犹之掘地而求水也。……然而得泉者亦
已众矣，彼谓轲之死不得其传者，真大谬也。"至于"宋人直以
濂、洛、关、闽接孟氏之传"，他认为尤非，因反问道：

自秦而汉而唐而后至于宋……无虑千数百年……若谓人
尽不得道，则人道灭矣，何以能长世也？……何宋室愈以不
竞，奄奄如垂绝之人，而反不如彼之失传者哉？（《藏书·德
业儒臣前论》）

理学的出现，是中国封建社会开始走向没落的征兆和标志，这是
卓吾尚不能认识到的，然而他凭历史事实，已看到理学是同"奄
奄如垂绝之人"的宋朝联系在一起的。这不仅有助于破除道统说
的"诟诬"，更是对理学无益于社会进步的辛辣的讽刺。

（3）主张立身治国都要因时制宜，反对理学家的墨守成规、
拘守名教。他在《焚书·战国论》中批评刘向说："既为战国之
时，则自有战国之策。盖与世推移，其道必尔。……刘子政（向）当
西汉之末造，感王室之将毁，徒知羡三王之盛，而不知战国之
宜，其见固已左矣。"这也是对理学家的批评。他还指出：包括
理学家在内的儒者不惟不知通变，还患得患失，左顾右盼，无一

定的学术。《焚书·孔明为后主写申、韩、管子、六韬》中说：

> 成大功者必不顾后患，故功无不成。商君之于秦，吴起之于楚是矣。……顾后患者必不肯成天下之大功，庄周之徒是已。……而儒者皆欲之。……墨子之学术贵俭……商子之学术贵法，申子之学术贵术，韩非子之学术兼贵法、术……以至谯周、冯道诸老，宁受祭器归晋之谤，历事五季之耻，而不忍无辜之民日遭涂炭，要皆有一定之学术，非苟苟者。各周于用，总足办事。彼区区者欲选择其名实俱利者而兼之，得乎？此无他，名教累之也。以故瞻前虑后，左顾右盼，自己既无一定之学术，他日又安有必成之事功耶？而又好说"时中"之语以自文。又况依仿陈言，规迹往事，不敢出半步者哉？

卓吾这里所赞扬的谯周、冯道都是不忠于一姓一朝的"失节"之臣，因而引起当时卫道士的一片喧嚣，且成为迫害卓吾致死的罪案之一。冯道所事者又有少数民族的皇帝，更为明清之际一些讲民族气节的思想家所指斥，在我们看来，也确有错误。但卓吾此段文字的着眼点在于：如求对历史和人民有贡献，就要有一定的学术，全力以赴，不怕死，不拘守封建的名节如忠臣不事二君之类。这在当时实是振聋发聩的卓见，对封建伦常更是致命的一击，无怪当时的卫道士要群起而攻之了。

（4）反对儒者特别是理学家对妇女的歧视，赞扬妇女自主婚姻的行为。在中国的封建社会，人不仅分成不同阶级，还分成不同的等级，在各个阶级和等级中，妇女同男子相比，都处于较低的层次。但在宋以前对妇女的禁束还不是那么严，至理学家出，更加强调纲常名教，声言"饿死事小，失节事大"，对妇女的歧视、钳束就更厉害了。对此，南宋以来，一些进步的文士已表示不满，明代晚期更有许多人鸣不平，出现不少歌颂巾帼英雄和才女，鼓吹婚姻自主的小说和戏曲。在思想界，卓吾则是公开站出来为妇女辩护的杰出代表，他在《焚书·答以女人学道为短见书》中说：

> 谓妇人见短，不堪学道，诚然哉！诚然哉！夫妇人不出阃域，而男子则桑弧蓬矢以射四方，见有长短，不待言也。但所谓短见者，谓所见不出闺阁之间，而远见者则深察乎昭旷之原也。短见者只见得百年之内，或近而子孙，又近而一身而已；远见则超于形骸之外，出乎死生之表，极于百千万亿劫不可算数譬喻之域是已。……余窃谓欲论见之长短当如此，不可止以妇人之见为见短也。故谓人有男女则可，谓见有男女岂可乎？谓见有长短则可，谓男子之见尽长，女人之见尽短，又岂可乎？

这一段话的意思是说，如从耳目所见的远近来说，妇人确是见短，那是生活条件造成的，但从思想认识的远近来说，那就不能以男女来分了。所以他接着说："设使女人其身而男子其见……则恐当世男子视之，皆当羞愧流汗，不敢出声矣。"实际上他认为有些男子是不及有些女子的。如他在《世说新语补》"汝南李氏女络秀"一条的批语中就说过："有好女子便立家，何必男儿？"在《初潭集》卷四又指出："若无忌母、婕妤班、从巢者、孙翊妻、李新声、李侃妇、海曲吕母，皆的的真男子也。天下皆男子，夫谁非真男子者，而曰真男子乎？然天下多少男子，又谁是真男子者？"这更是抹杀天下的男子而为女子张目了。不仅如此，卓吾还热烈地赞扬了那些自求佳偶的女子，其《藏书·司马相如传》的批语说：

相如，卓氏之梁鸿也。使当其时，卓氏如孟光，必请于王孙，吾知王孙必不听也。嗟夫！斗筲小人，何足计事，徒失佳偶，空负良缘。不如早自决择，忍小耻而就大计。《易》不云乎，同声相应，同气相求，同明相照，同类相招，云从龙，风从虎，归凤求凰，安可诬也？

又《红拂记》"侠女私奔"一出的批语说："奇！这是千古来第一个嫁法。""即此一事，便是图王定伯手段，岂可以淫奔目之。"这就不只是伸张女子之才识，还为其自主婚姻作辩护了。这一点同样也成了当时和后世的理学家攻击卓吾的罪案。

这里我想顺便提一下，在当时的卫道士张问达弹劾卓吾的疏中，除了攻击卓吾《焚书》《藏书》等"流行海内，惑乱人心……以孔子之是非为不足据"外，还说：

尤可恨者，寄居麻城，肆行不简，与无良辈游庵院，挟妓女，白昼同浴，勾引士人妻女入庵讲法，至有携衾枕而宿者，一境如狂。又作《观音问》一书，所谓"观音"者，皆士人妻女也。后生小子喜其猖狂放肆，相率煽惑，至于明劫人财，强搂人妇，同于禽兽而不之恤。迩来缙绅士大夫亦有诵咒念佛，奉僧膜拜，手持数珠，以为律戒；室悬妙像，以为皈依。不知遵孔子家法，而溺意于禅教沙门者，往往出矣。（《明神宗万历实录》卷三六九，《日知录》卷十八）

据袁中道《李温陵传》说：卓吾"体素羸，淡于声色，又癖洁，恶近妇人，故虽无子，不置姜婢"。袁氏兄弟同卓吾交好，袁家公安，李晚年长期居麻城，二地相距亦不远，所言当得实。由此可知卓吾的私生活是比较严肃的。这里所谓"挟妓""同浴""勾引士人妻女"之类，纯属肆意诬蔑。但主张任性而行，鄙视名教的卓吾，其行为确有违反流俗和不受拘束之处。他在麻城等地多居在庵寺，并已落发，却留须、吃肉，不僧不俗，这已令卫道士们惊诧了。他同梅国桢的女儿澹然多有书信往来讨论佛教，并作《观音问》，这也是事实。（当然，梅国桢是他的朋友，这一切都是正正堂堂的）此文和一些书信至今还留在其所著《焚书》中。又据《李温陵集》所收《答周柳塘书》(亦收入中华书局版《焚书》增补一)，他确曾与一些僧人一道拜访过一位信佛的老寡妇，而其同时人沈铁所为《李卓吾传》载其在江夏时曾"偕群少年畅饮"于屠室。(《闽书·畜德志》引)但那位老寡妇家是一位三十余岁的嗣子接待，完全无可非议；饮于屠室也不过不修边幅。比较可议的，只有在麻城时他曾容许其弟宿娼，据他自己说是因为弟辈远离家室跟着他，"心实怜之，故自体念之耳"(《答周柳塘书》)。这与他认为情欲是人的自然之性相合，在我们看来，已超出了正当的情欲之外。然自宋以来，理学家（包括朱熹在内）多有妾，至于文士狎妓者，尤不可计数，自不能独责卓吾之弟，更何况牵连其兄！又汤显祖《玉茗堂诗集》有咏《卓翁缝衣妓》诗，但"缝衣妓"这个名词不见于它处，不知是指蓄一妓缝衣，还是指有一妓曾为之缝衣。从卓吾晚年多居庵寺推测，当属后一种。汤氏的诗说：

木兰衣色本希微，何用求他针缝衣。会是半眉看不见，一时天女散花归。

大意谓卓吾已着袈裟，而求妓女缝衣，未免像《维摩经》上所说："天女散花，着舍利弗等佛弟子体，即不能去。"言其虽忘色相，却不免受到沾染。汤氏的讽谕，我认为是很中肯的。然其过亦仅此而已。卫道者不但厚诬其本人，还把当时少年的一些狂荡行为都算在他的账上，那只能说是别有用心。

　　卓吾反理学的斗争以及他的被迫害，是晚明思想界大动荡、大分化的必然结果，同时又同当时曲折复杂的政治斗争联系着。

　　从思想界来说，王学已很盛行，但程朱派理学仍有一定的势力，并竭力排斥、打击王学家，这是一个方面。而更为重要的则是王学内部的分化，其中一派与程朱学靠拢，强调重视名教，标榜道德实践，江右王学的一些巨子是其代表；一派即前面说的左派，这一派除具有前已指出的一些异端思想外，还公开与禅学结合，提倡在儒学中注入要求从名教中解脱出来的豪侠精神。颜山农、何心隐即被王世贞称为"江湖大侠"，《明儒学案》叙颜山农、程学颜等的事迹亦多有豪侠气。此外还有甘泉学派及主要由程朱出而在政治上有进步倾向的东林学派等。而禅学亦在此时兴盛。当时著名的禅学大师大都调和儒释，然倾向不同。像袾宏可谓释子中的程朱派，真可、德清稍近王学左派，而雪浪则属于狂禅一派，与吴中某些放荡的文士思想风格相近。从政治方面说，卓吾生活的时期，特别是后期，局势已开始动荡。辽东的边防吃紧，西南、西北少数民族时有反抗。内地人民的斗争亦颇有山雨欲来之势，万历十七年广东始兴僧人李圆朗起义，二十一年河南叶县矿徒起义，及卓吾逝世之年江西、云南、苏州等地反抗矿监、税监的民变即其例。而统治阶级的内部矛盾、倾轧亦日盛一日。在这种形势下，一些当权者的神经变得很脆弱。一方面打击驱逐顾宪臣、高攀龙等正直之士，促成了东林学派的形成；另一方面则排斥甚至迫害一些有豪侠气概的人物，而王学左派中的一些人尤为当权者所瞩目。这自嘉、隆间就开始了，至万历尤变本加厉。王世贞《弇州史料后集》卷三五"嘉隆江湖大侠"条说：

　　　嘉、隆之际，讲学者盛行于海内。而至其弊也，借讲学而为豪侠之具，复借豪侠而恣贪横之私。其术本不足以动人，而失志不逞之徒相与鼓吹羽翼，聚散闪倏，几令人有黄巾、五斗之忧。盖自东越（按：指王畿，即王龙溪）之变为泰州，犹未至大坏，而泰州之变为颜山农，则鱼馁肉烂，不可复支。……何心隐者，其材高于山农而幻胜之。……

王世贞是一个正派的官吏和文士，思想也不算很保守，其言如此，足见当时许多士大夫对颜山农、何心隐等类人物的仇视，也反映他们唯恐这类豪侠人物同民众联系起来的怯懦的心理状态。就是基于这种心理，颜山农曾被构陷，"坐罪至戍，困囹圄且死"，幸赖其徒罗汝芳多方救援，才得出狱，然其徒仍有"中法者"。(同上书) 而何心隐与其友罗巽则于万历七年被诬，死于湖广巡抚狱中。上举张问达劾卓吾疏，除从思想品质上加以攻击外，还特别加上"后生小子……相率煽惑，至于明劫人财"，其用心亦在此。当然还有其他因素，如何心隐曾因论学不为张居正所喜，即是其受迫害的原因之一。卓吾在麻城曾与耿定向论学不合，故引起耿氏的某些门徒的造谣诬陷；此外，据前人记载，麻城还有人欲借攻卓吾以倾梅国桢，朝廷也有人欲借攻卓吾以倾其在朝的友人陶望龄等，这也导致卓吾的被逮和死亡，但不是根本的原因。

值得注意的是，张疏最后还缀了一段反佛的语言。这似乎只是抄袭程朱辟佛的故伎。然宋明理学家的援释入儒，是人所共知的，只是不公开承认而暗中偷袭罢了。故历来理学家的辟佛，大都不过口头上说说，实际凡稍有学问的理学家几乎都同高僧交朋友甚至向其请教，程、朱本人即如此。张疏之反佛，首先也是因为王学左派中的这些豪侠人物多信佛，而同时真可、德清（特别是真可）一类禅宗巨子亦颇尚侠。张疏的这段反佛之论实含有一箭双雕之意。卓吾死前七年（万历二十三年），德清因牵涉到万历母子的纠葛被谪戍广东，卓吾死后一年，真可被诬陷为造作"妖书"，被逮入狱，拷死于狱中。这些事件之间的联系都隐然可见，绝不是偶然的巧合。钱谦益在谈到真可之死时说："奸邪小人，快心钩党，欲借大师为一网，斩艾贤士大夫之异己者。"（《紫柏尊者别集》附录）他已意识到真可之死与政治斗争的关系，却未见到卓吾、何心隐乃至真可等的死还因为当时的一些统治者极端害怕民众，因而对稍有豪侠精神的士人和禅僧也怀着深深的恐惧。

上面我们对卓吾的反理学思想及其在思想史上的意义作了概括的评述。对卓吾的世界观及其思想中的矛盾则未多予评论，只顺带有所涉及，这是因为我们的任务并不是全面地阐明他的思想。不过必须指出，卓吾的思想是充满着矛盾的。其最突出的矛盾是：当他在评论具体的人和事，面对着现实的世界和历史的现象时，他使用的常是带有唯物主义倾向的功利观点，并有许多新的创见，反映出一种前所未有的带有某种近代色彩的新意识。但是，当他去探求宇宙的本源、人性的本源和追求人生的最高的理想时，他就被"真空"之类的宗教胡说弄得晕头转向而去追求解脱生死之苦的出世的理想了。但卓吾的"真空"，正如他自己所说，绝不是"顽空""断灭空"或"无"，而是一种看不见、摸不着的神秘的自然力，一种可以鼓动、生成万物（包括人）的天机。而就人来说，他认为，能表现这种天机的就是所谓"童心"（《焚书·童心说》）。这个童心既是通向佛国的津梁，又是导向合理的情欲和利欲观念的种子。就这样，卓吾自以为就把唯心和唯物、出世与入世沟通一气了，实际却是分为两截的。不过，如果人们主要着眼于现实，而不去耽于玄想，那么，卓吾的这种矛盾并不重要，我们读他的论述社会历史问题的著作尤其如此，读其论文的著作亦然。

卓吾生前，其著作即已流行，然据有关记载，较为重要者仅有《焚书》《易因》《道古录》等十数种，他的得意之作如《藏书》《续藏书》则只在友朋中流传，其批评的《水浒传》《西厢记》《琵琶记》等亦未出版。卓吾死后著述几乎风靡一世。然身后所刻，颇多赝品或真伪相杂之作。如《史纲评要》《疑耀》《说书》其真伪即尚难定。署名卓吾的批评之小说戏曲尤多，现知戏曲有十种，小说有七种。据周亮工《书影》说："当温陵《焚》《藏》书盛行时，坊间种种借温陵之名以行者，如《四书》第一评、第二评，《水浒传》、《琵琶》、《拜月》诸评，皆出文通（叶昼）手。"钱希言《戏瑕》亦谓"批点《水浒传》《三国志》《西游记》《红拂》《明珠》《玉合》数种传奇及《皇明英烈传》，并出叶笔"。但据卓吾《与焦弱侯书》(《续焚书》卷一)、袁中道《游居柿录》(卷六、卷九)，我们知道卓吾确曾批评过《水浒》《西厢》及《琵琶》。惟今传容与堂刻李批《水浒传》(一百回)，其嬉笑怒骂尤甚于卓吾所批其他可信之书如《藏书》《初潭集》等；李批《三国志演义》同，当是叶昼所为。袁无涯刻《水浒传》(百二十回本）系得自卓吾弟子杨定见，似当为真本，然据许自昌《樗斋漫录》卷六云："吴士人袁无涯、冯犹龙等，酷嗜李氏之学，奉为蓍蔡，见而爱之，相与校对再三，删削讹谬，附以余所示杂志遗事。"又此书第二回总评开始即引"陈眉公云"，二人生活年代虽相接，然眉公少于卓吾三十一岁，且卓吾素薄"山人"，又与眉公无半面之识，当不至称引其语。可知此书之批虽本于卓吾，而实有增删，非其旧矣。然今传李批《琵琶》《西厢》则笔墨颇与李氏他书文笔相似，而与叶批《水浒》《三国志演义》不同，似非文通所为。但为慎重起见，我们探讨卓吾的文学思想，只依据卓吾《焚书》《续焚书》中的言论，所有小说、戏曲中的批评概不作依据。

卓吾论文的纲领是他的《童心说》，其言曰：

> 天下之至文，未有不出于童心焉者也。苟童心常存，则道理不行，闻见不立，无时不文，无人不文，无一样创制体格文字而非文者。诗何必古选，文何必先秦。降而为六朝，变而为近体；又变而为传奇，变而为院本，为杂剧，为《西厢曲》，为《水浒传》，为今之举子业，皆古今至文，不可得而时势先后论也。

那么，什么是"童心"呢？他解释说："夫童心者，真心也。"又说："夫童心者，绝假纯真，最初一念之本心也。"又说："童子者，人之初也，童心者，心之初也。"这就是说，童心即是指人的天真的自然的情性。这是同他的人性论相应的，所以，童心之文的核心是"真"。但这不只是指一般的真情实感的真，而且指如卓吾所说的不以"闻见道理为心"的真，即还包括不依傍陈言的独立自主的真知灼见。因而他的所谓"童心之文"不但与"以假人言假言"的假文对立，还与"创制体格文字"相联系。简单地说，就是内容和形式上都要求创新，从而导出"不可得而时势先后论"的反对崇古的必然的结论。

但卓吾毕竟主要是思想家。他论文的着眼之处常常在于内容，其评论《西厢记》时说：

> 且夫世之真能文者，比其初皆非有意于为文也。其胸中

有如许无状可怪之事，其喉间有如许欲吐而不敢吐之物，其口头又时时有许多欲语而莫可所以告语之处，蓄极积久，势不能遏。一旦见景生情，触目兴叹，夺他人之酒杯，浇自己之垒块，诉心中之不平，感数奇于千载。既已喷玉唾珠，昭回云汉，为章于天矣，遂亦自负，发狂大叫，流涕恸哭，不能自止。宁使见者闻者切齿咬牙，欲杀欲割，而终不忍藏于名山，投之水火。余览斯记，想见其为人，当其时必有大不得意于君臣朋友之间者，故借夫妇离合因缘以发其端。于是焉喜佳人之难得，美张生之奇遇，比云雨之翻覆，叹今人之如土。……呜呼！今古豪杰，大抵皆然。小中见大，大中见小……此自至理，非干戏论。倘尔不信，中庭月下，木落秋空，寂寞书斋，独自无赖，试取《琴心》一弹再鼓，其无尽藏不可思议，工巧固可思也。（《焚书·杂说》）

这段文字写得极有风采。其描述作者平时生活的积蓄、感情的冲动同创作的关系可谓淋漓尽致，也是确有体会之言。但谓《西厢记》的作者"必有大不得意于君臣朋友之间者"，这就未免用思想家的眼光来"以意逆志"了。

卓吾对其他小说、戏曲的评论亦相似，他评梅禹金《玉合记》《昆仑奴》都着眼于赞叹慷慨助人的豪侠人物。其评《玉合》说：

呜呼！世之遭遇奇事如（韩）君平者，亦岂少哉！唯不遇奇人，卒致两地含冤抱恨以死，悲矣！（《焚书·杂述·玉合》）

评《昆仑奴》说：

许中丞片时计取柳姬，使玉合重圆；昆仑奴当时力取红绡，使重关不阻；是皆天地间缓急有用人也，是以谓之侠耳。忠臣侠忠，则扶颠持危，九死不悔；志士侠义，则临难自奋，之死靡他。古今天下，苟不遇侠而妄委之，终不可用也。或不知其为侠而轻置之，则亦不肯为我死、为我用也……自古忠臣孝子、义夫节妇，同一侠耳。（《焚书·杂述·昆仑奴》）

评《红拂记》说：

乐昌破镜重合，红拂智眼无双，虬髯弃家入海，越公并遣双妓，皆可师可法，可敬可美。孰谓传奇不可以兴，不可以观，不可以群，不可以怨乎？（《焚书·杂述·红拂》）

这实际上也主要是赞扬红拂、虬髯、越公（杨素）的豪侠精神。而提出兴、观、群、怨，则正表明他主要从内容着眼。此外，如评《拜月》，谓"详试读之，当使人有兄兄妹妹、义夫节妇之思焉"（《焚书·杂述·拜月》）；评《水浒》，则强调其为"发愤之所作"，而"谓水浒之众，皆大力大贤有忠有义之人"（《焚书·忠义水浒传序》），同样也是从内容立论。

这里有一个问题颇可研究：卓吾既然强调人的自然之性，肯定人的情欲（如前所述），反对拘守名教，而他在对这些小说、戏曲的评论中，却反复提到忠、孝、节、义等封建伦理道德，这不是自相矛盾吗？这在我们看来，确实存在着矛盾。造成这种矛盾的原因是卓吾没有也不可能从根本上反对封建的伦理道德，他只是反对把它僵化、教条化，而主张顺乎情性，自然而然，不加矫饰，不求一律。正如他在《焚书·读律肤说》中所云：

故自然发于情性，则自然止乎礼义，非情性之外复有礼义可止也。惟矫强乃失之，故以自然之为美耳，又非于情性之外复有所谓自然而然也。故性格清彻者音调自然宣畅，性格舒徐者音调自然疏缓，旷达者自然浩荡，雄迈者自然壮

> 烈，沉郁者自然悲酸，古怪者自然奇绝。有是格，便有是调，皆
> 情性自然之谓也。莫不有情，莫不有性，而可以一律求之哉?

他这里讲的是诗歌的内容和格调，实际上也反映对自然的情性与
礼义（伦理道德）的关系的看法，同时还反映他对人的思想性格
不要求一律的一贯看法。联系他对历史人物的评论，我们还可以
看到，他对人们的道德实践也不要求一律。皇帝既不堪挽救，就
不必"忠"于一朝一姓（如前举对谯周、冯道的评价）；倘有司
马相如那样的好对象，就不必守节；反之，像王瑞兰、蒋世隆那
样地相亲相爱，则自当作义夫节妇。这是一方面。另一方面则是
他所谓道德同人们通常理解的封建道德在含义上也有某种区
别，即他不但不拘泥于小节，也能从情性之自然来理解某些违反
名教，甚至"大逆不道"的行为。故红拂的私奔，不妨其可师可
敬，王、蒋自由结合，不妨其为节义。这在他对《水浒传》的评
价中表现得尤为突出。他说：

> 夫忠义何以归于水浒也? 其故可知也。……今夫小德役
> 大德，小贤役大贤，理也。若以小贤役人，而以大贤役于人，其
> 肯甘心服役而不耻乎? ……其势必至驱天下大力大贤而尽纳
> 之水浒矣。则谓水浒之众，皆大力大贤有忠有义之人可也。然
> 未有忠义如宋公明者也。今观一百单八人者，同功同过，同
> 死同生，其忠义之心，犹之乎宋公明也。独宋公明者身居水
> 浒之中，心在朝廷之上，一意招安，专图报国，卒至于犯大
> 难，成大功，服毒自缢，同死而不辞，则忠义之烈也。(《焚
> 书·忠义水浒传序》)

近人多责难卓吾赞扬宋江投降的行为，这无疑是对卓吾的一种阶
级偏见。然而不可忽视，卓吾毕竟把一群曾经抗击官军、占领州

县的反叛者称为大贤大力的忠义之士,这不仅同他称道海寇林道乾一样,表现了对压抑人才的封建统治者的愤怒,还反映了他对道德的一种新的看法,即把为了从根本上对封建国家有贡献(成大功)而采取的一定程度的反叛行为(包括一定范围的武装反抗),也看成是一种合理的、合于道德的行为。这种认识在元明以来的小说戏曲中虽不少见(《水浒》而外,尚有《拜月记》《说岳》《杨家将》之类),但用思想家的语言明确地表明出来,卓吾却是第一人,这是传统的封建伦理道德已经面临着危机的一种表现。

卓吾论文主要着眼于思想,在艺术上也不乏精湛之见。在这一方面他更为一贯地表现出崇尚自然,反对矫伪的思想。前引"世之真能文者,比其初皆非有意于为文也"一段,"自然发于情性,则自然止乎礼义"一段,都从同一个方面表明了他崇尚自然、真实的美学理想和艺术准则,而其关于化工与画工的辨析,则较为集中地说明了他的艺术见解:

> 《拜月》《西厢》,化工也;《琵琶》,画工也。夫所谓画工者,以其能夺天地之化工,而其孰知天地之无工乎?今夫天之所生,地之所长,百卉具在,人见而爱之矣,至觅其工,了不可得,岂其智固不能得之欤?要知造化无工,虽有神圣,亦不能识知化工之所在,而其谁能得之!由此观之,画工虽巧,已落二义矣。文章之事,寸心千古,可悲也夫!

> 且吾闻之:追风逐电之足,决不在于牝牡骊黄之间;声应气求之夫,决不在于寻行数墨之士;风行水上之文,决不在于一字一句之奇。若夫结构之密,偶对之切;依于理道,合乎法度;首尾相应,虚实相生;种种禅病皆所以语文,而皆

不可以语于天下之至文也。杂剧院本,游戏之上乘也,《西厢》
《拜月》,何工之有?盖工莫工于《琵琶》矣。彼高生者,固
已殚其力之所能工,而极吾才于既竭。惟作者穷巧极工,不
遗余力,是故语尽而意亦尽,词竭而味索然亦随以竭。吾尝
揽《琵琶》而弹之矣:一弹而叹,再弹而怨,三弹而向之怨
叹无复存者。此其故何耶?岂其似真非真,所以入人之心者
不深耶!……《西厢》《拜月》,乃不如是。意者宇宙之内,本
自有如此可喜之人,如化工之于物,其工巧自不可思议
尔。(《焚书·杂说》)

化工与画工是比喻,从卓吾的论述中,可知其区别在于真与自然
这两个互相联系的方面。化工是指从所反映的生活内容到表现艺
术都真实而自然,无矫揉造作的痕迹,故使人不见其工而自工;画
工则着意经营刻画,在结构、偶对、理道、法度、首尾、虚实等内容
和形式问题上都一丝不苟,但"其气力限量只可达于皮肤骨血之
间"(同上),未能揭示人物的真情性、真精神,因而"似真非真",现
出雕琢斧凿的痕迹,从内容到形式都缺少自然之妙。

　　无须赘言,卓吾这种艺术观乃是他的童心说乃至他的整个崇
尚自然的哲学的延伸;但又同当时的文学思潮联系着。

　　明弘、正间李梦阳、何景明在提倡诗文复古的时候,在反理
学思想的指导下,在民间小曲的影响下,已提出"真诗乃在民
间"及"文其人,如其人便了"的求真的观点。同时,随着传奇
(戏曲)的兴盛和白话小说的风行,稍后的唐顺之、汪道昆都拿
《水浒传》与《史记》相比,汪注意到《水浒传》所反映的生
活的广阔和描写的真实生动(详托名天都外臣的《水浒传序》);而何良俊
则揭举"本色""当行"作为评论戏曲的标准;年龄略长于卓吾

的徐渭对此更有所发挥。徐氏所谓"本色"虽主要指曲、白"宜俗宜真"（徐谓《题昆仑奴杂剧后》，见《徐文长佚草》）而言，然他说："世事莫不有本色，有相色。本色犹俗言正身也，相色，替身也。替身者，即书评中婢作夫人终觉羞涩之谓也。婢作夫人者，欲涂抹成主母而多插带，反掩其素之谓也。故余于此本中贱相色，贵本色。"（《徐文长佚草·西厢序》）这已不只是单纯地谈戏曲语言，而已兼指所写人、事之真了。与此相联系，当时还出现了《西厢》《琵琶》《拜月》的高下之争。何良俊虽赞扬"王实甫才情富丽，真辞家之雄"；"高则诚才藻富丽，如《琵琶记》长空万里，是一篇好赋，岂词曲能尽之！"但他反对以《西厢》《琵琶》为杂剧、戏文的"绝唱"之说，以为"《西厢》全带脂粉，《琵琶》专弄学问，其本色语少"。而谓《拜月亭》终是"当行"，"高于《琵琶记》远甚"。（均见何氏《曲论》）王世贞则谓"北曲当以《西厢》压卷"，而南曲则《拜月亭》在《琵琶记》下。他认为同《琵琶》相比，《拜月》有三短："中间虽有一二佳曲，然无词家大学问，一短也；既无风情，又无裨风教，二短也；歌演终场，不能使人堕泪，三短也。"（王氏《曲藻》）两人的评论各有所当。何氏强调"本色""当行"是其胜处，然仅从语言着眼，亦是一偏。王氏颇注意内容，以"风情"与"风教"对举，显系包《西厢》与《琵琶》而言，并非只强调"风教"，又注重戏剧中的悲剧因素，这都颇可取（尽管其评价《拜月》有未当之处）；然强调所谓"词家大学问"，实际是偏重戏曲的文彩雅丽，这就是违反戏曲规律的偏见了。何、王都是卓吾的前辈，成名更早于卓吾三四十年。卓吾提出这三个有争议的戏本来论证其化工与画工之说，应是有为而发。其所列"禅病"特举"理道"，又谓《琵琶》"似真非真"，感人不深，显然不只是从艺术上贬低《琵琶》，而于其强调"风化"亦有所不满。这就把在内容上反对理学的束缚，在形式上主张不拘一格，唯求其真结合起来了。同何、王相比，他的见解是深刻而且进步多了。

以真实自然为准则，卓吾不仅对戏曲，且对诗画、音乐、雕塑等都提出了很好的见解。

关于诗，他主张发于情性之自然，主张风格多样化，这在前面已经提到了，此外，他对诗的格律声色也从依于情性之自然的角度提出了自己的看法。其《读律肤说》云：

> 淡则无味，直则无情。宛转有态，则容冶而不雅；沉着可思，则神伤而易弱。欲浅不得，欲深不得。拘于律则为律所制，是诗奴也，其失也卑，而五音不克谐；不受律则不成律，是诗魔也，其失也亢，而五音相夺伦。不克谐则无色，相夺伦则无声，盖声色之来，发于情性，由乎自然，是可以牵合矫强而致乎？

自宋以来，一些诗坛巨子往往只提倡一种格调，明代中叶的复古派尤甚。卓吾在这里指出格与律、声与色都是由情性所决定，是自然而然的，就破除了那种固执的偏见，为诗歌的发展开拓了广阔的途径。

卓吾还认为音乐也发于人心。"心殊则手殊，手殊则声殊，何莫非自然者。"(《焚书·读史·琴赋》)这同上引论诗之说一样，是从作者和演奏者主观方面说。然他亦未尝忽视客观的方面。他在论诗、画的关系时说："画不徒写形，正要形神在；诗不在画外，止写画中态。"(《焚书·读史·诗画》)这就注意到客观的自然了。不过这一自然不只是自然的形状，还包括自然的精神或神理，要做到形神结合。这个意见当然不是新的。但卓吾此诗是和晁以道的诗"画写物外形，要物形不改；诗传画外意，贵有画中态"的；而晁诗又是和东坡的诗"论画以形似，见与儿童邻；作诗必此诗，定知非诗人"的。(同上)东坡强调的是诗人、画家的主观独创性，反对临摹；以道强调的是诗、画的区别（画重客观，诗重主观）；卓吾强调的则是诗、画都要形神统一，主客观融为一体，这是比前人说得更为完整和深刻的。

正是根据这种神形统一的观点，卓吾对雕塑提出了精湛的见解。《焚书·三大士像议》载：他在龙湖曾亲自设计塑造三大士（观音、文殊、普贤）及众罗汉像，而衬以"或续或绝""峻险古怪"的石崖，认为只有"山藏人，未有人包山"，因而三大士像都只有一尺四寸或一尺二寸，这已是从生活出发，而不把菩萨神圣化了。又指点塑像者："观音表慈，须面带愁容，有怜悯众生没在苦海之意。文殊表智，凡事以智为先，智最初生，如少儿然，而可悦泽丰满，若喜慰无尽者。普贤表行，须有辛勤之色，恰似诸行未能满足其愿。"这更进一步把佛人化了。像塑成后，"面目有些不平整，和尚（卓吾自称）每见，辄叹以为好，岂非以其人乎？"但众僧却不知其意，"因和尚归方丈，即指示改正"。卓吾因此发一段议论说：

> 尔等怎解此个道理！尔试定睛一看：当时未改动时，何等神气，何等精采！但有神则自活动，便是善像佛菩萨者矣，何必添补令好看也！好看是形，世间庸俗人也；活动是神，出世间菩萨乘也。好看者，致饰于外，务以悦人，今之假名道学是也；活动者，真意实心，自能照物，非可以肉眼取也。

骤然看来，卓吾在这里似乎是主张遗形取神，其实不然。"好看是形"，那是指虚饰的假形；"活动是神"，那才是自然形态中所体现的神，是形神的统一。而其最核心的东西则是"真"，所以他进一步以"好看"为假，而以"活动"为真。在此文的后面他更申述说：

> 故世有真人，然后知有真佛；有真佛，故自然爱此真人也，唯真识真，唯真逼真，唯真念真，宜哉！

由此我们可知：卓吾不但认为艺术之真来源于生活之真，其所谓佛，也不过是真人的化身。无怪他虽剃头出世，而道学之士要疾之若仇了。

卓吾在文艺上的见解，除上述一些外，还有其他可注意之处。如他反对道技为二，认为"造圣则圣，入神则神，技即道耳"（《焚书·读史·樊敏碑后》）。又说："艺之极精者皆神人也。"（同上，《逸少经济》）因而他不但反对重经济轻书画、重道学轻文章的观点，还认为镌石也是："技也，亦道也。"（《樊敏碑后》）这同卓吾不轻视力田的农夫、做生意的商贾一样，都表现出一种朦胧的平等意识。又他评戏曲颇重情节，如评《拜月》云："此记关目极好……首似散漫，终致奇绝。"（《焚书·杂述·拜月》）评《红拂》云："此记关目好。"（同上，《红拂》）评《玉合》云："此记亦有许多曲折，但当要紧处却缓慢，却泛散，是以未尽其美，然亦不可不谓之不知趣矣。"（同上，《玉合》）这在当时人多只重曲而不重情节的情况下也是有意义的。

在卓吾的文艺观中比较难于令人理解的是他反对道学，却对时文（即八股文）评价得比较高，在《童心说》中曾以之列为"创制体格文字"和"古今至文"之一体，其《焚书·时文后序》更申述说：

> 时文者，今时取士之文也，非古也。然以今视古，古固
> 非今；由后观今，今复为古。故曰文章与时高下，高下者，权
> 衡之谓也。权衡定乎一时，精光流于后世，曷可苟也。……
> 彼谓时文可以取士，不可以行远，非但不知文，亦且不知时
> 矣。夫文不可以行远而可以取士，未之有也，国家名臣辈出，道
> 德功业、文章气节，于今烂然，非时文之选欤？

由此可知，他的推尊时文，主要是依据"文章与时高下"的观点。卓
吾在《续藏书·李梦阳传》的评语中也提到这个观点，可知是
一贯的主张。这个观点本身无疑是有进步意义的，但作为一时之
权衡的文体，并不一定代表一时文学的成就。汉大赋不足以代表
汉文，律赋未可以方驾唐诗，已有前例，何况等而下之的时文
呢？但卓吾的推崇时文，亦非无故。盖时文的内容虽以程、朱派
理学家的《经》注为准的，然学者才人间亦能假借经典的陈言，驰
骋才华，自抒己见。正、嘉以后，随着学术思想发生变化，时文
中也逐渐出现变故求新的趋向：唐顺之、归有光辈既以作时文之
法作古文，又以作古文之法作时文，提高了时文的品格；唐寅、
徐渭、汤显祖辈则颇能托时文以见才情和性情。卓吾之论，当系
有见于此。然此种文体，作者的创造能力毕竟是受到极大的限制
的，功令所在，当时人固不能不作，却不值得加以赞扬。汤显祖
咏卓吾缝衣妓，诮其未免沾染；卓吾和唐寅、徐渭以及汤显祖本
人（还有袁宏道等）于此也可谓习染未除了。

卓吾的反理学思想及其文学观尽管有一些不可避免的局
限，但是历史地看，他却是站在时代的峰顶，可以说，他既是一
代进步潮流的杰出代表，又直接影响着一代进步的人们。在思想
界如此，在文学界尤其如此。

卓吾不仅是一位杰出的思想家和文学评论家,他其实也是一位杰出的杂文作家。前人已经指出他的解脱束缚、直抒情性的文学理论,直接开启了公安派传统,这是很对的。实则他的诗文创作实践也是公安派的前导。不过,卓吾的诗率意者多,真能做到如他自己所要求的那样饶有诗情画意者少。其散文则嬉笑怒骂,皆成文章,特别是那些讥刺道学家的书信和杂文,其形容的逼肖,剖析的深入,在鲁迅以前是很突出的一个。公安派及晚明小品文作家固无人可与颉颃,后来的清人更无有能望其项背者,只是过去的文学史家没有人去注意罢了。

但卓吾对文学的贡献尤在于他以其评论反映着晚明戏曲小说创作的主潮,并且推动着它的发展。这个主潮也就是反理学,它具体表现为:(1)揭露情与理的矛盾和冲突;(2)歌颂反抗某种封建权威的豪侠精神;(3)歌颂妇女的才智;(4)揭露封建伦理道德的危机。这些在某些作品中有时是互相联系的,有时则表现一个或两个方面。晚明出现大量描写人情和标榜侠义精神的小说、戏曲,以及整理、批评《水浒》等民间创作的热潮,即是这一主潮的集中表现;而在理论上对这一主潮加以总结和鼓动的则除卓吾而外,尚有年辈稍晚的汤显祖、叶昼及明清之际的金圣叹等,对此,我将在下面加以论述。

第十章　明代中后期的
反理学思潮与小说

　　在我国古代文化思想的发展史上，文学往往是其中最活跃和较迅速地反映时代新思潮的部类，那些来自民间的新兴文学，又常起着先导的作用。拿先秦的"五经"来说，《诗经》所保留的原始的民主思想就较多，它的大胆揭露现实黑暗的传统，固然成了后代一些进步思想家、文学家的典范；它里面的一些爱情诗，也使后来的卫道士（特别是理学家）感到头痛，以致有的理学家（例如宋元之际的王柏）甚至不惜冒"疑经""改经"之罪而要加以删削；而一些进步的思想家、文学家则常拿它来作为反对封建卫道者的武器。唐以来形成的小说，特别是在民间说话的基础上形成的宋元话本更是较多地包含着人民群众（以"市井细民"为主）的反封建思想，自宋以来长期成为与正统的理学思想相对抗的思想潜流（尽管它里面也夹杂着封建思想的毒素）。但是，从宋到明初，除元代一些处于下层的戏剧家外，著名的文学家、思想家却不大去注意它。这种情况到明代中叶才开始改变。从这时起，不仅出版平话（包括讲史和话本小说等）、词话之类的小说成了一种风气,而且逐渐有许多著名的文士开始对这些粗犷的民间文学进行加工、改作乃至进行创作。此种文坛上划时代的新风的形成,当然有着政治、经济上的原因,如近人所指出的资本主义的萌芽、明朝政治的腐败等,同时也与程朱理学统治地位的动摇和明代统治者在文化思想领域内统治的削弱有密切的关系,这些我在"明代中期学术思想的变化与诗文复古运动"一章中已经说过了。此外,由于当时经济的发展而引起的出版事业的发达和人民群众对文化的需要亦起了重要的促进作用。不过,我认为还有一个重要原因,那就是这些来自民间的作品(包括曾经过某些文人初步整理过的作品)有一种与时代的要求相吻合的思想艺术力量,因而能对当时的思想界、文学界起着震撼的作用,这主要从所谓"三大奇书"——《水浒》《西游记》《金瓶梅》的受到重视表现出来,而与之相关的神魔小说、人情小说和历史小说内容的演变亦在一定程度上反映出时代思潮的变迁,本章即拟着重从这几个方面作一些探讨。

一、明代中后期的"《水浒》热"

我们现在每以《水浒传》与《三国志演义》并称,其实,在明代中后期,这两部书虽都非常流行,有许多不同的版本,但从文坛名人的言论来看,对《三国志演义》的评价多不甚高,特别是明末以前的人,除高儒(他其实并非名人)外,提到它的多有讥评,如汪道昆(天都外臣)认为它"雅俗相牵,有妨正史……而俗士偏赏之,坐暗无识耳"(《水浒传序》),胡应麟则说它"绝浅鄙可嗤",同《水浒》相比,"浅深工拙,若霄壤之悬"(《庄岳委谈》

下）。谢肇淛也说它"俚而无味"（《五杂俎》）。及至明末，绿天馆主人《古今小说序》将它与《水浒》《平妖传》并提，誉为"巨观"；张誉《三遂平妖传叙》以《水浒》比《西厢》，《三国志演义》比《琵琶记》；叶昼亦托名李贽为之作批评；崇祯间出版的《英雄谱》，复以《水浒》与《三国志演义》合刊；《三国志演义》的地位才提高，与《水浒》及《西厢》《琵琶》并称"四大奇书"（《今古奇观序》)，又与《水浒》《西游》《金瓶梅》并称"四大奇书"（李渔《三国志序》）。《水浒传》则不然，正、嘉间的文苑耆宿文徵明已喜听、说《水浒》（见钱希言《戏瑕》)，比他年辈稍晚的崔铣（后渠）、熊过（南沙）、唐顺之（荆川）、王慎中（遵岩）、陈束（后岗）更进一步以《水浒》比《史记》（见李开先《一笑散》）。自后则汪道昆、李贽、张凤翼至钟惺均为《水浒》作序，而袁宏道在听朱生说《水浒》后，甚至感到"六经非至文，马迁失组练"（《听朱生说水浒》）。不仅如此，李贽、叶昼至明末清初的金圣叹还为《水浒》作详细批语，以表现其击节叹赏之情。由于这些人大都是当时思想界、文学界有影响的人物，故"其书，上自名士大夫，下至厮养隶卒，通都大郡，穷乡小邑，罔不目览耳听，口诵舌翻，与纸牌同行"（许自昌《樗斋漫录》)，甚至"一巨公案头无他书，仅左置《南华经》，右置《水浒传》（胡应麟《少室山房笔丛》）。可见其嗜好之深。至于农民起义领袖借用《水浒》英雄的绰号，天启间阉党借《水浒》英雄之号来陷害东林党人，更为人们所熟知。总之，在明代中晚期可以说是出现了"《水浒》热"，以致当时的卫道士不得不造作谣言，说什么作《水浒传》者"其子孙三代皆哑"（田汝成《西湖游览志馀》)，有的人则干脆主张把它烧掉，"永塞愚民祸本"（郑暄《昨非庵日纂三集》卷十二）。

　　为什么明代中后期会出现这种"《水浒》热",特别是为什么在一些士大夫之间也出现了这种"热"呢?这需要从多方面来加以考察。

　　从明人的一些记载和评论来看,当时士大夫间的"《水浒》热"是同《水浒传》具有惊人的艺术魅力分不开的。

　　在鲁迅的《中国小说史略》里,《水浒》是列入"元明讲史"类的,用现代的眼光看,这当然不无理由。但探源溯流,《水浒》实与《三国演义》之类的源于讲史的小说不同。它的源头应是宋人说话四家中的"小说"。罗烨《醉翁谈录》中所记《花和尚》《武行者》《青面兽》等都是"小说",这是大家所熟知的;《宣和遗事》所载宋江等三十六人的故事,从文字风格来看,应采自"小说家"的话本,学者们的看法也比较一致,只是这段故事是宋江等三十六人的合传,与《花和尚》等主要写一人的故事不同。从元杂剧中的水浒故事来看,也多是以一人为主(尽管这些故事《水浒传》中多不收)。这些零散的故事是在什么时候由什么人汇集起来组成一个长篇结构,我们已很难确定。传说曾经施耐庵、罗贯中之手,但施氏其人我们一无所知,罗氏的文笔又与《水浒传》不类。考明初朱有燉《豹子和尚自还俗》杂剧的早期刻本,宋江的道白中还只说到"弟兄三十六,个个敢争先"。(晚明的《元明杂剧》的刻本、抄本均已提到"三十六大夥,七十二小夥",但元明杂剧的说白,流传多有增饰,不足据。)又钱希言《戏瑕》记文徵明听说宋江"先讲摊头半日";天都外臣《水浒传序》小谓"故老传闻:洪武初,越人罗氏,诙诡多智,为此书共一百回,各以妖异之语引于其首……嘉靖时郭武定重刻其书,削去致语,独存本传"。而周亮工《书影》亦引金坛王氏《小品》云："此书每回前各有楔子，今俱不传。"这里所谓"致语""楔子"，大概都是指话本小说前的"得胜头回"之类。可见在正、嘉间郭武定本《水浒》出现以前，该书尚在形成的过程中，它的各部分尚有相对的独立性，可能同明李春芳的《海刚峰先生居官公案》、完熙生的《包孝肃公百家公案演义》及无名氏《龙图公案》相似。即使如传说所云，经过施耐庵、罗贯中辈的整理和综合，已初步形成长篇的结构，也还未泯灭单篇的痕迹。就是说，这部伟大名著是经过多人之手的，大概要到正、嘉间才基本定型（说"基本"，是以后还有删改和补充，如增加平田、王及有繁简本之类）。而其主要创作者则是累代相传的说书人，其创始者则为宋元说话人中的小说家。这一点对于我们了解《水浒》的思想和艺术特色都很重要。就艺术方面说，我们从现存宋元讲史家的话本和小说家的话本的比较中可以看到，当时的话本小说，其描写艺术的高超是远胜于讲史的，其语言风格也迥乎不同，基本上已是纯粹的白话，这同半文半白的《三国志演义》相比，自然要高明得多，清新得多。更何况《三国志演义》限于史实，正如金圣叹所说，"人物事体说话太多了，笔下拖不动，趑不转"（《读五才子法》），未免支蔓；而《水浒》经过累代的加工和整理，在结构上已秩序井然，浑然一体。李开先《一笑散》载崔铣等人言曰："《水浒传》委曲详尽，血脉贯通，《史记》而下，便是此书。且古来更无有一事而二十册者。倘以奸盗诈伪病之，不知序事之法，史学之妙者也。"正是从这个角度出发来称许的。后来汪道昆则更加以发挥，他说：

> 载观此书，其地则秦、晋、燕、赵、齐、楚、吴、越，名都荒落，绝塞遐方，无所不通；其人则王侯将相，官师士农，工

贾方技，吏胥厮养，驵侩舆台，粉黛缁黄，赭衣左衽，无所不有；其事则天地时令，山川草木，鸟兽虫鱼，刑名法律，韬略甲兵，支干风角，图书珍玩，市语方言，无所不解；其情则上下同异，欣戚合离，捭阖纵横，揣摩挥霍，寒喧嚬笑，谑浪排调，行役献酬，歌舞谲怪，以至大乘之偈，《真诰》之文，少年之场，宵人之态，无所不该。纪载有章，烦简有则。发凡起例，不杂易于（按：此句疑有误），如良史善绘，浓淡远近，点染尽工；又如百尺之锦，玄黄经纬，一丝不纰。此可与雅士道，不可与俗士谈也。（《水浒传序》）

这就在叙事之外，更注意其反映生活的广阔丰富，人物描写的生动细腻了。

崔铣等和汪道昆对《水浒传》艺术成就的品评，不但反映了当时一些士大夫对这一反映生活真实的文学巨著的向往，实际上也表现了他们对那些恹恹无生气的古文的不满。这同弘、正间的诗文复古派提倡真诗、真文，反对受理学教条窒息的伪文，在精神上是一致的。（尽管崔铣等并不是诗文复古派；汪道昆则是）不过他们都引而未发。到李贽把《水浒》列入他说的童心之文（见李氏《童心说》），才从"真"的角度来评价《水浒》（李氏所谓"童心"即"真心"）。叶昼则更进一步指出：

《水浒传》事节都是假的，说来却似逼真，所以为妙。常见近来文集，乃有真事说做假者，真钝汉也，何堪与施耐庵、罗贯中作奴？（容与堂刊《水浒传》，托名李贽的批语。）

这就不仅标举《水浒传》的"真"，而且对生活之真与文艺之真加以区别了。近人谓中晚明出现了一个尚"真"的文学思潮，从李贽和叶昼的言论看，显然都总结了《水浒》的创作经验，也可说受到它的启发。但他们的出发点又不同。李贽是强调作者的思想感情要纯真无假，敢于写真事，讲自己的真知灼见；叶昼则着重阐述文艺创作中真与假的辩证法。但基本观点是一致的，都是表彰《水浒传》这样的真文学，反对"以假人言假言，而事假事文假文"（《童心说》）的"伪道学"、伪文学。这显然不只是对文学创作有指导意义，对整个思想界也有振聋发聩的作用。至于以后的金圣叹，则更是从多方面对《水浒》的创作艺术作了很深刻的总结，其理论上的意义更为深远。

但《水浒传》在明代中后期受到人们的重视，并不仅在于它的崭新的艺术成就，而且还在于它里面蕴含着丰富的内容，特别是描绘了各种不同出身、地位和不同思想的人物的生动的性格，表现了许多下层人物（包括某些下级官吏）的智慧、才能和美好的精神品质。人们由于思想感情、立场观点的不同，可以从这些描写中引出不同的结论，除了极腐朽顽固的封建卫道士之外，都不能不从中得到某些启发；而一些敏锐的思想家和文学批评家则往往能从中发现某种虽然同理学家所宣传的教条相反，然而却闪烁着感情或理智的光辉而成为当代所需要的东西。综观晚明人（包括明清之际的个别人）对《水浒》的评论，他们发现的或引起共鸣的主要是两个方面：

（1）社会上的是非颠倒、愚智倒置。此论自汪道昆《水浒传序》发之，他说：

> 经曰："窃钩者诛，窃国者侯。侯之门，仁义存。"若辈（按：指宋江等）俱以匹夫亡命，千里横行，焚杅叫嚣，揭竿响应，此不过窃钩者耳。夷考当时，上有秕政，下有菜色。而蔡京、童贯、高俅之徒，壅蔽主聪，操弄神器，卒使宋室之元

气索然，厌厌不振，以就夷虏之手，此诚窃国之大盗也，有王者作，何者当诛？彼不得沾一命为县官出死力，而此则析圭儋爵，拖紫纤青。道君为国，一至于此，北辕之辱，固自贻哉！如《传》所称吴军师善运筹，公孙道人明占候，柴王孙广结纳，三妞能摆甲胄作娘子军，卢俊义以下，俱鸷发枭雄，跳梁跋扈。而江以一人主之，终始如一。夫以一人而能主众人，此一人者，必非庸众人也。使国家募之而起，令当七校之队，受偏师之寄，纵不敢望鬐将军、韩忠武、梁夫人，刘、岳二武穆，何渠不若李全、杨氏辈乎？

张凤翼、李贽进一步发挥此论，张氏《水浒传序》曰：

> 论宋道，至徽宗，无足观矣。当时南衙北司，非京即贯，非球（俅）即勔……盗莫大于斯矣。宋江辈遁逃于城旦，渊薮于山泽……建旗鼓而攻之……斯人也，果为寇者也，御寇者也？

李氏《忠义水浒传序》曰：

> 今夫小德役大德，小贤役大贤，理也，若以小贤役人，而以大贤役于人，其肯甘心服役而不耻乎？……其势必至驱天下大力大贤而尽纳之水浒矣。

不需分析，我们即可看到，他们这三人在为水浒英雄造反的辩护上是有不同的分寸的。张氏最激进，李氏提出了"小德役大德，小贤役大贤"的重大理论问题，汪氏则尚不能摆脱"窃钩"之"诛"的陈腐观念。但无论如何，他们总是在为被压抑的人才的反抗作辩护，为是非贤愚的颠倒鸣不平，这同理学家强调三纲、鼓吹恭顺的奴才哲学是针锋相对的。

　　（2）同假道学相对立的真性情。这是李贽一些文章中常涉及的论题。由于他批的《水浒传》已经过杨定见等人的删改，我们不能悬揣他是否联系《水浒》加以阐述。叶昼的批评中则累见，如第五回评语说："率性而行，不拘小节，方是成佛作祖根基。若瞻前顾后，算一计十，几何不向假道学门风去也？"第四十二回评语说："李大哥是个天性孝子，宋公明取爷，有些道学气味，亦算计利害耳。"第四十八回评语说："王矮虎还是个'性之'的圣人，实是好色，却不遮掩。即在性命相并之地，只是率其性耳，若是道学先生，便有无数藏头盖尾的所在，口夷行跖的光景。"同时五湖老人的《水浒传序》也以水浒英雄的"真血性"同伪道学相对立。稍后的金圣叹似有意同李卓吾、叶昼立异，不公开批评伪道学，但他在鲁达、李逵等人的批语中实质上也常着眼于他们那种率性而行的品格，且有时揭示得更为深刻，我在下面谈金圣叹时还将提到，这里就不举例了。

从上面的引文中，我们可以看到，晚明一些人从《水浒》中感受到的人的真性情或真的人，主要是指：1. 毫不讳言有正当的物质欲望（"好色"，要钱等）；2. 无机心，敢怒、敢笑，任天而行（他们因此特别偏爱李逵）；3. 有不计较个人得失的济困扶危的侠义精神（他们因此特别赞赏鲁达）。这都是同理学家所鼓吹的封建教条相违戾的。耐人寻味的是，这些评论者的基本倾向虽然相近，但是对宋江的看法却有分歧，因而对水浒英雄是否可称为忠义也各执一见。五湖老人和李贽一样，都认为水浒英雄是忠义的，叶昼则认为宋江有时不免"伪道学"，金圣叹甚至斥为机巧、谲诈的"盗魁"，当然无"忠义"之可言了。近人对李、金的观点都提出了批评。我认为如果拿对待农民起义的态度来衡量，他们的观点确实都是应该批评的；如从反对传统思想，特别是反对理学教条的角度看，则他们的看法都有一定的积极意义，同时又从不同的侧面揭示了《水浒传》这部巨著本身所固有的矛盾。

前面说过，《水浒传》是集体创作，它虽然经过一再的整理加工，而做到了大体上浑然一体，但内部的矛盾还是有的。这主要表现为前七十回对人民起义的正义性的赞美和后几十回对他们投降的肯定以及宋江性格的不统一。这两者是互相联系的，而性质又有所不同：前者是作者们的根本立场决定的，在当时可以说是一种不可逾越的局限；后者则是一种认识上的缺点和艺术上的失误。如果他们在前面不把宋江浔阳题反诗时所表现的反抗性写得那样突出，或后面不把他写得那么忠顺，宋江的反抗性和他的投降是可以统一的。但这些，李贽和金圣叹他们显然都是还不可能认识到的。李贽和西湖老人等主要是从自然人性论出发，认为杰出人物的合理的欲望（"小德役大德""小贤役大贤"）得到满足，自然就成了忠义之士，反之就会就成反叛者。李贽在《水浒传序》所说的"忠义在朝廷""忠义在水浒"，就是这个意思，这显然是同理学家唱反调。金圣叹似乎也领会了李贽的意向，但他生活在明末清初，农民起义已经发动起来了，他觉得即使像李贽那样说也太危险了，所以他说："从来人之读《水浒》者，每每过许宋江忠义，如欲旦暮遇之。此岂其人性喜与贼为徒？殆亦读其文而不能通其义有之耳。"怎么叫作"不能通其义"呢？他说："宋江之罪之浮于群盗也。吟反诗为小，而放晁盖为大。何则？放晁盖而倡聚群丑，祸连朝廷，自此始矣。宋江而诚忠义，是必不放晁盖者也。"这段话说得有点朦胧，梁山泊虽因晁盖入伙而始大，然未有晁盖，已有王伦、林冲，何况还有少华山、二龙山等起义者聚合之处,焉知其不可成为梁山泊第二? 他的真实意思盖谓晁盖等劫生辰纲事发时,宋江本为官府之吏,与江州吟反诗时的情况不同,后一事尚可原谅,前一事则必严加诛讨,故说卓吾"不能通其义"。从这一点来说,他是比卓吾退了一步。但是,每逢《水浒》写到英雄们反抗贪官污吏的迫害以及他们的济困扶危的侠义精神,他又往往不能自已地加以赞叹,叶昼尤然。这实是一种深刻的思想矛盾。至于他们鞭挞宋江的假,则更是晚明以来反对假道学的启蒙思想的发展。

由上所述,我想可以得出这样的结论:明中叶以后的"《水浒》热"乃是一种复杂的历史进程的综合表现。人们喜欢《水浒传》,首先是因为它在思想内容和艺术形式上都有一些新的东西,使得那些陈旧的文学,特别是受理学支配而恹恹无生气的伪文学为之失色。但人们不早不迟而恰恰在这时发现《水浒》,他们对《水浒》的会心之处不在它的别的方面(例如今人所说的对农民起义的发展规律的揭示等),而只在于我们上面说的那些,则无疑又是同城市经济的发展、明朝政治的腐败和理学思想的僵化、理学家的堕落等等相联系的,而《水浒》的风行,则又给这种僵化的统治思想以有力的冲击。在晚明,不仅在民众中出现一些学习水浒英雄的起义者,在士大夫中也出现了一批标榜任性而行并以儒侠自命的人物如何心隐、李贽、汤显祖等,甚至在僧人中还出现了所谓侠僧(真可等),虽然不一定是直接受到《水浒》的启发,却无疑受到与"《水浒》热"相联系的那种潮流的影响。至于歌颂豪侠人物、草莽英雄的小说如《禅真逸史》《禅真后史》《后水浒传》(两种)在明末清初的出现,则更无疑受到《水浒》的刺激。又当时戏曲中歌颂侠义人物的亦颇多,除根据水浒故事改编的《宝剑记》《灵宝刀》《义侠记》《水浒记》《闹元宵》《偷甲记》等外，还有张凤翼的《红拂记》《窃符记》，梁辰鱼的《红线》《红绡》二杂剧，汤显祖的《紫钗记》，梅鼎祚的《玉合记》《昆仑奴》（杂剧）等。这些戏曲、小说中所表现的侠义精神，除青莲室主人的《后水浒传》以外，其思想内涵虽多与《水浒》中的侠义精神有出入，反映着处境不同、思想不同的作者在侠义观上的差异，但大体上都体现了某种不屈服于封建淫威的济困扶危的精神和打破理学家安常守故的思想模式的愿望。这是中晚明思想界的生机的一种突出征象。

二、《西游记》与其他神魔小说

同《水浒传》相似，《西游记》和明代中后期流行的一些神魔小说，也多有说书人的底本作基础。就《西游记》来说，现存元刊本《大唐三藏取经诗话》，早已脱离玄奘取经历史的原型而成为许多神魔故事的汇集了。《永乐大典》中"泾河斩老龙"的发现更说明已有一个古本《西游记》话本的存在。建国初期发现朝鲜的《朴通事谚解》，据说是元代的，其中有《西游记》某些情节的介绍，同吴承恩《西游记》多有同处，也证明另有个古本《西游记》。又宋元话本小说有《芭蕉扇》，疑亦为《西游记》所本。但比较古本《西游记》中的"泾河斩老龙"与吴氏《西游记》中这一情节的描写，不惟两者的文字的精粗有异，后者人物的刻画与情节的叙述，也生动丰富得多。又对比吴氏《西游记》与《朴通事谚解》中的介绍及明初杨景贤《西游记》杂剧，情节亦有出入（与杂剧不同之处尤多）。这又可见古本《西游记》还是比较简率的,吴氏对它的加工和改作之处是较多的,在某种程度上可以称为创作。《封神演义》亦有所本,赵景深先生曾将它同《武王伐纣平话》加以详细的比较,得知"《封神演义》从开头直到第三十回,除哪吒出世的第十二、三、四回外,几乎完全根据《平话》来扩大改编。从第三十一回起,便放开手写去,完全弃掉《平话》,专写神怪的部分了;中间只把《烹费仲》和《伯夷叔齐谏武王》插在里面,这两小节算是《平话》里所有的。作者直写到第八十七回孟津会师,方才想到《平话》上还有材料不曾用进去,这才再用《平话》里的材料,加敲骨破孕妇、千里眼与顺风耳、火烧邬文化等"(《〈武王伐纣平话〉与〈封神演义〉》,见《中国小说丛考》)。至于《三宝太监西洋记》以及《四游记》中的《华光天王传》(《南游记》)、《上洞八仙传》(《东游记》)、《北方真武玄天上帝出身志传》(《北游记》),也都有某些历史或神异传说作依据(请参阅赵氏《中国小说丛考》有关文章);但迄今尚未发现更早的底本,很可能都是新编的。《西洋记》尤堪称创作。故就其大致而言,这些神魔小说都是神魔传说、宗教传说与当代思想的混合物,《封神演义》《西洋记》则还有某些历史依据。这反映宋元以来说书中的各类题材(说经、讲史以及灵怪等)长期来已有互相渗透、融合的趋势,也反映三教合一的思想到中晚明有了新的发展。

三教合一的思想,同宋元以来自命为正统儒学的理学或道学是有矛盾的:佛教的涅槃佛性说及出家思想,就同理学家所提倡的修身、齐家、治国、平天下的重人事的观点不合,道教的解脱成仙说亦然。但自东晋、南北朝以来,历代统治者虽或各有侧重,实际上对儒学及佛、道两教是兼容并包的,理学家对佛、道的思想也多有所吸取。故三教合一的思想就其本身而言是没有什么积极意义的。但是，中外的历史都证明，新的异端思想往往孕育于旧传统的外壳之中，体现人民反抗精神的神话传说亦往往同宗教故事混杂在一起。中晚明的神魔小说多是这样，《西游记》尤为突出。故这里我们着重对它加以讨论，其他则只顺带涉及。

自明以来，人们探索《西游记》的思想倾向大抵不外是从书中的神魔斗争和旁敲侧击的讽刺着眼。在明万历间刊行的《鼎锲京本全像西游记》陈元之《序》即提到这两方面的内容，关于后者，陈氏说：

> 彼以为浊世不可以庄语也，故委蛇以浮世。委蛇不可以为教也，故微言以中道理。道之言不可以入俗也，故浪谑笑虐（按：傲？）以恣肆，笑谑不可以见世也，故流连比类以明意。于是其言始参差而俶诡可观，谬悠荒唐，无端崖涘，而谭言微中，有作者之心，傲世之意。（转引自朱一玄、刘毓忱《〈西游记〉资料汇编》）

对于《西游记》的这一特色，近人可以说无异辞，鲁迅说："又作者禀性，'复善谐剧'，故虽述变幻恍忽之事，亦每杂解颐之言，使神魔皆有人情，精魅亦通世故，而玩世不恭之意寓焉。"即此意。亡友李祐同志对此多有发挥（见作家出版社《明清小说论文集·论西游记》)，故这里略而不论。

至于前者，则陈氏引旧叙说：

> 其叙以为孙，狲也；以为心之神。马，马也；以为意之驰。八戒，其所戒八也；以为肝气之木。沙，流沙；以为肾气之水。三藏，藏神藏声藏气之三藏；以为郛郭之主。魔，魔；以为口耳鼻舌身意恐怖颠倒幻想之障。故魔以心生，亦以心

摄。是故摄心以摄魔，摄魔以还理，还理以归之太初，即心
无可摄。

这正是所谓会通三教之旨，其大旨同于理学家（包括王学家）的
修心养性之法，只是杂以道教的五行之说，而且最后归到道家的
"太初无为"和释氏的圆通自在之境。"旧叙"的这种观点，为一
些晚明人所承袭和发挥，如谢肇淛说：

　　《西游记》曼衍虚诞，而其纵横变化，以猿为心之神，以
猪为意之驰，其始之放纵，上天下地，莫能禁制，而归于紧
箍一咒；能使心猿驯伏，至死靡他，盖亦求放心之喻，非浪
作也。(《五杂俎》)

又盛于斯说，《西游记》"每立一题，必有所指，即中间斜（科）浑
语，亦皆关合性命真宗"(《休庵影语》)。吴从先谓《西游记》是"一
部定性书"(《小窗自记》卷一)，大旨亦同。至清以后，《西游真诠》
《西游正旨》《西游原旨》之类的书，虽亦由此生发，却愈走愈
远了。鲁迅于《真诠》之类皆不取，而颇称赏谢肇淛的求放心
之说，认为"假欲勉求大旨"，则谢肇淛数语(见《五杂俎》)"已足
尽之"，并谓："作者所说，亦第云'众僧们议论佛门定旨，上西
天取经的缘由……三藏箝口不言，但以手指自心，点头几度，众
僧们莫解其意……三藏道："心生种种魔生，心灭种种魔灭，我
弟子曾在化生寺对佛说下誓愿，不由我不尽此心，这一去，定要
到西天见佛求经，使我们法轮回转，皇图永固"'（十三回）而
已。"(《中国小说史略》)

　　我认为谢肇淛和鲁迅所说，就《西游记》公开宣扬的主旨
来说是相合的，但《西游记》所描写的艺术形象，特别是主角
孙悟空的形象所体现的意义却非求放心所能范围，它实际上反映

了明代中后期广大群众（包括某些进步的知识分子）要求思想解放、精神自由的意愿和这种要求实际上难以达到的矛盾，而只能在幻想的形式中求得解脱。因为，假如以孙悟空为中心，那么，《西游记》的思想脉络应该是这样：

第一阶段：对性命自由的追求及其受挫（前七回孙悟空求仙访道，闹龙宫、闹地府、闹天空，为五行山所镇压）。

第二阶段：在自由受到束缚（紧箍咒）的情况下追求精神的解脱（第十四回以后）。

现在，我即循着这个线索作概略的分析。

先说第一阶段。作者虽然在一开始就把孙悟空写成为天地之气生成的石猴，增加主人公的虚幻色彩和传奇性。但是他对洞府的探求，作领袖的欲望，摆脱生死轮回的要求乃至不顾现存的封建秩序大闹天宫，声称"皇帝轮流做，明年到我家"，要作世界的主人，这些都是现实生活中的人的情欲的表现，是人要求摆脱自然界和社会制度束缚的要求的开展。这种要求当然仍带有封建的烙印，却凝聚着人民群众同命运的安排作斗争的强烈愿望。它同儒家（包括理学家）所宣扬的"知命"、道家所宣扬的"安时处顺"、佛教所宣扬的涅槃佛性，都是针锋相对的。在我国古代不乏同命运作斗争的思想，神话中的精卫填海、道教《西升经》所说的"我命在我不在天，还丹成金亿万年"，即是较突出的表现，水浒英雄实际上也是同命运的安排作斗争的。但像《西游记》前七回这样集中地表现人要求摆脱一切尘世（神的世界实际是尘世的幻想的形式）的束缚而自由的愿望却是罕见的。

《西游记》前七回对孙悟空的这些描写，是有一定的神话传说作基础的。在元代话本《大唐三藏取经诗话》及明初人杨景

贤的《西游记》杂剧中就都有孙悟空偷王母的蟠桃、受到天神镇
压的情节，朝鲜《朴通事谚解》所引古本《西游记》的故事，更
有花果山水帘洞老猴精齐天大圣"入天宫仙桃园偷蟠桃，又偷老
君灵丹药，又去王母宫偷王母绣仙衣一套，来设庆衣会"，被天
兵镇压的较为详细的记载。此外，《四游记》中的《华光天王传》、
明清间流传的《土地宝卷》，也有闹天宫的情节，虽未知与吴氏
《西游记》孰先孰后，疑亦早有传说作基础。但现存的这些材
料，无论哪一种都没有吴氏《西游记》这样写得饶有人情味，体
现了摆脱理学桎梏的人性的觉醒，尽管《土地宝卷》在这两个
方面的成就也值得重视。

令人感到颇难索解的是，作者虽然在前七回塑造了这样一个
带有某种启蒙思想的英雄形象，但是在第二阶段却让他带上了紧
箍儿，去克服取经途中的困难，在同各种妖魔进行了艰苦卓绝的
斗争之后终于获得自身的解脱。我不同意这样一种看法：孙悟空
皈依佛教就是向神权或向整个封建者投降。因为神话虽然通过幻
想曲折地反映某种现实，却不能用现实生活的逻辑来硬套，所以
闹天宫并不等于农民起义，皈依佛教也不等于投降。但是，我也
不赞成这样的说法：孙悟空的辅佐唐僧取经，只是取经故事原有
的框架所造成的（尽管这种框架是作者必须遵循的，除非他写到
第七回就不再写，或另外虚构一个故事）。因为孙悟空在取经过
程中所进行的斗争，虽然有着各种不同的意义，有的是同自然的
矛盾的幻化（例如黄风怪、火焰山以及虎、兕之属），有的是现实
生活中正邪两种势力的幻化（例如乌鸡国、比丘国），有的是宗
教矛盾（例如灭法国），在的则是从人情中提炼出来的一些逗人
笑乐的喜剧性的矛盾（例如五庄观、子母河、女儿国、天竺招婚

等），此外还有一些带哲理性的冲突（例如"试禅心"，反映了宗教修养与情欲的冲突，三打白骨精、"诛草寇"反映了博爱精神同区别善恶的冲突，还有看假象与看本质的矛盾等）。但是，作者在解释这些矛盾的时候，却贯串着一个基本的思想，这就是鲁迅所引的"心生种种魔生，心灭种种魔灭"，以及谢肇淛所说的"求放心"。这不仅在小说的标目、诗词中反复出现，也在一些具体描述中出现。例如，火焰山本反映自然界的险恶，作者却要插叙土地的话，说这是孙悟空闹天宫时所造成的；唐僧为玄英洞妖怪所摄，值日功曹亦明说是"你师父宽了禅性，在于金平府慈云寺贪欢，所以泰极生否，乐极成悲，今被妖邪捕获"；至于第五十七回到五十八回所描写的真假孙悟空的斗争，则更集中地表现了所谓"二心之争"，即虔诚皈依与野性难驯的孙悟空的内心斗争。那个假行者实际上是野性犹存、不甘心受屈辱于唐僧的孙悟空的潜意识幻化。从表面上看，他是经过如来的辨识由真行者亲手打杀了，但是，从孙悟空在整个取经过程中的实际表现来看，那个富于野性、追求自由的孙悟空始终是存在着，他对玉帝、老君、星宿之类的神固然时加戏侮，对佛祖也不恭敬，敢于嘲笑如来是"妖精的外甥"（七十七回），直斥他的大弟子阿难、迦叶"揞财不遂，通同作弊"（九十八回），甚至对以大慈大悲著称的观音也不敬，说"该他一世无夫"（三十五回）。他的皈依佛教是不得已的：首先是为了摆脱五行山的镇压，后来是为了摆脱紧箍儿的束缚。所以唐僧逐他，他不在乎，只希望"退下这个箍子"（二十七回）；后来儿经周折，他同唐僧有了感情，但在狮驼洞听说唐僧已被妖精"夹生儿吃了"，他去找如来时，心里仍是叨念着："罢！罢！罢！老孙且驾个筋斗云，去见如来，备言前事，若肯把经与我送上东土，一则传扬善果，二则了我等心愿；若不肯与我，教他把松箍儿咒念念，褪下这个箍子，交还与他，老孙还归本洞，称王道寡，耍子儿去罢。"（七十七回）及至最后，到取经功成，他还不忘记对唐僧说："师父，此时我已成佛，与你一般，莫成还戴金箍儿，你还念什么紧箍儿咒掯勒我？趁早儿念个松箍儿咒，脱下来，打得粉碎，切莫叫那甚么菩萨再去捉弄他人。"（一百回）这个紧箍儿，不仅代表着佛法，按照其书三教合一的观点，它实际上也代表着世俗的礼法，是同追求自由的野性相对立的。作者给孙悟空头上安上一个紧箍儿，无疑是寄寓着这样的思想：人必须遵循着一定的宗教的或世俗的规范去进行斗争，才能取得成功（成正果），也才能最终得到解脱和自由。否则，即使像孙悟空那样的神通广大的英雄，也逃不掉压在五行山下的命运。这显然不但同作者在前七回对孙悟空追求性命自由的精神的赞美相矛盾，也同作者在后几十回每每把孙悟空仍然存在野性写得很美相矛盾。对于《西游记》一书，前人看到的是证道，是"求放心"，而现在一些研究者却又只着意于它所蕴含的反抗封建权威、反对邪恶势力的精神，其原因亦在此。

怎样看待《西游记》思想倾向的矛盾呢？我认为，这固然也由于《西游记》本源于民间，说书人在塑造人物形象和构造情节的过程中融入了人民的爱憎，不免同原来宗教故事的倾向发生矛盾；但正如前面所说，吴承恩以前的《西游记》，其描写是粗糙的，因此，我们毋宁相信《西游记》中大量有关五行生克、心猿意马等解释都大都出于吴承恩的手笔，而对孙悟空那种蔑视封建权威，追求个性自由的坚韧而乐观的性格描写，也大都出自吴承恩的创造。这就是说，《西游记》的思想倾向的矛盾主要是吴承恩造成的，至少是因他而变得更加深刻了。可惜的是，现存吴承恩的诗文，其中以应酬、抒情之作为多，议论之作殊少，我们难以从其中找到旁证。但即此亦可见，他对哲理性的问题大概是未尝深究的。再从其交游来看，也多是文士，几乎找不到一位知名的理学家（包括程朱派学者和陆王派学者），足见其对性理问题的兴趣比较淡薄，这应是《西游记》中有关哲理性的解释都缺乏精义的原因。然而说吴承恩没有感受到当代某些士大夫热心性理问题的思考潮流则不可。从《西游记》的全部叙述来看，他对三教的典籍都有所涉猎，因而能加以糅合，大体上形成以禅宗的《心经》、道教的五行生克说和儒家的求放心说为主干的理论骨架。陈元之、谢肇淛所阐明的正是他这种混合的理论。惟其理论是混合的，故缺乏严谨性，但大体上可以看出，它是以《心经》的"心无挂碍，无挂碍故无有恐怖，远离颠倒梦想，究竟涅槃"，即"心生种种魔生，心灭种种魔灭"为主旨，而糅合着"求放心"之说的。这同王阳明的"无善无恶心之体，有善有恶意之动"是相近的。但这种强调主观吞灭客观，"心无挂碍"即可证成佛性的思想，颇容易导致任性自由、不受俗累的结论，"左"派王学家正是由此而走向异端的。《西游记》中孙悟空形象所表现出来的任性自由的思想，他的带有豪侠气概的性格，即与王学左派王龙溪、何心隐、李卓吾等所遵循的思想路线和性格趋向大体相同。我在前面论及"《水浒》热"时提到"儒侠""侠僧"，《西游记》中的孙悟空的形象，就其第二阶段的表现来说，是带有某种侠僧的气概的。从这个角度来看，《西游记》的思想倾向又未始不是统一的。当然，这并不是说吴承恩的思想同左派王学家的思想就没有区别，更不是说吴承恩是按照王学家的观点来写《西游记》和塑造孙悟空的形象。《西游记》和孙悟空的形象的思想倾向实际上要复杂得多。充满着这部书的诙谐的情趣和孙悟空这个形象的幽默感及其玩世不恭的态度，就既有作者的个性特色，也有民间文学的特色。《土地宝卷》同样也具有这种幽默的机趣。就以吴承恩给孙悟空安排一个紧箍儿来说，也与左派王学家更强调"悟"而不强调约束有出入。不过，无论是左派王学家还是吴承恩，都不主张从根本上摆脱封建秩序而自由，这又是一致的，只是表达思想的方式不同而已。这是时代条件使然。在那个时代，资本主义的萌芽虽已出现，旧的统治思想虽已出现某种程度的危机，但还没有达到可以产生那种摆脱基本的封建规范而追求个性自由的崭新的意识，而只能如我们前面说的，在传统思想的外壳里萌发着追求性命自由的冲动。

《西游记》思想倾向上的这种特点，在某种程度上也在《封神演义》《土地宝卷》等神魔故事中表现出来。《土地宝卷》中的"土地"实际上是人民企图摆脱天的权威而自由的幻想的升华。至于《封神演义》，则其中也不乏对传统意识的否定。郑振铎曾说：

> 《封神传》从头到尾不仅反抗封建统治，而更重要的是它反抗了封建的传统的道德。如武王伐纣是臣伐君，首先反对了五伦中最重要的君臣之伦；父子之伦也被打倒，如纣之子反抗其父；再如托塔天王之子哪吒杀死小龙王，天王欲将其献出以赎罪，哪吒大怒，把身上之肉割掉还给父母，从此脱离关系，这段故事也充分表现了反父子之伦的意识。（《郑振铎古典文学论文集·中国古典文学中的小说传统》）

郑氏说得过头了。在《封神演义》中，作者是极力掩盖武王伐纣的真实意图的，相反，倒是渲染他强调君臣之分，伐纣是被动的，取代纣为君更是被动的。纣之子曾参加伐纣，但后来却倒戈了。哪吒也终于因为被燃灯道人罩在玲珑塔里，"塔里火发，把哪吒烧的大叫'饶命'"，被迫承认了父亲，后来燃灯又把金塔给李靖，作为镇压之物，使哪吒再不敢反抗。(见第十四回)这个金塔，实际上就是如来佛的紧箍儿（我甚至怀疑《西游记》中的紧箍儿是受金塔的启发），只是紧箍儿安在头上，入肉生根，更为巧妙罢了，可见《封神》的作者并不是反对父子之伦的，但《封神演义》确实通过全书的大量情节，肯定了伐纣的正义性，揭示了"君不君，则臣不臣"的道理；也通过哪吒的故事对哪吒的野性作了一定程度的肯定（也有批评），客观上承认了"父不慈，则子不孝"的合理性；这在一定程度上确是对理学家所宣扬的封建伦理关系的反叛。《封神演义》中这种既在总体上维护封建伦常关系，又肯定在特定条件下突破这种关系的思想，同《西游记》的既肯定个性自由的要求，又认为要受一定的约束，其总的倾向是一致的。

但《西游记》同《封神演义》又有区别。首先是对宗教的态度不同，《西游记》对神、佛往往也采取玩世不恭的嘲弄的态度，《封神》则少见。又《封神》主要是糅合儒家和道教的某些思想，突出描写道教中阐教与截教的斗争，截教支持暴虐的商纣王，阐教则支持行"仁义"的武王。其中也写到佛教的祖师和菩萨，但考虑到佛教的后起（其实道教亦后起），佛和菩萨均改称道人、真人，而且处于从属阐教的地位。《西游记》则不然，它里面对佛祖、菩萨虽亦间有讽刺，但总的说来对佛法是颂扬的，对道教的祖师及道士则多戏侮之辞，许多妖怪即以道士的形式出现。这固然同《西游记》写的是唐僧取经的故事有关，恐亦与嘉靖朝和隆、万两朝统治者的好尚相联系。我们知道，嘉靖皇帝是崇道毁佛的，隆、万以后则崇佛。《西游记》中灭法国的故事，虽然有着历史的依据（历史上有"三武一宗"灭佛的事），似亦反映着嘉靖时的现实；而比丘国王信妖道之言以小儿心肝作药引，尤易使人联想到嘉靖帝信道士之言，取童女精血合药的事实。嘉靖帝是个极端专制的君主，他在嘉靖十八年巡游承天时，河南巡抚胡缵宗迎驾作诗，中有"穆王八骏空飞电，湘竹英皇泪不磨"之句，为属员王联所告，他即逮缵宗下狱，连不愿深究的刑部尚书刘讱也牵连得罪。这样的情节出现在那时，似乎是难以想象的。因此，我推想吴承恩写作《西游记》当在隆、万间，否则，他就是极端的大胆了。其次，这二书以及其他神魔小说虽都是把宗教思想和神话传说糅合在一起，但《西游》是带有一定的哲理性的，《封神》则更为浮浅，缺乏耐人思考的内容。这当然是由于作者的思想、文化修养有高下之分，然亦反映出当时多数小说作者对哲理性的思考的冷漠。明代中、后期小说创作很繁荣，而思想境界多不高，这应是原因之一。它同时也表明：当时虽有某种反封建的启蒙思想的萌芽，其影响却是极有限的，近人每每夸大当时出现的新思想的性质和作用，从中晚明的神魔小说来看固不合，同当时大量出现的人情小说也不合。

三、《金瓶梅》及其他人情小说

鲁迅在《中国小说的历史变迁》中称我们在上面讲过的神魔小说和人情小说为明代小说两大主潮，神魔小说虽有某些历史传说和神魔故事作基础，却主要是明中晚期作者整理或创作的，我在上面已说过了。他讲的人情小说，也不是凭空产生的，宋吴自牧《梦粱录》记当时小说家说话的内容有"烟粉、灵怪、传奇、公案、朴刀、杆棒、发发踪参（当为'发迹变泰'之讹）之事"等，其中的烟粉、传奇两类以及公案类的一部分，就是人情小说的主要内容。从现存宋元话本小说来看，描写人们日常生活的（包括家庭矛盾、男女爱情婚姻的纠葛等等）也占很大的比重，并且是其中写得最有光彩的部分。中晚明大量出现的人情小说即其发展，只是已扩展成为长篇（当然仍有短篇）。但人情小说既以写日常生活中的矛盾为主，不管其是否假托前代作背景或直写当代的故事，所反映的都是当代的现实，表现的是当代人的思想，故研究这类小说更能看出当时的反理学思潮同小说创作的交互影响。

中晚明（包括明清之际）的人情小说大体可分为两类：一类是《金瓶梅》《醒世姻缘传》等以家庭生活为主要题材的作品，这类作品主要描写社会道德的沦丧和情欲的泛滥，可以称之为暴露小说；另一类则是以描写男女爱情婚姻为主的小说，包括《玉娇梨》《好逑传》《平山冷燕》等才子佳人小说和明人拟话本小说中的爱情小说（如《杜十娘怒沉百宝箱》《王娇鸾百年长恨》等）。在人情小说中，《金瓶梅》是在当时和后世影响较大、引起争论最多的一部书，所以我们即从它谈起。

《金瓶梅》的作者署名为兰陵笑笑生，其真实姓名前人及近人猜测纷纭，有王世贞、李开先、屠隆、贾近三等多种拟议。李开先说稍近理，然亦无确据，未可轻信，故这里不加讨论。该书的创作年代也颇难确考，大致在万历三十年以前的约四十年间（请参阅吴晗《金瓶梅的著作时代及其社会背景》），因为晚明流传下来的《金瓶梅词话》本形式上颇有说唱文学的特色；而且它的开头是假借《水浒传》中西门庆与潘金莲的故事作引子，后面也稍加变易地借用了《水浒》中的少数情节；中间又移植或插入了《志诚张主管》《戒指儿记》《五戒禅师私红莲记》《新桥市韩五卖春情》等话本小说的某些情节或故事；引用当代流行的时曲、戏曲和宝卷也较多；故有的研究者认为它是根据民间说书人的底本整理而成的。但此书以西门庆一家的兴废为线索，以其家庭内外的生活为主要描写对象，旁及上层社会的斗争和市井细民的活动，虽然有组织不密之处，然就全书说，可谓匠心独运，经纬井然。而其主要情节又与《水浒》《西游》等的富有传奇性不同，全由一些日常生活的故事所构成，这是必须由一位作家来创作，而不可能由一些说书人来逐步完成的。其对《水浒》有所依傍、移植、借用、插入的话本小说、时曲、戏曲等较多，又保留着说唱文学的形式，则正是小说由根据话本、传说改编，到作家尝试独立创作的过渡现象。用历史的观点看，是无须诧异和怀疑的。

在大致确定《金瓶梅》产生的一些基本情况之后，我们就可以来讨论它同当代社会思潮的关系了。

从《金瓶梅》中所描写的西门庆一家的兴衰史来探讨明中叶以后的社会情况，如城市工商业的发展及性质、政治的腐败、豪商地主生活的腐化以及各种习俗等等，近人都写了文章，我在这里想着重地讨论一下它所反映的情欲观及其性质与意义。

《金瓶梅》可以说是一部描写人的情欲横流、道德沦丧的书。我这里说的情欲，是指广义的情欲，即"饮食、男女"这样的"人的大欲"之外，还包括私有制条件下的财富占有欲、权势欲等。《金瓶梅》的人物，除基本照搬《水浒》的具有豪侠气概的武松和只有基本生活欲望的可怜的小市民武大外，凡作者对他（她）作过某种性格描写的（未作性格描写而只写了个别行为的如参劾西门庆的曾御史之类不计），绝大多数都是惟知在追求情欲的满足上用心机，极少受什么道德、良心的约束，更没有什么理想的光辉。西门庆就是一个典型。这个由城市破落户发迹的巨商、地霸、官绅是一个追逐一切的情欲的狂人，他有令人震惊的色情狂，凡是他见到的像样一点的女人，上至名门贵妇，下及丫头、仆妇、娼女，固不问其有夫无夫，就是朋友的妻子他也要不择手段地弄到手，为此弄得别人家破人亡。他不但毫无悔吝之心，连心灵的颤抖也没有，而最后他就死在这个上面。他也有财富的占有狂和追逐权势狂，并善于把这两者结合起来：利用巧取豪夺得来的财富去巴结权势，拜在权臣蔡京门下，取得副刑、提刑的职务；又利用已经取得的权势逃避税收，排挤他人，垄断经营，从而进一步增加自己的财富。他还把渔色同骗取财富结合在一起：他首先勾引了潘金莲，合谋毒死其亲夫，但不即取潘金莲为妾，却先取孟玉楼，即因孟是有大宗陪嫁物的富有的寡妇；他勾引李瓶儿，开始虽未必是觊觎其财富，但不久即见财起心，与瓶儿合谋气死花子虚，在花子虚死后，因西门家出了事，李瓶儿招赘蒋竹山为婿，也开起生药铺来，西门庆必把他挤跑才罢休，更是把渔色同财富的垄断结合在一起了。他自己在终于取李瓶儿为妾，发怒拿着马鞭抽她时说："……你嫁了别人，我倒也不恼，那矮忘八有甚么起解？你把他倒踏进门去，拿本钱与他开铺子，在我眼皮子跟前，要撑我的买卖。"（第十九回）这不是公开的自供状么？但是西门庆对财富的看法，又与那些保守的地主不同，他曾对应伯爵说：

> 兀那东西（指钱），是好动不喜静的；怎肯埋没在一处，也
> 是天生应人用的，一个人堆积，就有一个人缺少了，因此积
> 下财宝，极有罪的。（第五十六回）

有的研究者认为，这是反映新兴的商人的看法。如仅从其以为钱
"好动不喜静"来看，似乎有理。但真正的商人（包括古代的商
人和近代资本家）并不是不要积累金钱的，只是他们不把钱埋起
来或买土地进行封建剥削（封建社会的商人还是买地的），而是
发挥金钱的活力，以增加自己的财富。西门庆自然也不是真正的
不积累金钱，但其目的主要是为了纵欲，所谓"一个堆积，就有
一个缺少了"，貌似通达和慷慨（他对常时节之流确也偶尔慷慨
过），实际是因纵欲而撒漫使钱制造"理论"依据。故当吴月娘
劝他在色欲上稍加约束时，他说：

> 咱闻那佛祖西天，也止不过要黄金铺地，阴司十殿，也
> 要些楮镪营求。咱只消尽这家私广为善事，就使强奸了姮
> 娥，和奸了织女，拐了许飞琼，盗了西王母的女儿，也不减
> 我泼天富贵。

这不是明白地把"钱能通神"的金钱万能主义同肆无忌惮的享乐
至上主义结合在一起么！我以为，这种思想与其说是一种新兴阶
级的意识，不如说是一种看不到前途的没落阶级出身的暴发户的
病态心理的集中表现。这种暴发户固然对封建制度及其伦理道德
起着破坏作用，同时又是扼杀资本主义幼芽的黑手。

《金瓶梅》中着重描写的三个女性，其精神状态亦与西门庆
基本上相似。潘金莲最为突出。这个城市里裁缝的女儿，其早年
的命运确有令人同情之处，但是在王招宣家的生活，特别是在被

西门庆勾引上之后，她的情欲的冲动也发展到了疯狂的地步。当然，由于地位不同，她的情欲的触角不可伸得像西门庆那样地广，而主要表现为色情狂。为此，她不惜用最卑鄙、最无耻的手段去谄媚、逢迎、挟制那些给她以性的满足的男性，又不惜用最阴狠、毒辣的手段去对付妨碍她获得这种满足的男人（包括她的前夫武大和她的情敌的丈夫来旺）和女人（如李瓶儿、宋惠莲等）。但她也不只是追求性的满足，而同样在扩张其多方面的情欲。几乎每当以其谄媚和狂荡的行为取得西门庆的欢心之后，她都要在衣服、首饰之类的个人财产上有所索求。她在西门家，先踩下地势最弱的孙雪娥，次倾陷在有钱和有子两方面优越于自己的李瓶儿，致之于死命，最后更与位尊于己的吴月娘较量，企图挟持之甚至取代之。这并非只是一般的争风吃醋，更不是想独占西门庆，因为她知道这是狂荡的西门庆所不许可的。她之所以要倾陷、排挤这些人，主要是为了树立她在西门家的权势，造成一个为所欲为、放纵享乐的环境。故她既是其情敌的倾陷者，又是家中唯一为西门庆和别人偷情提供方便的人。正是基于这个思想，她也像西门庆一样，全不讲什么道德、良心，甚至比西门庆更进一步，连用钱买通神灵以保持富贵的"善心"也没有，更不像吴月娘那样求神拜佛和相信算命、相面、占卜之类的迷信，她曾说：

> 我是不卜他，常言"算的着命，算不着行"。前日道士说我短命哩！怎的哩，说的人心里影影的。随他明日街死街埋，路死路埋，倒在洋沟里就是棺材。

千万不要误会，以为这是什么对命运的反抗和对迷信的鄙弃，这是一种只顾目前享乐，不顾后果的没落阶级的思想。

庞春梅在某些方面不同于潘金莲：她虽在西门家恃宠骄横，助潘为恶，凌辱孙雪娥，迫害可怜的同伴迎儿，但在西门庆死后，吴月娘把她撵出时，她那种昂然而去的神情是逗人喜爱的。她后来做了守备夫人，却以包容谦逊的态度对待月娘，又收敛金莲的尸体，表示念旧，这虽是从封建道德观念出发，但同那些唯利是图、以怨报德的人相比，还是颇有人情味的。但是在疯狂地追求性欲的满足上，她却不愧是潘金莲亲手陶冶的弟子。作者对她在这方面的行为，虽没有像对潘金莲、西门庆那样肆意的渲染，然仅从其以淫荡丧生的结局即可想见。而第八十五回的一段话对她的灵魂揭露得尤为深刻：

> 春梅见妇人（指潘金莲）闷闷不乐，说道："……你把心放开，料天塌了，还有撑天大汉哩。人生在世，且风流了一日是一日。"于是筛上酒来，递一钟与妇人说："娘且吃一杯儿暖酒，解解愁闷。"因见阶下两只犬儿交恋在一起，说道："畜生尚有如此之乐，何况人而反不如此乎？"

这不是明白地告诉人们，她们所向往的不过是一种极低级的兽欲么！

李瓶儿的为人也与潘金莲要不同一点。她私通西门庆，隐占花家的财物，逼得丈夫花子虚活活地气死。看来她不仅沉迷于肉欲的追求，也有歹毒的心肠。她随后招赘蒋竹山又厌弃他，仍然恋着西门庆，终于成了他的第六妾，更是因为蒋不能满足她的肉欲。但她毕竟没有潘金莲那样多的机心。经过西门庆皮鞭的教训，更变得比较温顺，面对潘金莲的挑战和威逼，她只能含忍退让，以致忧郁而死。不过，这只是个性问题，就把情欲的满足当作人生的唯一意义来说，她同潘金莲、庞春梅并无本质的差异。

在西门庆的妻妾中，对情欲表现出一定程度的克制的要算正妻吴月娘和三妾孟玉楼，但她们的克制，实际上只是一种在利欲角逐中保持自己的地位的方法。清代的评论家张竹坡非常欣赏孟玉楼，说她是"一待时之杏"，是"知时知命知天之人，一任炎凉世态，均不能动之"（第七回评语）。这不合事实。但他说作者写玉楼，"是教人处世入世之法"，却有一定的道理，她所谓"处世"之法，实际是善于保全自己之法，绝非对炎凉世态不关心。此人急于要嫁西门庆，嫁来之后善于在吴月娘、潘金莲之间周旋，能使潘、吴相亲，显然是看准了这两人的地位性格不同。至于吴月娘，有人说她是个"阴险主妇"，那是过分了。她对西门庆的婆妾和勾引女人极少劝阻，在西门死后逐经济、卖春梅、逐金莲等行为在当时都不足深责，或无可非议；而且，同潘金莲等相比，她毕竟是比较正派的。但烧夜香的行为，确是在玩弄笼络西门庆的权术，吞符求子的情节，也颇不光彩，在浪子女婿陈经济满怀仇恨时把西门大姐交给他亦有欠仁厚。所以，就其总的表现来说，她也是一个只知保存自己的利欲的庸俗的女人。

此外，《金瓶梅》还描写了上自大臣、官吏（蔡京、王黼之类），下及市井帮闲（应伯爵之类）、优人、娼妓、仆役、使女等。这些人中，大抵大者祸国殃民，以逞其个人的私欲；小者则多为一点蝇头小利而不惜谄谀逢迎、吹牛拍马，乃至出卖灵魂和肉体。像周守备（春梅的丈夫）那样能为国捐躯的算是其中的佼佼者，但作者并未着意去描写他。来旺妇宋惠莲以死来抗议西门庆对其夫的迫害，颇能体现下层人民对情欲横流的罪恶的忏悔，对剥削阶级阴狠、毒辣的吃人本质的认识。但她的认识是很模糊的。假如西门庆不受潘金莲的刁唆，能给来旺以生存的条件，她是甘心受西门庆的玩弄、蹂躏，而毫不感到羞耻的。与后来《红楼梦》中的尤三姐意识到人格的尊严就愤怒地起而抗争相比，觉醒的程度有天渊之别。

《金瓶梅》写的既是这样一种情欲横流的世界，那么，我们现在要问，作者对这种现实究竟采取一种什么态度？对此历来就有两说，即所谓"诲淫"说和"戒世"说或"讽世"说。至于什么"苦孝"说则是后一说的引申，其说牵强，可以不论。近人或说它是一部现实主义小说，或说是自然主义的，究其实，也还是同"讽世"说与"诲淫"说一脉相承，只是在理论上现代化了。这两说究竟谁是谁非还是都有所见呢？由于这部小说主要是描写情欲的泛滥，我觉得主要应从其具体描写中来考察作者的情欲观。

《金瓶梅》第六十九回叙西门庆与林太太通奸，有一段描写王招宣府（即林太太家）后堂的文字已引起几乎所有研究者注意：

> 迎门碌红匾上"节义堂"三字……左右泥金隶书一联："传家节操同松竹，报国勋功并斗山"。

由于西门庆与林太太的调情、通奸即在这后堂及其内室里进行，这段文字的讽刺意义是非常明显的。但作者究竟是哀叹罪恶的情欲对神圣的节义传统的破坏呢？还是嘲笑标榜节义的虚伪呢？抑或是二者兼而有之呢？

从《金瓶梅》全书来看，我认为，不能说作者没有对情欲横流、道德沦丧的悲哀和对旧道德的留恋。姑不管作者插入的一些道德教戒议论（这类议论较多，特别是每当西门勾引仆妇的时候），就拿形象描写说，作者对西门之流放纵情欲，巧取豪夺，鱼肉百姓，谋害人命之类的反道德的残忍行为都是谴责的；却又不忘记写上他有时也有赒济人的"义举"：他把庞春梅在永福会见吴月娘等的情节和她"游玩旧家池馆"的情节都写得情意缠绵，显然都是在悲叹欲海漫漫之余想给义气留一角之地。他特意写到陈经济死后，韩爱姐为之守节，西门庆死后，吴月娘誓不受殷天锡之辱，也不投云离守的陷阱；又写到周守备的殉国，也是有意在为"忠节"唱赞歌。特别是韩爱姐之守节，写得突如其来，显系作者故意凑上去的。这些都意在要给一片混浊的欲海添上一点光彩。

但《金瓶梅》的作者又绝不是像理学家那样的封建道德的崇拜者。他对妇女在丈夫死后正正堂堂的再嫁是没有贬辞的，相反，他有意在孟玉楼第一次再嫁给西门庆时特地展开一场辩论，说明小叔子不能干预寡嫂再嫁的道理，还有意把玉楼又一次从西门家嫁给李衙内写得冠冕堂皇，以与潘金莲、孙雪娥的被逐或私逃形成对比，以显示其正当性。对丫环小玉与书童玳安私下相好，作者也没有谴责，而且给他们以好的结局。尤其耐人寻味的是第十四回叙述花子虚事交开封府处理，西门庆受李瓶儿之托，差人连夜送礼到杨提督（戬）处，"转求内阁蔡太师束帖，下与开封府杨府尹"打通关节，作者特别点出：

> 这府尹名唤杨时，别号龟山，乃陕西弘农县人氏，由癸未进士升大理寺卿，今推开封府尹，极是清廉的官；况蔡太师是他旧时座主，杨戬又是当道时臣，如何不做分上？

稍知理学史的人都知道，杨时是理学祖师二程的高足，北宋末年著名的理学家，其暮年因蔡京、王黼之荐，入朝为秘书郎，迁著作郎，除迩英殿说书，在朝无所作为，即理学家朱熹、张栻亦有微辞。但他并不是弘农人，而是福建将乐人，其中进士，亦非癸未（崇宁三年），而为丙辰（熙宁九年），那时蔡京官卑，不可能是他的座主。他入朝时年已七十，以前只做过几任知县及荆南教授之类的小官，一生未任过大理寺卿、开封府尹的要职。作者在这里硬把他拉来充开封府尹，显系故意揭他与蔡京之类的奸臣通声气的老底，给那些满口道学、自许清廉无欲的理学家以讽刺。其漫为谬悠之辞，把杨时写得官高位显，与史实不类，也是暗示理学家攀附权贵向上爬的现实，揭穿其鼓吹"无欲"的虚伪性。由此可见，作者又非禁欲论者，他对肆无忌惮的纵欲者以及那些口讲道学而实际不能无欲的理学家都是深为痛恶的。不过，就总体来说，作者对正当情欲的合理性的揭示是苍白无力的，而情欲横流的罪恶则写得淋漓尽致。

如果上面的分析不错的话，那么，我们似乎可以说，作者是既肯定合理的情欲，又反对纵欲的，他并不是纵欲主义者。然则我们又怎样来评价其中大量的亵猥的描写呢？这个问题比较复杂，不能简单地对待。

首先，我们要注意晚明一些士大夫对性欲的看法。本来，性行为是人和动物的一种自然本性，并不是什么神秘的事情。我国古代儒家讲礼教，严男女之大防，男女问题逐渐神秘化。然及至唐以前，对妇女在贞操方面的要求是不严的，主要是反对有夫之妇与人通奸，以免乱宗。宋代理学家强调"饿死事小，失节事大"，士大夫对妇女的贞节虽要求渐严了，妇女再嫁一般舆论尚不以为非，二程家就仍有妇女再嫁的。但据陈东原《中国妇女生活史》：自宋起，便形成了一种所谓"男性之处女的嗜好"，于是"贞节观念遂看中在一点——性欲问题——生殖器问题的上面，从此以后，女性的摧残，遂到了不可知的高深程度！"（第六章）这是一方面。另一方面，男性的纵欲方式又有了新的发展，"采阴补阳之说，宋代大为盛行"（同上书）即其表现之一。明代前期基本沿着宋代的发展趋势。但当时商品交易很不发达，地主阶级的纵欲生活尚有限度。至中叶以后，由于农业、手工业有了一定的发展，商品交易较前发达，士大夫和大商人的生活因而迅速地奢侈腐化起来。何良俊《四友斋丛说·正俗》、顾炎武《天下郡国利病书》引《歙县风土志》、吴晗《金瓶梅的著作时代及其社会背景》引《博平县志》《郓城县志》，都记载了这种变化。在此种风气之下，从皇帝到市井，性生活也更加放荡起来，晚明尤甚。著名文学家袁宏道、袁中道在自己的文章里都坦率地承认因"好色"过度而身体衰弱，屠隆因纵欲而患花柳病致死，臧懋循则因与娈童游乐而被劾罢官，钟惺亦以父丧归途挟妓游山被劾。然当时人多不以为怪，甚至称为"风流""佳话"，这些大都为治明代文学者所熟知。名人如此，其他可知。影响到文学，便是性欲描写空前地多起来。著名戏曲家汤显祖生活不算放荡，其《四梦》中都有露骨的性欲描写。冯梦龙提倡"情教"，反对纵欲，然在其所编《三言》与《情史》中都保存了一些有色情描写的小说。《金瓶梅》的作者显然受到这种世风的影响。此外，《金瓶梅》受都市说唱文学的影响颇深，而宋元流传的话本小说中这种描写也较多，与讲史家的话本很不同。这亦应是它里面亵猥描写颇多的原因之一。

但《金瓶梅》中的色情描写又与同时其他某些戏曲小说有别：一是它写的多是色情狂的变态的性心理和性行为；二是它虽然写得多，但从不描写比较正派的妇女的性生活，对于本是娼妓的，也极少描写，像西门庆梳笼李桂姐那样的事情，他反只用大笔写得颇为庄重，没有一点亵狎的笔墨，对于西门庆初次奸污的丫头，他更只顺带交代，他加以渲染的大都是所谓"淫妇"型的人物，如潘金莲、李瓶儿、林太太、宋惠莲之类。吴月娘他写了一次，意在讥刺她求子情急，听信尼姑之言，走入邪道，但仍写得颇含蓄。由此可见，他反复作这类描写，并不是像王实甫在《西厢记》、汤显祖在《牡丹亭·惊梦》中所作的某些描写那样为了肯定人的这种自然的情欲，而是像话本小说《金海陵纵欲亡身》那样，主要在于暴露和提出教戒。不过，把反面事物绘声绘色地写多了，其效果有时会与作者的意图相反。某些汉大赋如此，《金瓶梅》许多描写亦如此，色情描写不过是其突出的部分罢了。对《金瓶梅》的这一特点，袁宏道是看得清楚的，所以，他在《与董思白（其昌）书》中说：

> 《金瓶梅》从何得来？伏枕略观，云霞满纸，胜于枚生《七发》多矣。

这个比拟多好呵！枚乘《七发》不正是历叙各种享乐生活而对楚太子痛下针砭吗？可惜我们许多研究者虽习见中郎这段话，却无人能发其覆！

《金瓶梅》在创作方法上的这一特点及其缺点，我以为正是有人称它为"淫书""秽书"，有人则称之为"讽世之书"的原因，而从社会效果考察，它确实也起着两个方面的不同作用。

从基本的方面说，我以为《金瓶梅》以其描写的情欲横流的现实，揭穿了理学家们所宣传的封建伦理道德的虚伪性，宣告了它的破产，在促进僵化的封建意识的衰落上起了一定的作用。同时，它通过西门庆一家的兴衰和西门庆及金、瓶、梅等人的结局，展示纵欲的恶果，启发人们进行思考。这部书的缺点是它的作者几乎看不到历史和现实中的光明面,更不可能看到历史前进的方向(当时虽已有资本主义生产方式的萌芽和新思想的萌动,但仅此而已,并未给人以历史前进方向的启示)。故他除了提倡皈依宗教和忏悔之外,就只知尽情地暴露。它里面的色情描写之多,在很大程度上是这种过分热衷暴露的情绪所造成的。它与同时出现的某些亵狠小说固然同是一种时风的反映,但从全书总体的构思看,却是有重要区别的。不过,它里面的这类描写实在太多了,又都是些色情狂的病态心理的表现,这在客观上是有消极作用的,对青少年尤其有害。因此,我们虽然不能像理学家那样攻击它是"诲淫",却也不必为其失误掩饰。事实上,前人对它表示不满的也不只理学家,伟大的现实主义作家曹雪芹在其创作《红楼梦》的过程中,受《金瓶梅》的启发最多,然其在该书第一回开宗明义的一段评论中说:

> 历代野史,或讪谤君相,或贬人妻女,奸淫凶恶不可胜数;更有一种风月笔墨,其淫污秽臭,荼毒笔墨,坏人子弟,又不可胜数。

这当是主要指《绣榻野史》《如意君传》之类的"秽书"而言,然亦含有对《金瓶梅》的批评。

《金瓶梅》出现之后,人情小说的创作形成了一个高潮,但是沿着《金瓶梅》作者的思路,着眼于从一种社会风习、社会思潮去暴露社会病态的不多,据传《玉娇梨》与之同类,但已不可见。我们现在看到的只有稍晚的《醒世姻缘传》和《三言》《二拍》中一些描写人情世态的小说。

《三言》中有些人情小说写得很精彩,如《蒋兴哥重会珍珠衫》描写了小市民家庭和两性生活中的问题,表现了他们对妇女贞操问题的不同看法;《金玉奴棒打薄情郎》揭露了士人道德的堕落;《滕大尹鬼断家私》反映了封建家族中争夺财产继承权的斗争;《施润泽滩阙遇友》描绘了小市民和农民的淳朴的道德观念。这都从一个侧面真实地揭示了明代中晚期的社会道德风貌,使我们看到:人们的道德观念实际是同一定的物质生活条件相联系的,理学家们宣扬的先天的永恒的伦理道德规范是没有的。《二拍》中也有少数在一定程度上真实地反映了人情世态的篇章,如《卫朝奉狠心盘贵产,陈秀才巧计赚原房》等,但《三言》中已颇多封建道德的宣传,《二拍》道德劝戒的色彩尤为浓厚。这是晚明人对情欲横流的现实感到不满,而又找不到与之对立的新思想的表现。《醒世姻缘传》也同《二拍》一样反映出这种倾向和缺点。

《醒世姻缘传》署西周生撰。胡适以为即蒲松龄,不可信,从书中叙述的语气看,作者当是明末人,此书以晁、狄两家为主,描写了山东淄川地区城乡各阶级人物的生活及精神风貌,也反映了当时的京城及外地的生活。与《金瓶梅》相似,它里面描写的也多是沉没在欲海利窟中的地主、商人和官僚,其中不乏亵猥的笔墨。但重点是写宗法制家庭内部所谓嫡庶的矛盾和所谓悍妇对丈夫的凌虐,从这一角度反映封建宗法制伦理道德的破产。它同《金瓶梅》的区别是,作者还力图写几个颇讲仁义道德的人物如晁夫人、薛教授等,还一再缅怀明代前期的风尚,对成化以后的世风的变化深为不满,如第二十七回说:

> 单说这明水地方,亡论那以先的风景,只从我太祖爷到天顺爷末年,这百年之内,在上的有那秉礼尚义的君子,在下又有那奉公守法的小人,在天也就有那风调雨顺、国泰民安

的日子相报。只因安享富贵的久了，后边生出来的儿孙，一来也是秉赋了那浇漓的薄气，二来又离了忠厚的祖宗，耳染目濡，习就了那轻薄的态度。由刻薄而轻狂，由轻狂而恣肆，由恣肆则犯法违条，伤天害理，愈出愈奇，无所不至。

作者这段发思古之幽情的话，不用说是美化了明代前期的社会，自然也没有揭示出世风变化的真正原因，但他确实看到了建筑在自给自足的自然经济基础上的宗法制伦理道德遭到了破坏的现象。他就是按照这个认识来描绘现实的。其刻画人物、提炼情节和组织结构的才能虽远不如《金瓶梅》，但描绘生活之广则过之，而且有的场面、有的人物（如晁源姜珍哥、狄希陈姜寄姐等）写得还相当生动。故其主观上虽想用理学教条和果报之说来劝世、警世，客观上却使人感到这些宣传苍白无力，已不能起到维系人心的作用了。

人情小说的另一类也同《金瓶梅》有某种联系，如《玉娇梨》《平山冷燕》在命名上就模仿《金瓶梅》，但这类小说的主旨是展示男女青年争取爱情和幸福婚姻的斗争，作者们颇注意避免亵狎的笔墨，显示一种企图纠正《金瓶梅》缺点的倾向。人们通常把这类作品称为才子佳人小说，但如果把《三言》《二拍》中的一些爱情小说算在内，就不好这样说了。因为像《王娇鸾百年长恨》之类我们还可称其主人公为才子、佳人，像《杜十娘怒沉百宝箱》《卖油郎独占花魁》之类，杜十娘、莘瑶琴固可说是佳人，李甲、秦重就绝不是什么才子，而这些作品就其对封建礼教的控诉来说是更为有力的。不过这些作品人们已经谈得很多了，而且，就数量来说，才子佳人小说也占多数。

晚明的才子佳人小说，从文学传统看，是唐传奇中爱情婚姻小说的直接发展，它与宋元话本的传奇小说也有某种联系，但它描写的主要是士大夫的生活、思想，作者多为失意文人，喜欢卖弄自己并不高明的诗词，而不注意向话本小说学习刻画人物、描绘生活的本领，故这类小说大都是公式化、概念化的，远不及市人小说那样地富有真实的生活情趣。就以其中所展示的理想来说，也不像宋元话本小说如《碾玉观音》《闹樊楼多情周胜仙》等，以及上面提到的明人拟话本《杜十娘怒沉百宝箱》《卖油郎独占花魁》等中的一些主人公那样朴素、纯洁而富于人性美、人情美。才子佳人小说的反理学的进步倾向主要表现在：

（1）妇女观的变化。中国历代都有个别所谓才女见诸记载，其中有文学家、诗人、艺术家，还有个别武将和政治家。但是历代史籍中所表彰的女性大都是一些以"德"著称的"孝女""节妇"或相夫助子成名的人物，才女虽也有人加以表彰，但常受到非议和批评。范晔《后汉书》把蔡琰列入"列女传"，后人即啧啧不休。宋元以来，随着理学思想的普及，妇女尤其受到歧视，理学家不仅强调夫为妻纲，妇女要以婉顺为德这样一些传统观念，强调妇女从一而终的贞节，还说什么"家人离，必起于妇人"（周敦颐《通书·家人、睽、复、无妄》第三十二），把家庭不和的责任完全推给女性。至宋元间郑太和、郑铉、郑涛祖孙三代所作《郑氏家规》，更是把妇女像奴隶和囚虏一样看管起来，仅"女子年及八岁者，不许随母到外家，余虽至亲之家，亦不许往"一条就可想见了。在此风气之下，"女子无才便是德"的观点逐渐形成。陈东原《中国妇女生活史》说此语产生于明末，是据王相母之《女范捷录》、陈宏谋《教女遗规》及《古今女史》梁氏某序已公开批判此语而言，这反映晚明人对妇女之新认识。但此语的流传当更早，陈氏也承认：司马光说的"今人或教女子以作歌诗，执俗乐，殊非所宜也"就"稍有'无才是德'的意义了"（第七章）。然实际同理学家歧视妇女的观点唱反调的亦不始于晚明，元明间的小说、戏曲就塑造了一些凛然有丈夫气的妇女形象，特别是《水浒传》中扈三娘、孙二娘、顾大嫂，杨家将故事中的女将（现存此书亦刻于晚明，但无名氏杂剧《谢金吾》中已有七娘、八娘，可见此故事在说话人的底本中早已有了女将）是毫无脂粉气的人物。不过，元明间的英雄传奇以及《西游记》等在妇女观上也有落后之处，几乎凡涉及两性问题都对女性抱着鄙夷和嘲弄的态度，在家庭婚姻和爱情问题上没有表现任何进步理想。至明中叶以后，一些才子佳人戏剧和小说才把表现妇女的才华及其对爱情和婚姻自主的追求结合起来。《玉娇梨》中白红玉、卢梦梨，《平山冷燕》中的山黛、冷绛雪，《好逑传》中的水冰心，《定情人》中的江蕊珠都是这样的女性。

（2）爱情婚姻观的变化。在我国漫长的封建社会中，婚姻全凭父母之命，媒妁之言，一般地说，婚前是没有爱情可言的，倘机缘好而获得称心的伴侣，其爱情是萌发在婚后。故文学作品中所反映的爱情，多不在夫妻之间，除某些来自民间的作品外，甚至也不在未婚的青年男女间，而多在文人与歌妓的关系或非正常的私通关系中。唐传奇、宋元戏曲和话本小说中开始描写一些青年男女婚前相恋终成眷属的故事，反映了男女青年争取婚姻自主的愿望，但小说、戏曲中写得较多的还是非正常的爱情关系。爱情的产生既然这样地艰难，自由结合又是那样地不易，故爱情的萌发大都是生于偶然相遇所产生的直感，即所谓"一见钟情"。出于相互了解、情志相投的情况是比较少见的，即有，也多在下层民众间或文人与妓女之间。唯其如此，当时的小说、戏曲作者虽多宣传以郎才女貌作为男女青年选择配偶的标准，实际上话本小说中所写的普通民众的爱情是不以此为标准的，说话人也不大提这个标准，而只说形成男女主角爱情关系的具体条件。只有以文人为男主角的爱情小说和戏曲，这个标准才显得较为突出。但仔细考察其实际描写，男女主角多数是兼有才貌。女子不漂亮的固然没有，男子丑陋的似乎也找不到；男子固多有才，女子亦多慧心。而他们的爱情的萌发，首先又往往在貌。《西厢记》中张生莺莺一见钟情，彼此所见的只有貌，而后来的心心相印则有赖于才。假使莺莺无才，张生怎能以琴相挑，以诗相感？当然这是比较典型的情况，其他小说、戏曲不尽如此。然而男女主角外表美与内才美的一定程度的统一，确是以文人为男主角的爱情小说、戏曲中较为常见的现象，例外的情况是少有的（笔记小说不计）。但是，在晚明以前的爱情小说、戏曲中，"才"却未成为男性主角选择对象的条件。把"才"作为条件是晚明至清初的才子佳人小说提出来的。如《平山冷燕》中的平如衡说：

> 女子眉目秀媚，固云美矣。若无才情发其精神，便不过是花耳、柳耳、莺耳、燕耳、珠耳、玉耳。纵为人宠爱，不过一时。至于花谢、柳枯、莺衰、燕老、珠黄、玉碎，当斯时也，则其美安在哉？必也美而又有文人之才，则虽犹花柳，而花则名花，柳则异柳。而眉目顾盼之间，别有一种幽悄思致，默默动人。虽至莺燕过时，珠玉毁败，而诗书之气，风雅之姿，固自在也。（第十四回）

毫无疑问，这是同"女子无才便是德"的道学滥调针锋相对的，同时也是对《金瓶梅》中西门庆之流只知道追逐肉欲的庸俗低级趣味进行批判。这是明末清初小说作家对女性美的认识上的进步，也是爱情婚姻观上的一种新的发展。

值得注意的是，这些小说的作者不仅强调才，还提出要有相关的情，如《玉娇梨》中的苏友白说：

> 有才无色，算不得佳人；有色无才，算不得佳人；即有才有色，而与我苏友白无一段脉脉相关之情，亦算不得我苏友白的佳人。（第五回）

《定情人》中也有类似的论调，说"情既不为其人而动，则其人必非吾定情之人"（第一回）。如果说，尚才之说还可以认为只是高雅一些的封建文人的情趣的反映，那么这种尚情之说则已有近代爱情婚姻观的萌芽了。因为倘不解除男女青年婚姻交际之禁，这"情"从何而生呢？此外，《白圭志》的评语中还提到德，虽泛指人的品德，与理学家之尚德有别，然此书较晚出，虽记明事，恐反映的非明清之际的思想，不可据。但即使从《玉娇梨》等明末清初的才子佳人小说来看，男女主角对爱情和自主婚姻的追求虽然比较执着，然而行为大都比较审慎，于女性的贞操尤极重视，最后且必待父母之命（有时是皇帝之命）然后成亲，像《女才子书》某些篇章那样以肯定态度写到女性婚前与男子偷情行为的是少见的，这是明清之际进步的知识界又重新呼吁用理性约制情欲，不让情欲泛滥的总体思潮的反映。明清之际一些有代表性的思想家、文学评论家如顾炎武、王夫之、黄宗羲、金圣叹等，虽思想体系各异，对情欲及其他问题的具体看法不同（金圣叹对男女之情的肯定显然要多一些），在这个总体倾向上都是一致的。就是浪子文人李渔，其《闲情偶寄》，也要说些装点门面的道学语。明末清初的才子佳人小说作家对情欲的看法则大体于金圣叹为近，只是这些小说作家庸俗的气味要稍浓厚一些。许多才子佳人小说作者必让才子在科举考试中高中，同时得两佳人为妻，或一佳妻一慧妾；《好逑传》的作者竟自署为"名教中人"，即表现所谓风流名士的两种不同形式的庸俗气（一求功名与艳福双收，一挂道学招牌）。然亦有识见稍激进者，如《女才子书·卢云卿》篇的前面引花袱上人云：

> 情之一字，能使人死，即不死，亦使人痴，大都闺阁尤甚。如文君私奔相如，红拂妓之弃李卫公，则不可谓痴也。何也？彼盖以丈夫之眼，识豪杰于风尘，双瞳不瞀，臭味自投。不奔，直令英雄气短耳。奔之，初不以儿女情多也。以故其奔也，非情也，识也。……

又引烟水散人曰：

> ……予则谓云卿之奔月媚，其敏识异见，较之文君、红拂，更有难者焉。……但在风流之士，则美其事而幸其奔；其为学究之见，则丑鄙而不欲置之唇吻。夫行权私匹，固难与道学言，即歆美之者，亦不过重其情而已矣。而不知其奔也，以才识而佐其情也，呜呼！抱衾私逸，逾墙相从，世之溺于情者，不可胜数，莫不被辱公庭，遗臭乡里，亦安在其以情乎？夫惟有云卿之才之识，而后可以奔，而后足以垂艳千古！

这已同李贽赞扬卓文君私奔的观点相近，而比圣叹似稍激进了。因为金圣叹认为才子佳人虽"有必至之情""但可藏之……心中"，彼此虽至死不能通其情，张生和莺莺只有在普救寺被围事件后，老夫人已许婚，其通情才是允许的。（详见《西厢记》"二之四"批语）此则云苟"识豪杰于风尘"，能"以才识而佐其情"，则不但可通情，且可私奔，显然大胆一点。然而归根到底，他们还是像其他才子佳人小说作者和金圣叹一样,只许才子佳人在一定的条件下通情,凡夫俗子则不得越礼而痴情,这仍然没有从根本上摆脱"名士风流"的窠臼。所以,我们虽然应看到这类小说所反映的某种进步的爱情婚姻观,却不能给予过高的估价。

上面我们以一些小说为代表,概述了中晚明反理学思潮同小说的关系,有一类小说我们尚未提及,这就是讲史演变而来的作品。这类小说从数量上说是超过神魔小说的,应该说,它也是明代小说创作的主潮之一。不知鲁迅何以在《中国小说的历史变迁》中没有作为主潮看待。然而这类小说的发展道路确与那两类小说有所不同:它同反理学的异端思想联系较少,而同中晚明的政治斗争联系较多。故我在上面也没有讲到它们,只在这里作一点补充的说明。

我想还是从《三国志演义》谈起。

在前面我已从艺术成就上对《三国志演义》和《水浒传》作了一点比较,说明中晚明没有形成"《三国》热",而形成"《水浒》热"的原因,其实,《三国》之未形成"热"也有思想上的原因。

《三国志演义》同民间说书《三国志平话》是有继承关系的。它也很重视吸取民间说书艺人对三国故事的加工、创造。除诸葛亮这个人物的塑造吸取了较多的民间传说外,较为突出的一点是引入了刘、关、张桃园结义的情节,把他们三人的君臣关系,写成几乎是异姓兄弟的关系。《演义》着力把诸葛亮同刘备的关系写成几乎是平等的朋友关系,虽有某种历史依据,也同《平话》及其他一些在民间说话基础上产生的小说的倾向一致(如《封神演义》《隋唐演义》等都把军师与君主写成类似朋友关系），但历史小说毕竟要受历史事实的约束，故《平话》中刘备"落草"的情节《演义》就不取，而这类情节正是说话人特别喜爱草泽英雄的思想的反映。尽管如此，从历史的角度看，《三国志演义》还是史实与虚构相掺杂的，这在那些熟悉历史的文人看来，未免不习惯，《三国志演义》不为某些文人所喜，这也是原因之一。但我认为，《演义》的思想倾向不甚合于当时反理学的异端思想的需要也是一个原因，这可以从李贽对《演义》和三国人物的态度加以考察。

李贽没有直接评《演义》的文章，但其《焚书》中有《题关公小像》及《关王告文》。前文提到"桃园三结义"及"公皈依三宝，于金仙氏为护法伽蓝"，后文提到"秉烛达旦"，及"然公虽死，而吕蒙小丑亦随吐血亡矣"。都是《演义》中的情节，非史书所有，可见他不但读过《演义》，还居然以之作为评价关羽的依据。这虽近于一种游戏笔墨（因卓吾知道这并非史实，其《藏书》中的"关羽传"即绝不采小说家言），却反映他的一种评价，特别是前文有一段说：

> 古称三杰，吾不曰萧何、韩信、张良，而曰刘备、张飞、关公。古称三友，吾不曰直、谅与多闻，而曰桃园三结义，呜呼！唯义不朽，故天地同久。……

可见他对桃园三结义尤深有所契。然他于《藏书·曹魏世纪》评语中虽谓曹操为"奸雄"，在《焚书·曹公》两则中于曹操却不胜叹美，而在同书《孔明为后主写申、韩、管子、六韬》一文中对孔明颇多批评，一则说他"盖唯其多欲，故欲兼施仁义；唯其博取，是以无功徒劳；再则说他为名教所累，"以故瞻前顾后，左顾右盼，自己既无一定之学术，他日又安有必成之事功耶？"两相比较,可见他对曹操的赞许实超过诸葛亮,这同他一贯用功利观点评价古人而不以"名节"为重是一致的。但《三国志演义》却鼓吹名节,不贵功利,这显与李贽的思想凿枘。李氏于此书有所取,然未尝像对《水浒》那样加以表彰,我想,这应是一个很重要的原因。

与李贽不同,叶昼比较重视《三国志演义》并托名李贽作了批评。但他并不拥刘反曹,而是把他们的斗争看作一场戏。在《演义》叙述刘备继曹丕即皇帝位时,他批评道:"曹家戏文方完,刘家戏子又上场矣,真可发一大笑也。"(第八十回批语)他对蜀汉的关、张颇赞许,认为"只打督邮一节,翼德便不可及"(第二回),评关羽云"能杀倚势欺人之恶霸,便是圣人,便是佛,所以至今华夷并仰,老幼俱亲也"(第一回)。然于刘备甚不满,说"玄德一口诗书,大俗物也"(第三十八回)。而对曹操那种极端残忍自私的人生哲学也曲为辩护,他说:

> 孟德恶极矣,罪大矣,可恨矣,可杀矣,更说出"宁使我负天下人,休教天下人负我"话来,读史者至此无不欲食其肉而寝其皮也。不知此犹孟德之过人处也。试问天下谁不有此心者,谁复能开此口乎?故吾以世人之心较之,犹取孟德也。至于讲道学诸公,且反其语曰:宁使天下人负我,毋使我负天下人。非不说得好听,倘存心行事,稍有一毫孟德者存,是孟德犹不失为心口如一之小人,彼曹反为口君子身小人之罪人也。即孟德见此曹,亦何肯以之为奴也哉?

这当然是愤世之言,并非真的肯定曹操的这种人生哲学,但其观点显然与《演义》作者的看法不合。似乎可以说,叶昼是以不同于《演义》基本倾向的观点在批评《演义》。这同后来毛宗岗父子在批评《演义》时突出尊刘反曹的正统观念，修改原书中的某些描写，更为突出刘备的"宽仁""爱民"，使之成为理想的"仁君"，在思想观点上是有较大差别的。我们不想具体评论他们的得失。毛氏父子的观点（艺术上的评论不论），从另一角度看也未始不有其进步的因素，但是，经过他们的批评和修改，《演义》的内容对理学家来说确实变得更加容易接受了。而《演义》的地位也就不但同《水浒》并驾，甚至更受重视了。毛氏就是把《演义》置于《水浒》之上的。这是中晚明的反理学思潮到明清之际因农民起义和清兵入关而趋于低沉的反映，是同人情小说发展到《醒世姻缘传》加强了道德教戒的宣扬，才子佳人小说的作者也颇标榜"名教"是一致的。

　　但要指出，上面说的不过是中晚明思想发展的一个重要方面，或者说是它的主潮。实际上中晚明的思想界并不只是有理学与反理学的异端思想（它主要以左派王学的面目出现）的斗争，还有比较注意地主阶级整体利益的正派官吏（在晚明以东林党的多数成员为代表）同只知满足个人和本集团私欲的一派官吏（他们以那时作恶的阉官和严嵩之类的权臣为代表）的斗争。后一斗争也涉及政治伦理道德观问题，而且同前一斗争并不一致。那些具有不同程度的反理学倾向的人物固然同阉官相水火，也为某些正派官吏所敌视，视之为破坏社会道德的洪水猛兽或亡国的妖孽，因而对之加以迫害。弄得李贽无处安身，终于死于牢中的就是这些正人君子们。这些正派官吏同阉官和严嵩一类权臣的斗争，人们习惯上称为忠奸的斗争，表明它不仅体现两种政治态度的分歧，也体现伦理道德上的分歧。这种斗争的激烈程度往往是超过理学与反理学的斗争的。故由中晚明人创作或改编的大量的历史小说，除少数以异代之际的历史为背景者（如《唐书志传通俗演义》《飞龙传》《大明英烈传》之类）外，大都浸透着忠奸斗争的内容。《精忠传》《杨家将传》就是大家所熟知的。《于少保萃忠全传》《魏忠贤小说斥奸书》《皇明中兴圣烈传》《警世阴阳梦》《梼杌闲评》等直接反映当代政治斗争的小说更突出地反映了表忠斥奸的思想。这些小说虽然绝少新的思想因素，艺术水准较高的也不多，但有鲜明的政治倾向性。特别是《于少保萃忠全传》以下各种的出现，开启了大量创作当代政治小说的新风，在我国小说史上是应大书一笔的。

值得注意的是这时还出现了一批描写帝王荒淫生活的小说，如《隋炀帝艳史》《豹房秘史》等。后者已不存，不知是否像清人写的《大明正德皇游江南传》之类那样的风格低下。前者则对隋炀帝穷奢极欲造成"内帑外库，俱已空虚，天下百姓膏血已尽"，致使"干戈死起，盗贼蜂生"的历史事实有较深刻、形象的揭露。描写隋炀帝的小说，唐宋时已有《大业拾遗记》《隋遗录》《海山记》《迷楼记》《开河记》等，所以《艳史》并没有开拓新题材的意义，但明中叶的正德皇帝，就其荒淫和胡闹而言，同炀帝非常相似（才能则不如）；万历、天启两帝亦略同。《豹房秘史》的那个"豹房"，就是正德帝淫乐的主要场所。嘉靖帝的淫欲似不如正德诸帝，然刚愎自用，为祷祀大兴土木，糜费无限，同炀帝的性格亦有类似之处。故《艳史》的出现，亦有强烈的现实意义。此书对炀帝淫乐生活的描写亦有少量的亵猥笔墨，但它往往给他装点一种所谓"好色怜才"的情趣，同《金瓶梅》《醒世姻缘传》等书专以揭露粗俗的情欲为职志略有不同。这或因炀帝本有文才，故作者有意稍事区别，然就其实质来说，不过是给玩弄女性的思想涂上一层精致的保护色而已。这当然谈不上有什么反理学的积极意义，但客观上却从另一角度反映理学的破产。

第十一章　明代中后期的
反理学思潮与戏曲

在上一章,我们探讨了中晚明的反理学思潮同小说创作的相互影响。这一时期的戏曲有些题材来自小说,因而两者有相同的轨迹。但中晚明的戏曲作者有不少是知名的文人,他们的思想眼界、生活情趣、文化修养都同多数白话小说作家有所不同,而与唐以来传奇小说的作者相近,其取材也多来自这类小说,因而他们对理学的认识和对反理学思潮的感受同白话小说作者相比也有所不同。为叙述的方便,下面主要就其与反理学思潮有关的几类主题的作品加以探讨。

一、从反映妇女和爱情婚姻问题的戏曲谈起

在中晚明的戏曲中,这类作品占的比例最大。这同当时戏曲形式上的特点有一定的关系。因为当时流行的戏曲主要是南戏,一般以生、旦作主角,就是杂剧也因受南戏的影响,多有以生、旦同时作主角者。这对表演爱情故事和家庭问题的剧本是比较方便的,而其他题材的剧本要适应这个演出要求就比较困

难。著名的政治剧《鸣凤记》线索比较庞杂，写邹应龙、林润两人妻子的情节从今天来看完全是赘疣，其原因即在于迁就舞台演出的需要。但这类作品的大量出现也受到反理学思潮的影响。因为宋以来的理学家尽管也妻妾成群，却讳言情欲，也比过去的思想家更轻视妇女，宋元之际的王柏竟提出要把《诗经》中的所谓"淫奔之诗"删去，就是一个明证。故这时出现许多这类的作品，特别是出现了许多描写男女主角自由恋爱的作品，显然是理学失去控制的一种表现，同时又是对理学的一种冲击。不过，我认为最值得注意的，还是这时此类戏曲作品既同元杂剧的同类作品有所不同，也与明清之际盛行的才子佳人小说有某种差异。

应该承认，同元杂剧中的同类题材的剧本相比，中晚明的这类戏曲在某些方面是后退了。首先是这时反映下层妇女的痛苦命运的作品较少，成功的更少，像关汉卿《救风尘》那样深刻地反映了妓女的悲惨命运，《窦娥冤》那样沉痛控诉社会上恶势力（官府、流氓）对下层妇女的迫害的作品在中晚明的戏曲中是难以找到的。惟根据明传奇小说《小青传》改编的杂剧《春波影》、传奇《疗妒羹》《风流院》写到了作妾的苦痛，为元剧所未见。就拿对青年男女爱情故事的描写来说，中晚明戏曲中的女主角（除妓女外），也往往显得没有元剧中某些女主角那样的大胆和明快。像白朴《墙头马上》女主角那样的人物，在明代戏曲中就很难找到。中晚明戏曲中的女主角（正面人物）多是上层妇女，下层虽不是没有，但很少（例如《读书声》的船家少女，《占花魁》中的莘瑶琴）。这些以下层妇女为主角的剧本，其本事多采自话本小说，但戏曲作家仍将其中人物的身份作了某种改变。如小说《宋金郎团圆破毡笠》的男主角宋金郎本也是劳动者，到《读书声》中却变成一位书生了。又如以小说《卖油郎独占花魁》为本事的《占花魁》，男女主角的身份（卖油郎、妓女）却被加上了高贵的出身，还增加了一个曾经被双方父母在他们幼年为之定婚的往事。诸如此类的改动，显然反映了上层文人的生活情趣。《占花魁》的处理则还反映了作者受封建等级观念的束缚，不那么敢公开地为一对小民的结合唱赞歌。不过，中晚明的这类戏曲，也有元剧和小说所不及之处。

首先是对女性才能的认识。元剧中也写了很多有才能、有胆识、有自主精神的女性。人们熟知的崔莺莺就是美丽而多才的姑娘，红娘、谭记儿、赵盼儿、窦娥等，或有豪侠气概，或有顽强的自立精神，都有某种丈夫气。但是，仔细观察作者对这些人物的描写，我们便会发现，作者的主旨并不是有意识地要表现她们并不弱于男性或超过男性，而中晚明的一些戏曲，则显然在有意识地表现这种思想，如徐渭《四声猿》中的《雌木兰》《女状元》就是有代表性的。《雌木兰》中写木兰跨马从军时唱道：

到门庭才显出女多娇，坐鞍鞯谁不道英雄汉。

又叙木兰到达边关时唱道：

过万点青山，近五丈红关。映一座城栏，竖几手旗竿。破帽残衫，不甚威严，敢是个把守权官，兀的不你我一般。趁着青年，靠着苍天，不惮艰难，不爱金钱，倒有个阁上凌烟。

这不是有意识地要表现男女无别么？《女状元》是写黄崇嘏女扮男装中状元并居官治民之事。黄崇嘏一上场，在道白中即自许"若肯改妆一战，管情取唾手魁名"。表示不把男子放在眼里。

下场诗又说：

世间好事属何人，不在男儿在女子。

这更明白地道出了作者为妇女吐气的意图。我们知道，理学家是特别轻视女性并主张严男女之大防的，徐渭在这两剧中所宣称的男女才能平等，女子也可以从戏从政的思想，显然是对理学家发出的挑战。

其次，在中晚明那些描写男女恋爱故事的戏曲中，我们同样可看到与元剧有不同之处。

从表面上看，元杂剧中的爱情剧和中晚明的爱情剧都多是才子佳人型的，其本事又多取自唐传奇和宋以来的笔记、小说，内容则多是才子佳人不经父母之命，私下结合，似乎没有什么区别。但如细加比较，则会发现明人除此之外，还喜将过去的名人轶事（包括其文章中虚构的寓言）演成戏剧，如《春芜记》是据宋玉《好色赋》改编的，《浣纱记》是据范蠡与西施的传说改编的，《灌园记》是根据《史记·田敬仲完世家》所载齐王法章与太史敫女的故事改编的，《双烈记》是根据韩世忠与其妻梁红玉的故事改编的等等，至于司马相如与卓文君的爱情故事，则改编成戏曲的更多。这一特点人们往往容易忽略，或以为这不过是对名人风流韵事的一种癖好。其实，爱好这种风流韵事，固然在一定程度上反映剧作家们不敢把恋爱自由当作一个普遍问题提出来，而只许作为一些特例来看，但提出这些名人来又有另一种意义，那就是抬出这些人来为男女的自由结合辩护，以便更有力地反对那些理学家，更有力地反对封建的包办婚姻的制度。

不仅如此，在元剧中，青年男女的反对包办婚姻往往并不是自觉的，其遇合则往往是一见钟情的。而在明人传奇中，则有的戏曲已把女性对男性的选择建筑在长期的考察和了解上，如《占花魁》中的名妓莘瑶琴就是经过仔细的比较才选择卖油郎秦重作为其夫婿的；《娇红记》中的娇红虽对申生一见钟情，却也经过考察才许身，而且，在《娇红记》中作者还通过娇红之口反复说明婚姻必须自主的道理，如第四出中娇红说：

> 奴家每想古来才子佳人，共谐姻眷，人生大幸，无过于斯。若乃红颜失配，抱恨难言。所以聪俊女子，宁为卓文君之自求良偶，无学李易安之终托匪材，至或两情既惬，虽若吴紫玉、赵素馨身葬荒丘，情种来世，亦所不恨。

在四十七出，她又对飞红说：

> 飞红！你有所不知。我始遇申生，虽则未获老爷之命，自念婚姻事大，古来多少佳人，匹配匪材，郁郁而终，与其悔之于后，岂若择之于始。

这种议论虽然是出自所谓"佳人"，也许平凡的女子是不配有此感慨的，但实际上却代表着广大妇女对理学和封建包办婚姻进行血泪的控诉。在明末清初的才子佳人小说中，我们也看到了要求婚姻自主以及要求双方有"一段脉脉相关之情"的言论，然而从女子的角度说得如此沉痛的誓言，却是在其他作品中罕见的。

　　晚明的一些戏曲作家不仅从各个角度表达了青年男女要求有爱情的婚姻的愿望，从而批判了理学家的包办婚姻的说教；有的作家还开始在其剧作中自觉地针对理学家的"存天理，遏人欲"的观点来描写青年男女追求爱情的天然合理性。汤显祖及其名剧《牡丹亭》就是这一方面的代表。

　　关于汤显祖和他这部名剧《牡丹亭》，人们讨论得很多。据陈继儒《牡丹亭题词》记载："张新建（位）相国尝语汤临川云：'以君之辨才，握麈尾而登皋比，何渠出濂、洛、关、闽下？而逗漏于碧箫红牙队间，将无为青青子衿所笑！'临川曰：'某与吾师终日共讲学，而人不解也。师讲性，某讲情。'"又汤氏自题《牡丹亭》曰：

> 如丽娘者，乃可谓之有情人耳。情不知所起，一往而深，生者可以死，死可以生。生而不可与死，死而不可复生者，皆非情之至也。……嗟夫！人世之事，非人世所可尽，自非通人，恒以理相格耳。第云理之所必无，安知情之所必有邪？

因此，人们多谓《牡丹亭》的主旨是歌颂情，用以反对理学家所宣扬的理和性。这大体上是符合剧本的实际的，但仅仅这样说是过于粗略的，也同汤氏的原意不甚切合，还需要作一些辨析。

首先，汤氏此剧中所写的情，同《西厢记》以及其他许多爱情小说、戏剧所写的"情"在侧重点上有差异。《牡丹亭》中写的"情"更多地侧重生理上的情欲，即青年男女青春期性的冲动。故剧中所描写的杜丽娘的情的萌发，并不是碰到一个什么具体的男性，像其他小说剧本那样，而是由于自然界充满生机的春意的感召（游园）和《诗经》中男女相悦的歌辞的启发，而那首著名的叫《关雎》的歌辞又是以自然界的雎鸠起兴的。正唯如此，所以汤氏说"情不知所起"，也就是说，它是一种自然的天机的萌动。也因此，杜丽娘同环境的冲突，并不像其他爱情剧和小说那样，只表现为青年男女互相爱悦同封建家长的包办婚姻制度的冲突，而是表现为同封建家长抹杀和禁锢情欲的冲突。当然，这不是说杜丽娘只是要求满足生理上的情欲，她梦见的情人并不是一个随便什么样的男性，而是一个温存的书生，而从情节的展开来看，这个书生柳梦梅确实也是钟情的，这就使她的情带上社会性了。特别是到后来，杜丽娘已经还魂，并与柳梦梅结合，而杜宝却顽固地不承认这对情人是女儿和女婿，他们间的冲突就更是社会的了。如果我们不把那段梦魂中相会的离奇的悲欢看得过于认真，而只看成是杜丽娘的一种幻想的升华，看成是作者为渲染情的可使人生使人死的巨大力量而采用的浪漫主义的手法，那么，可以说后来的冲突实际上是反映封建家长对私奔的女儿的拒绝，也就是从正面展开青年男女的自由结合同封建婚姻制度的冲突。不过，尽管如此，作者的意图还是很清楚的：他是要强调出自人的本性的情欲具有超越一切的巨大力量，它循着一定的规律发展，任何窒情灭欲的客观势力都无法阻拦，更无从将它消灭。这从反理学的角度来看，显然比以前其他写爱情的戏曲、小说都更为有力，也更带有理论色彩。这是一方面。另一方面，我觉得又要看到汤氏的反对窒欲，不仅从理论上说是从唯心主义的自然人性论出发的，而且他并不是从根本上反对理学和礼教，更不是不要理性的唯情欲论者，他只是反对某些理学家把理和礼弄得过于僵化了。所以他特别写到，当杜丽娘还魂之后，柳梦梅要求与她同居，她却以没有父母之命、媒妁之言而加以推辞，说什么"鬼可虚情，人须实礼"，后来只因恐柳生掘坟之事败露，才一道同奔，这说明作者是把私奔当作一种权变来看待的。不过，这一点在《牡丹亭》中毕竟表现不突出，而对杜宝不近人情的腐气的讽刺却显得更为重要。但这主要是生活的规律和艺术的要求促进作者这样写的，在汤氏的一些文章中就不是这样了。如其《贵生书院说》就反复说明贵生者必须仁孝，若"仁孝之心尽死，虽有其生，正与亡等"，以告诫那些"轻生不知礼义"的人（卷四八《与汪云阳》）。其《明复说》更是一篇宣扬王阳明派理学家性论的文章，不仅强调率性就是"集义勿害生"，还明确指出达到孔子那种知天命的最高境界，就要先学颜回，"其功自复礼始"。这里虽然没有提到理,但在宋明理学家那里,不但性即理,礼也就是理(王阳明说过:"夫礼也者,天理也。……天理之条理谓之礼。"见《博约说》)。汤氏虽未明言,大概是不会把理与性、理与礼完全分割开来的。这就可见他并不从根本上反对理和性。

但汤氏确与理学家们有所不同,他不但把理只理解为一般的是非准则,且深刻地认识到理与情、性与情之间的矛盾。他的一些言论始终徘徊于其间,一会儿偏向此,一会儿偏向彼,到死也没有找到出路。他在《沈氏弋说序》文中说:

> 今昔异时,行于其时者三:理尔,势尔,情尔。以此乘天下之吉凶,决万物之成毁,作者以效其为,而言者以立其辨,皆是物也。事固有理至而势违,势合而情反,情在而理亡。……是非者理也,重轻者势也,爱恶者情也,三者无穷,言亦无穷。

这里讲的虽是历史上的人事难有定评,然而正反映了汤氏对情理难以抉择的遑遽的心情。但是有一点却是明确的:他绝不是无限制的情欲的鼓吹者,所以他决然地说"性无善无恶,情有之"。又批判"好色而至于淫,怨其君父而至于乱"的行为,认为是"不得道",明确表白他赞成的只是有节制的合理的情欲,到晚年则甚至还说:"想明斯聪,情幽斯钝,情多想少,流入非类。"(《续栖贤莲社求友文》)竟决定要皈依佛门了。不过,这也只是一种愿望,他实际并没有去。

说到这里,我想对汤显祖与罗汝芳及达观(真可)的关系也作一点辨析。现代有不少研究汤显祖的同志在探索汤氏进步思想的来源时,大都要提到这两人。我并不认为这两人对汤氏全无好的影响,如罗汝芳的强调率性而行,不假修为,以及他笃信所学，不阿好权贵（参阅《明儒学案·泰州学案》）的品质，达观的忘怀生死，颇有侠气（救德清，欲制止矿税之害），显然都在一定的程度上感染了汤氏。但从总体来看，他所受这两人的影响主要是消极的，他们是构成汤氏思想矛盾的两种消极的外力，先试看汤氏关于自己所受罗汝芳影响的一段叙述：

> 嗟夫！吾生四十余矣。十三岁时从明德罗先生（汝芳）游，血气未定，读非圣之书。所游四方，辄交其气义之士。蹈厉靡衍，几失其性。中途复见明德先生，叹而问曰："子与天下士日泮涣悲歌，意何为者！究竟于性命何如，何时可了！"夜思此言，不能安枕。久之有省。知生之为性是也，非食色性也之生；豪杰之士是也，非迂视圣贤之豪。如世所豪，其豪不才；如世所才，其才不秀。（《秀才说》）

这段话是针对"或曰'日者士以道性为虚，以食色之性为实；以豪杰为有，以圣人为无'"所进行的批判。所谓道性，即理学所说的仁义礼智的先天的伦理道德素质。而"以道性为虚，以食色之性为实"正是当时反理学的异端思想，李卓吾等王学左派就在不同程度上持有这种观点。汤氏因罗汝芳的启发而悟其非，虽然也有其合理的因素（广义的道确不可无，否则人将与动物无别），但从当时的历史条件看，沿用"道性"这个提法，就与正统的理学家划不清界限了。至于他与真可在思想上的交流，则可看真可《紫柏老人集》中给汤显祖的一些信和汤氏给真可的信。先看汤氏的信：

> "情有者理必无，理有者情必无。"真是一刀两断语。使我奉教以来，神气顿王。谛视久之，并理亦无，世界身器，且奈之何。……迩来情事，达师应怜我，白太傅、苏长公终是为

情使耳。

这前面两句话，曾经有人误会，以为是汤氏以情反理的思想之所本。现在已有同志指出，达观这两句话出于《皮孟鹿门子问答》一文，是达观批评程朱仍未脱出"以情立言"的。（参阅楼宇烈《汤显祖哲学思想初探》，见中国戏剧出版社 1984 年出版《汤显祖研究论文集》）显然同汤显祖赞美人合理的情欲的思想不相干。所以汤氏说："谛视久之，并理亦无，世界身器，且奈之何。"并理亦无，实际上是佛教大乘空宗的最彻底的"空"观。聪明绝顶的汤氏，可谓比达观更了解佛教的真谛。然而他却没有陷进去，而是想到倘若这样，则世界身器不是也归于虚无吗？这确是唯心主义者的难题，所以汤氏只有敬谢不敏，仍然去"为情使"了。由此我们便可知道，达观虽然写过长信，赞美汤氏"受性高明，嗜欲浅而天机深"（见《紫柏老人集》卷二四《与汤义仍之一》），启发他皈依佛门，而汤氏却下不了决心。晚年虽有这种愿望，也终未实现。但汤氏在行动上没有实现的一种愿望，在其创作中却表现出来了，这就是他的《南柯梦》《邯郸梦》。后一剧的结局虽是人道，与《南柯》的成佛稍异，然斩情出世的倾向则一。当然汤氏在这两剧中还另有寄托，未可一概抹杀，但他通过这两剧，不但对情加以正确的限制（反对好色而至于淫以及权势无限膨胀等），而且最后归于"澄情觉路"，则是昭然的。我认为，这正是汤氏的反理学的不彻底的一种表现。不过，这并不是汤氏所独有，包括李卓吾在内的一些晚明的进步思想家都不免在这里失足，它是当时的反理学思潮的经济基础还非常幼弱的必然的反映。

二、一个值得注意的现象：人情世态讽刺剧的发展

以讽刺人情世态为主旨的戏曲，元杂剧中很少，今存的只有郑廷玉《看钱奴买冤家债主》一种，见于著录的尚有鲍天佑及杨讷的《贪财汉为富不仁》(各一本)、钟嗣成的《讥货赂鲁褒钱神论》，从题目看，也是讽刺守财奴和金钱崇拜者的。南戏《杀狗记》(杂剧也有《杀狗记》)也有讽刺人情世态的成分，但主旨不在此，而在宣扬兄弟的友爱。另有杂剧《徐伯株贫富兴衰记》见于《元明杂剧》，不知作于何时，看体制似是元明之际的作品，意在提倡叔侄之间的恩爱相处。故这些剧本虽然也有反映了封建伦理道德的危机的，但它们绝不是反对理学的，倒是合乎理学的旨趣的。

明代中期以后就不同了。首先是这类作品的数量增多，从康海、王九思的《中山狼》杂剧开始，继之而来的有陈与郊、汪廷讷的同题之作，竹痴居士（即吕天成）的《齐东绝倒》、王衡的《郁轮袍》《真傀儡》、徐复祚的《一文钱》、茅维的《闹门神》等杂剧，传奇则有孙钟龄的《东郭记》(同题之作还有沈季彪的《齐人记》及许潮的《公孙丑东郭息忿争》杂剧、傅山的《骄其妻妾》短剧)，沈璟的《博笑记》等。前已提到的汤显祖的《邯郸梦》《南柯梦》，就其重要部分来说也属于这一类。这些剧所讽刺的人情世态，涉及的面比元剧广得多：有讽刺恩将仇报的世风和学究先生的迂阔的（《中山狼》），有揭露科场黑暗和嘲笑人们的势利眼的（王衡二剧），有鞭挞吝啬鬼的（《一文钱》），有讽刺人们的功名欲和上层统治者的内部倾轧的（汤氏二剧），也有嘲笑上至糊涂官吏、下至市井奸民的丑态和奸恶的（《博笑记》中的

一些出）。这个现象我觉得是值得注意的，因为它说明社会道德问题已引起了许多作者的重视，这正是封建社会行将没落，理学家所竭力维护的封建伦理道德已失去维系作用的一种反映。

当然，我们也应看到，这些剧本的作者的立场并不同，其中有些作者显然是站在卫道者的立场，对他所看不惯的"邪恶"现象加以讥刺，如沈璟《博笑记》中《邪心妇开门遇虎》一出就是突出的表现；有的则从人情世态的险恶中感到人生的虚幻，如汤显祖的"二梦"；有的作者则更深入一步，对封建政治伦理道德体系中某些带根本性的东西进行了揭露，在一定的程度上自觉地同理学家相对抗，这主要表现在《齐东绝倒》和《东郭记》两个剧本上。人们过去对此似乎不太注意，所以我在这里不得不多作一点分析。

《齐东绝倒》是糅合着舜的一些传说写成的。剧本的情节主要是依据《孟子·尽心上》中的一段话来构造的，那段话的原文是：

> 桃应（人名）问曰："舜为天子，皋陶为士，瞽瞍（舜父）杀人，则如之何？"孟子曰："执之而已矣。""然则舜不禁与？"曰："夫舜恶得而禁之？夫有所受之也。""然则舜如之何？"曰："舜视弃天下犹弃敝屣也。窃负而逃，遵海滨而处，终身欣然，乐而忘天下。"

桃应据旧注是孟子的学生，他提的问题却带有很鲜明的挑战性。因为据儒书所说，舜是圣君，又是孝子，而他的父亲瞽瞍和弟弟象却是两个顽恶的人。皋陶则是贤人，是舜手下执法严明的法官。桃应问：假如瞽瞍杀了人怎么办？这确实是个难题，执法吗？伤了舜的"孝"；不执法吗？舜的"圣"、皋陶的"严明"统统都没有了。儒家的修身、齐家、治国、平天下的学说，即把封建宗法制伦理关系推广到政治的思想体系在这里产生了严重的裂痕，换句话说，就是伦理道德同政治产生了深刻的对立。孟子很狡猾，他设想了一个方案：让舜背着父亲逃跑，不做君主了。然而在中国漫长的历史中，这个问题始终存在着，不仅君主有这个问题，大小官僚也有这个问题。弃位而逃的人事实上没有，逃了问题还是在，皋陶难道不追捕了？追到了怎么办？不追又能算是执法严明吗？剧本的作者并没有这样彻底问下去，这在当时是不好问下去的。但他也设想了一个狡猾的结尾：舜逃了，朝廷没有了君主，于是从尧到皋陶、到舜的一家都慌张起来，先派舜子商均和弟象去追舜回来，继而又派舜的那位"嚚母"去追。舜是孝子，瞽瞍惧内，终于一道回来了，皋陶还谢罪，说是"聋聩残疾，原当轻宥，微臣死罪死罪"。一个掀天动地的冲突就这样没有了，舜家"排个庆贺筵席"，被杀者冤沉海底，权势者的孝道总算完美无缺，国法却弃之如"敝屣"了。这不仅是对舜的极大讽刺，是对几千年来那些借孝慈之名去枉法的统治者的极大的讽刺；同时也揭穿了儒家以宗法制伦理道德为中心的政治思想体系的欺骗性和反动性，因而也就沉重打击了理学家强化这种宗法制伦理道德的企图。

不仅如是，这个剧本还把各种来源不同的与舜有关的传说都搜集起来，并按照自己的意图加以渲染。首先把唐尧加以丑化，说他把二女嫁给舜，是"以观其内，便我女是虞帝姑婆，也不论了，况如今人尽有同姓通奸的！"同时又把他退位后写得可怜，既要朝舜，舜还曾囚了他，并不让其子丹朱与之相见。儒家先辈给这位"圣君"加上的神圣的光圈几乎全被扫去了。对舜，则不但把传说中有关他的家庭丑闻一一道来——后母嫌恶他，弟象曾多方设法把他害死并夺取他的财产和妻子。还由此推想，舜窃负而逃之后，象不但仍想霸占舜的妻子，还说："宵明烛光两个侄女，甚是美艳，我想起来，如今又没有同姓不许为婚之制，自家的人，难道倒与别人受用？况且哥哥也把姑婆作妻，谁说得我？"这岂止是揭露象，而是更进一步丑化舜，从而把儒家（包括理学家）所宣扬的封建伦常的虚伪性暴露在光天化日之下：原来他们所崇奉的圣君竟是乱伦的祸首！竹笑居士评这个剧本说："此剧几于谤诽圣贤矣，然子舆（孟轲字）已开唐人小说之祖，小说复开元人杂剧之祖，何妨附此一种诙谐，聊作四书一笑！"意思是说，孟子已在编造故事，唐传奇小说、元杂剧都跟着虚构故事，我又何妨拿四书来开个玩笑呢？这位竹笑居士不知是谁，很可能就是作者自己。他卖弄狡狯，把谤诽圣贤、嘲弄四书的责任都推给孟轲，然而却正好说明了作者的创作意图：他是要利用儒书中的矛盾来讽刺那些把儒书奉为教条的理学家，使他们的欺骗宣传在笑声中破产！

同《齐东绝倒》相似，《东郭记》也是从《孟子》中摄取某些人物和议论作为展开想象、构造情节的引子。不过虚构的成分更多，其主角也不是历史传说中的名人，而是《孟子》中"齐人有一妻一妾"这个著名寓言中的齐人。此外如王骧、淳于髡、绵驹等人大都是随意牵合，只有陈仲子这个人物的依据较多一点。关于齐人的那段寓言，见《孟子·离娄下》，原文云：

> 齐人有一妻一妾而处室者，其良人出，则必餍酒肉而后反。其妻问所与饮食者，则尽富贵也。其妻告其妾曰："良人出，则必餍酒肉而后反，问其与饮食者尽富贵也，而未尝有

显者来。吾将瞷良人之所之也。"蚤起，施从良人之所之，遍国中无与立谈者。卒之东郭墦间之祭者乞其余。不足，又顾而之他。此其为餍足之道也。其妻归，告其妾曰："良人者，所仰望而终身也，今若此！"与其妾讪其良人而相泣于中庭。而良人未之知也，施施从外来，骄其妻妾。由君子观之，则人之所以求富贵利达者，其妻妾不羞也，而不相泣者几希矣。

《东郭记》的主旨从表面上看与此相同，即是讽刺那些追求富贵利达的人的种种丑态。但是实际上作者对富贵利达的认识却与孟轲不同：孟轲只是嘲笑人们求富贵利达的手段的卑鄙，却不鄙视富贵利达本身，所以他对陈仲子虽有称赞，说是齐国的"巨擘"，却讥笑仲子那种自食其力、一介不取的思想行为，认为如要彻底按照仲子的思想逻辑做去，"则蚓而后可者也"，即只有像蚯蚓那样"上食槁壤，下饮黄泉"才办得到，否则是不可能的。（参阅《孟子·滕文公下》陈仲子章）《东郭记》的作者则不然。他对富贵利达本身就是嘲笑的（当然只是出于愤激），因而他虽然按照《孟子》提供的材料，把陈仲子写得过于狷介，令人感到有点不近人情，其用意却在于赞美。剧本同《孟子》还有一个重要区别：孟子对那个所谓齐人完全是否定的；剧本的作者则把他写成一个看透了现实却又姑且随俗浮沉的人，即带着玩世的态度去猎取功名富贵的人。所以一俟功成名就，他就弃官去追随陈仲子了。这是身处浊世而又找不到别的出路的清醒的士大夫一种特殊的精神状态的表现。作者把所有齐国的官员几乎都写得很坏，唯独把以滑稽出名的淳于髡写得较好，说他"小事滑稽，大事不滑稽"（第三十二出），就是欣赏这个历史人物表面类似滑稽玩世而实际较清醒。

但《东郭记》的可贵，主要还不在于上述一些方面，而在于作者不但把一大批上层官吏都写成唯利是图、毫不顾及名节和国家利害的动物，深刻地反映了晚明上层社会的风貌；而且有意把世风的败坏同讲学联系起来。由于剧本的背景是战国，作者写的讲学只能是稷下的论辩，然而有的内容却显然是影射明代某些理学家的讲学，例如下面的两段：

……〔公（公行子）、东（东郭氏）〕诸君，古来还有多少异事也。〔斗宝蟾〕难明，古迹堪征：那尧囚舜偏，何须深病；更来朝瞽瞍，慼然不定。宣圣，一言正大经，千秋感不宁；更堪衡，似这鲁国名儒，又主却痛疽嬖幸。〔尹（尹士）〕老先生，岂但此老而已。

〔前腔〕阿衡，负俎调羹，与羊皮牛口，秦臣辉映。甚鼓刀夸吕，披裘说宁。还订，人情似犬情，周声逊夏声。莫纷争，似着过泥诗书，索向齐东厘正。〔淳（于髡）、王（骥）〕窃听佳谈，顿开茅塞，二生今日真幸会也。

这不是明明在宣扬反理学的异端思想么！但作者的用意似不在此，而在于借这些"讲学家"之口，揭露他们所崇奉的圣贤也是追求富贵利达，并且不择手段的。所以，他在后面众人合唱的一段曲辞中说：

〔浆水令〕〔合〕觑临淄犬鸡争应，尽庄岳蛙蚓齐鸣。嘈嘈横议耳偏盈。杨朱、墨翟，慎到、田骈，借唾沫，邀余剩。就中暗把吾徒醒：谈和论，不妨偏逞；名和利，名和利，要得旁行。

这就是说，那些讲学的人们，尽管言论不同，但谁都是要名和利兼收的。这显然是针对晚明的理学家说的，剧本第四十三出对此说得很明白，在那里，当齐人指摘那些朝官大都是"则为名和利一番中热"时，其妻说："竟是道学先生了。"齐人则回答："好轻薄，难道齐人就谈不得道学？想那道学先生，正是我辈耳。"这对道学家的虚伪的揭露，我以为也是深刻的。只是作者并没有把它放在剧本矛盾的中心来写，而是作为点染和穿插，故不及《齐东绝倒》那样地突出和振动读者的心弦。

由《东郭记》，我觉得还可进一步印证我们在前面第八、第十两章提到的事实：中晚明的反理学思潮，并不像某些研究者所说的那样只是同王学左派相联系。这位《东郭记》的作者，虽然我们对其生平几乎毫无所知，但从他在这里对讲学家、道学家一概嘲笑来看，从他在另一剧本《醉乡记》所表现的思想来看，他都是一个既愤世又玩世的文人，他的思想来源主要是庄子，对任何一派理学家的学说都是没有兴趣的。

三、又一个值得注意的现象：对豪侠人物的赞美

在上一章谈到中晚明的"《水浒》热"时，我曾提到我国民族传统中崇尚豪侠的精神在中晚明的再度兴起，指出它是反理学的思潮的一种反映，并推动着这一思潮的发展。这在戏曲中也有反映。水浒戏的再度繁兴是其表现之一，此外还有许多以描写豪侠人物为主或写到豪侠人物（往往对推动剧情的发展起着关键的作用）的剧本，如以唐传奇《虬髯传》中侠女红拂为主角的戏曲就有张凤翼、张太和、近斋外翰的《红拂记》传奇三种（唯张本存）和凌濛初的《红拂三传》杂剧（一本红拂主唱，二、三两本虽分别由李靖、虬髯主唱，但红拂仍占一定的地位）。写唐传奇中女侠红线女的则有梁辰鱼的《红线女夜窃黄金盒》杂剧和

胡汝嘉的《红线记》传奇（佚），写古侠士荆轲、高渐离的则有叶宪祖的《易水寒》、茅维的《秦廷筑》杂剧和王元寿的《击筑记》传奇（佚），写聂政的有《双侠记》（佚），写汉灌夫的有叶宪祖的《骂坐记》杂剧，写董国度妾的有郑豹先的《旗亭记》。此外，以唐传奇小说《昆仑奴》《章台柳传》《霍小玉传》《无双传》为本事的一些杂剧、传奇也以豪侠人物作为推动情节发展的重要人物或主要人物。李玉的《清忠谱》虽以写周顺昌为主，颜佩韦等五位豪侠人物在其中也占有极为重要的地位，这是人们所熟知的。

应该指出，中晚明戏曲中的许多豪侠人物形象，同其历史原型或其本事来源的小说相比，甚至同歌咏这些豪侠的诗歌相比，其精神面貌并没有重大的区别，根据《水浒传》改编的一些水浒戏甚至削弱了那些人物的斗争意义或歪曲了他们的思想性格。尽管如此，这些人物形象在戏曲中的涌现还是值得重视的。我们知道，在唐以前，诗歌中歌咏豪侠之士的篇章是很多的，《史记》《汉书》均有游侠传，唐传奇小说中也有不少的豪士侠客的形象。宋以后，由于封建专制制度的加强和理学的兴起，豪侠人物的形象在文人的创作中急剧地衰落了，只是在民间说话人的话本中才得发展，并产生了《水浒传》和元代的水浒剧。但是，从现存元代和明初的水浒剧来看，除《李逵负荆》外，剧中人物的侠义行为是没有多大社会意义的，常常不过是惩办民间奸淫好色之徒而已。这并不是我国古代传说中豪侠精神的发扬，而是一种退化。中晚明戏曲中的一批豪侠人物，同《水浒传》中的一些豪杰人物相比固是不如，同元代及明初杂剧中的这类人物相比，其行动的意义一般地说却要重大一些。因为他们的行动尽管从今天来看不一定都是进步的,如荆轲的行动如何评价就有争议,灌夫其人也颇有可议之处,然而所有这些人物大都是敢于同情弱者,且敢于同某权势者的封建淫威对抗的。在斗争中,他们往往表现出见义勇为、不顾个人安危甚至忘怀生死的精神,就思想品格来说,也是有其不可掩抑的光辉的。所以,把这些人物写进戏曲,其本身就有着对抗极端的封建专制制度及其官方哲学——理学的意义。我们且不说别的,仅就精神品质来说,这些人物就不但同那些满口道学、行若狗彘的封建官僚尖锐地对立,也比那些空谈性命、庸腐无能的理学家要高出万倍。我在前面提到,晚明杰出的思想家李卓吾曾倡导豪侠精神,汤显祖也说过:"人之大致,惟侠与儒。"(《蕲水朱康侯行义记》)他们都是针对理学教条和"吏法"(即严酷的专制制度)所造成的恶劣世风而发,企图以此来给一塌糊涂的社会注入生气。而这些剧本的作者,我认为不管其自觉与否,都是同这种反极端的专制制度和反理学的思潮相呼应的。

不仅如此,在这些剧本中,还有一些值得特别注意的新现象。如《清忠谱》中的颜佩韦等五人,就表明当时出身市民阶层的人物已以勇敢的姿态登上了政治斗争的舞台,尽管还是以地主阶级开明派的支持者出现,也足以使卫道士感到震惊。红拂和董国度姜这两个形象在戏曲中的出现,也有其特殊的现实意义,她们同前面提到的徐渭塑造的花木兰和黄崇嘏一样,都突出地显示了女性的才能,而这两个人物在胆识上又超过木兰与崇嘏。特别是张凤翼的《红拂记》、凌濛初的《识英雄红拂莽择配》都颇能着力显示红拂那种女中丈夫的风貌和气概,凌剧尤为出色。下面试摘两段:

〔仙吕点绛唇〕门户低微，插金披绮，成何济！浑一似鹤入鸡群，跳不出傍州例。

……

〔油葫芦〕因此上憔悴春风玉一围。恨来时呵，软了锥。那个开笼肯放雪衣飞。俺鸳鸯自有鸳鸯对，鸾凤自有鸾凤配。怎随他绿阴中莺燕喧，锦坞内蜂蝶戏。若得同他个豪杰谐连理，你看莺花寨可早竖降旗。

这是红拂已见李靖后上场的唱辞，它充分体现了红拂对妾生活的强烈不满和独立自主、自负不凡的气概。正是怀着这样的气概，她不仅蔑视杨素（这是传奇小说中有的），也把那成千成万豪门的游宾看作"多是行尸视肉一般般"（楔子）。而当虬髯客问及她如何随了李靖时，她爽朗地说：

……俺不耐去侍巨寮，则待要配俊豪。随他评论煞娶而不告，那里管讲道学的律有明条。免礼波？由他自去孔庭门外依班坐，俺这答里其实用不着。要什么乌鹊填桥。

请不要把这段话仅仅看作是敢于追求婚姻自主，这是以豪杰的身份嘲笑那些在"孔庭门外依班坐"的道学先生们都是些庸庸碌碌的无用之物，并宣布把他们置之度外，不值一顾。因此，此剧的思想意义是超出我们前面谈及的除《牡丹亭》外的那些爱情剧的。它同前面讲到的《齐东绝倒》《东郭记》一样，是晚明反理学思潮在戏曲上的光辉结晶。近人讲晚明戏曲，往往只注意传奇，于杂剧不甚留心，因而对《齐东绝倒》和此剧都未给予高度评价，我认为是很可惜的。

以上我们就中晚明戏曲中的三类剧本及其与反理学思潮的关系作了粗略的考察。当时还出现了不少优秀的揭露或讽刺宗教禁欲主义的作品，如冯惟敏的《僧尼共犯》、冲和居士的《歌代啸》（或传为徐渭作，非是）以及高濂的《玉簪记》等，它们实际上也是同反理学思潮相通的，不过，这些剧本所直接反映的毕竟是另一问题。当时的个别历史剧、时事剧，间亦有反理学的因素（例如《鸣凤记》敢于讽刺皇帝等），但其主旨却在写忠奸的斗争，与理学基本上不相悖，所以我都没有在前面论及。

如果我的取舍大体上不错的话，那么，在剧目众多的中晚明戏曲中，具有反理学倾向的剧本实在不算很多，特别是比较自觉的作品很少，相当多的剧作家和剧本只是不自觉地在某个问题上卷入了反理学的浪潮。以著名的吴江派大师沈璟为例，他的剧作的基本倾向是维护理学家鼓吹的风教的，然而他也不免涉及水浒戏和男女风情剧，并不得不按照生活的逻辑，在某些地方以同情的笔触来描写人物的"越轨"行动和思想感情。

然而从社会影响来看，我们的估价又应有所不同。以宣扬封建伦常为职志的剧本，或虽不以此为职志而其中浸透了这种思想的作品虽然相当多，但在当时受到注意的成功的剧本却很少。其中较成功而影响颇大的作品如《鸣凤记》、《精忠旗》（传奇）、《铁氏女花院全贞》、《西台记》（杂剧）等，则都是因为另有激动人心的政治内容。而且，这些剧本的作者在具体描写时，大都不是重在忠、孝、节、义等道德教义的宣传，而是着重在人的忠、孝、节、义之情上着墨，并联系特定的环境，突出其中所包含的合乎情理、合乎正义的内容。著名的戏曲理论家王骥德在《曲律》中说："吾谓诗不如词，词不如曲，故是渐近人情。"祁彪佳在《剧品》中说："戏场中安容道学套头。"这都是深懂戏曲艺术规律之论。正唯如此，尽管明代前期的戏曲作家如朱有燉、邱濬曾力图用戏曲来宣传封建道德,明代中期的理学大师王阳明曾倡导用戏曲来推行其"致良知"的学说,声言:"今要民俗反朴还淳,取今之戏子,将妖淫词调俱去了,只取忠臣孝子故事,使愚俗百姓人人易晓,无意中感激他良知来,却于风化有益。"但其成效均不大。当然,我们也不能低估他们的这种努力,从清初《缀白裘》所收的流行的折子戏来看,这类剧中之较好者,还是在舞台上有地位的。

在这里我想顺便指出:近人多谓这一时期有一个反理学的言情文学思潮,并多以汤显祖的戏曲为例。这个说法是有依据的。但我认为更应该强调:文学从本质上看就是要求言情的,戏曲尤其如此。故戏曲与理学,从根本上说是互相排斥的,其结合是有限度的,违反戏曲规律去谈理学,必然是对戏曲的破坏。这不仅在中晚明为然,元以来就是这样。我们承认这时有一种反理学的言情文学,那只是就这时进步的文学家用主张言情来反对理学对文学的扼杀来说的,如果离开了这个前提,那就会失去这时言情文学的特点。同时,我认为还要强调:绝对的言情文学并不是我国文学的主流和这一时文学的主潮。我在前面已说过,汤显祖就不是唯情主义者。他对情是分善恶的,就是说他并不是离开理来看待情的,只是他所说的是非之理,不完全是理学家之理罢了。其实,言情而不约以理(广义的理),也不合乎文学本身的要求。文学的本质是美,写丑的东西也是为了表现美。如果美恶颠倒或美恶混杂,虽或可流行一时,终究是要失败的。这一时期的剧本中有的色情描写即属于这一种。但它并不是这一时期言情文学的主流,只是夹杂于其中的芜秽而已。

由此,我认为还须指出:中晚明的戏曲也同诗文、小说一样有其发展的过程。就其反理学的倾向来说，大抵中期的表现很微弱，只在张凤翼、李开先、梁辰鱼等靠近晚期的作家的剧本中透露一点端倪。其主要表现为对节侠人物的重视、对妇女贞操的忽略（梁的《浣纱记》对西施的失节不仅没有谴责，反而因其能忍辱为国而加以赞扬）。晚期（即万历以后）则空前地发展，上面我们谈到的剧作，绝大部分都是这一时期的。但崇祯以后和以前又有所不同。万历到天启是高潮，崇祯到清初是变化。这在以男女爱情为主题的作品中表现最为突出。万历、天启间的这类作品中的男女主角对爱情的追求往往是比较大胆的，《牡丹亭》中的杜丽娘、柳梦梅没有很多顾忌，崇祯以后，这类剧两极分化，一类成了浅薄的男女风情剧或风流道学剧，如阮大铖、李渔之作即属此类，它们已失去反理学的意义；一类则加强了理性的色彩，即男女主人公（特别是女主人公）为爱情、婚姻的严肃思考较多，既有名教的顾忌，又有情理结合的勇敢抉择，孟称舜的《娇红记》可为代表。这两种变化都是明清之际的社会大动荡和统治者对反理学思潮的压制所产生的反响，对此，我将在第十四章加以申论。

第十二章 隆庆、万历间的
反理学思潮与公安派

继明代中叶诗文复古派而兴起的公安派，是一个高举革新旗帜的文学流派。领导这一革新运动的公安三袁（宗道字伯修，宏道字中郎，中道字小修）和中郎之友江盈科（字进之）都是以反复古自命的，故人们在论述这一派时，大都要追溯他们的前辈和年龄稍长的反复古的人物，远一点说，可以上溯到苏轼、杨维桢，近一点说，郭绍虞先生的《中国文学批评史》提到了徐渭、汤显祖、李卓吾、焦竑、冯琦、于慎行等人，还指出了唐宋派散文家唐顺之晚年之论同公安派的联系。他的意见都是对的，特别是举出焦竑、冯琦两人来，更可谓有特识。因为三袁中首倡诗文改革者为伯修，而据小修所作《石浦先生传》（即袁宗道传），宗道万历己丑在京师官翰林时，即尝从焦竑问学，《传》中虽只言焦"引以顿悟之旨"，好像只是学禅，但焦竑论诗文反对模拟，又最推服白居易、苏轼，谓苏氏"洞览流略，于濠上竺乾之趣，贯穿驰骋，而得其精微，以故得心应手，落笔千言，坌然溢出，若有所相"（《澹园续集》卷一《刻苏长公外集序》），称白氏"见地故高，又博综内典，时有独悟，宜其自运于手，不为词家蹊径所束缚如此"（《澹园续集》卷十五《刻白氏长庆集钞序》）。钱谦益《列朝诗集小传》称伯修官翰林时即以"白、苏名斋"，又小修《石浦先生传》言伯修早年本学济南、琅琊之文。联系起来看，我们完全可以推测伯修在文学观上也受到焦竑的影响，从而发生转变。中郎同焦竑的关系也不一般，焦是他考中进士时的分房的试官，中郎终生以师称之；冯琦则为中郎中乡举时的考官，是最早赏识中郎才华的人，中郎也是一生敬事之，后来还送诗文求教，这两人同伯修、中郎发生直接关系都在卓吾前，至于中郎之知徐渭和结识汤显祖则尤在后，故说两袁的反复古的文学观最初是由焦、冯所启迪，殆非臆测，焦的作用或更重要。

　　但给予三袁思想及其文学观以更大影响的无疑是卓吾，中道在《中郎先生行状》中说：

　　　　先生（指中郎）既见龙湖（卓吾），始知一向掇拾陈言，株守俗见，死于古人语下，一段精光不得披露。至是浩浩焉如鸿毛之遇顺风，巨鱼之纵大壑，能为心师，不师于心，能转古人，不为古转。发为语言，一一从胸襟流出……（《吏部验封司郎中中郎先生行状》）

这段话也许略有夸张，但卓吾那种独立千古的精神，不仅冯琦辈不能望其项背，即他的好友、泰州学派巨子焦竑也相对失色，徐渭（他是王学家季本的弟子）自亦不及。聪明绝顶的中郎特别为他所倾倒，而且最激赏其解脱束缚、独立不倚的精神，这是符合实际的。作为公安派主将的袁中郎，其人品和文学见解的可贵也正是在于他继承了卓吾的这种精神。离开了这种精神，公安派的性灵说，以及与之相联系的尚真、尚趣、贵淡（通俗化）等一系列意在创新的见解便将失去光彩。

但是，公安派的领袖人物袁宏道所受卓吾影响的又绝不只是独立不倚的精神。任访秋先生曾将他们的言论加以对照，归纳为十点，颇显繁琐，用他那样的方法比照，大概还可以找出若干点来。如果不是这样枝枝节节地看，而是从大处着眼，则是他们都走着会通儒、释、道三家的路，而中郎从卓吾那里获得启发最大的则是卓吾的自然人性论，这种人性论的特点就是以人的自然情欲作为人性的基础。卓吾的《童心说》及其与耿定向的反复辩论，一言以蔽之就是阐扬这种人性论，他的会通儒、释、道也主要集中在这一点上。中郎对此是颇有体会的，并有所发挥，试看他在《德山麈谭》中的一段话：

> 问：儒与老、庄同异？答：儒家之学顺人情，老、庄之学逆人情。然逆人情，正是顺处。故老、庄尝曰"因"，曰"自然"。如"不尚贤，使民不争"，此语似逆而实因，思之可见。儒者顺人情，然有是非，有进退，却似革。夫革者，革其不同，以归大同也，亦是因也。但俗儒不知以因为革，故所之必务张皇。即如耕田凿井，饥食渴饮，岂不甚好？设有逞精明者，便创立科条，东约西禁，行访行革，生出种种事端。恶人未必治而良，民已不胜其扰。此等似顺而实革，不可不知。曰：儒者亦尚自然乎？曰：然。孔子所言絜矩，正是因，正是自然。后儒将矩字看作理字，便不因，不自然。夫民之所好好之，民之所恶恶之，是以民之情为矩，安得不平？今人只从理上絜去，必至内欺己心，外拂人情，如何得平？夫非理之为害也，不知理在情内，而欲拂情以为理，故去治弥远。

这是会通儒道而归宗于自然，"理在情内"，是针对理学家别性与情、离理与欲而言的，具有反理学的战斗意义。又同篇中的另一段：

> 世人终身受病，唯是一明，非贪嗔痴也。因明故有贪有嗔及诸习气。试观市上人，衣服稍整，便耻挑粪，岂非明之为害？凡人体面过不得处，日用少不得处，皆是一个明字使得不自在。小孩子明处不多，故习气亦少。今使赤子与壮者较明，万不及一；若较自在，则赤子天渊矣。

这是会通儒释（因《孟子》讲"赤子之心"），亦以自然为宗。"明"即卓吾所谓"道理闻见"，故此段又可看作卓吾《童心说》的义疏。

中郎的这种人性论，自是唯心主义的，其是非不待多言，然这正是他的性灵说所自出，也是他主张诗文要真、要有趣之所自出。因中郎之所谓"性灵"，实质就是写个人的真性情（详后），而正如他所说，"性之所安，殆不可强；率性而行，是谓真人"《识张幼于箴铭后》，而"真人所作，故多真声"《叙小修诗》，"夫趣，得之自然者深，得之学问者浅"《叙陈正甫会心集》。这一系列的美学要求，都是从自然人性论，从卓吾的《童心说》一路推衍而来的。公安派的文学理论，不但具有反复古、反模拟的积极意义，也有反理学的意义，其根株即在于此。

但是，在仔细考察袁中郎等人的思想及其文学观的时候，我们也会发现他们同卓吾的思想还有一段距离，即以公安派的杰出代表袁中郎而言，其思想就比卓吾要温和得多，也可以说要保守一些，小修以下就更不如。这是由于中郎辈的生活环境、走的道路都与卓吾有所不同，中郎、小修后期所处的历史条件也有变化。这里姑且以中郎为代表与卓吾作一点比较。

卓吾出身比较寒微，少年读书，即"不能契朱夫子深心"。三十登仕，为小官十年（包括为父守制三年），经历世事的艰苦，才为友人"李逢阳、徐用检所诱"，读到王龙溪、王阳明的书和语录，"乃知得道真人不死，实与真佛、真仙同，虽倔强，不得不信之"（李卓吾《阳明先生年谱后语》）。由此进而会通儒、释、道三家之旨，建立了自己的思想体系。就是说，他是怀着对现实、对程朱理学的不满情绪去王学和佛学中找精神的出路的。所以他虽然由王阳明的良知说进而宗信佛家的"真空"说，然其对世事、历史的具体论述却充满着对传统思想和庸俗世态的批判精神，并有一往无前、所向披靡的气概。故他一面谈空说法，标榜"出世"之学；一面却说"盖古人贵成事，必杀身以成之，舍不得身，成不得事矣"（《焚书·王半山》），"成大功者必不顾后患"（《焚书·孔明为后主写申、韩、管子、六韬》）。人们一看，就觉察其存在深刻的矛盾，甚至可能忽略其后者而注意其前者。

中郎则不然。他的家世虽不以仕宦显，然其父能谈佛、著书，非一般地主商人可比，其外祖、舅父一家更是仕宦之族。他本人又少年得志，二十五岁即登进士第，且在此以前即从其兄宗道"与闻性命之学"，且于"张子韶（九成）论格物处"有所得（见袁中道所作《行状》），即早已对公开援释入儒的理学别派之论有会心了。他从卓吾问学是在登第后二三年间（第一次当在万历十八、十九年，第二次在万历二十年夏），这时他尚未进入仕途。由于他的"英特"（小修《行状》引卓吾语），他确实从卓吾那里得到很多启发，形成了某种反理学的思想倾向。但他毕竟阅世不深，故于任情恣性所得者多，于愤世嫉俗所得者浅。到过后六七年，经过做吴县令的阅历和再度入京目睹时局败坏之后，他的思想就有所变化了，"觉龙湖（指李卓吾）等所见，尚欠稳实。以为悟修犹两毂也，向者所见，偏重悟理，而尽废修持，遗弃伦物，倔背绳墨，纵放习气，亦是膏肓之病"（小修所作《行状》），反理学的锐气逐渐削弱了。故在万历二十六年所作《广庄》中一方面说要"任天而行"，另一方面又说要"修身以俟"（《养生主》篇）。而在次年所作《西方合论》中更强调皈依净土，而对"谬引惟心，同无为之外道；执言皆是，趋五欲之魔城"的"狂禅"深致不满了。当然，我们不能因此就说中郎已完全走上禁欲主义的道路，更不能说主张纵欲就是对的，但他这种反思确表明一种谨慎的、保守的倾向。这种倾向在他对卓吾之死的态度上尤其突出地反映出来。

从《中郎集》中我们可以看到，他对许多知交的死亡都有悼诗，而卓吾之死，却见不到悼唁的文字。任访秋先生推测，可能是"恐怕随便发一点议论，就不免要招是惹非，再不然，也许后来编集子时，把这些东西删去了。不过比较起来还是前面的推测靠得住些"（《袁中郎研究》）。其实，后一种推测可以排除，因为中郎在所编《潇碧堂集》（该集收万历二十八年至三十四年间之作，卓吾死于万历三十年）中有两次提到卓吾，均为卓吾死后之作，万历三十四年编的《墨畦》中亦有一处提到卓吾，如删去，何不一并删去？特别是《德山遇大智龙湖旧侣也》一诗，诗意并未特别关切卓吾，题中后一语至少是可以删去的。何况假令删去，其目的也还是为怕"招是惹非"？至于前一推测，则颇有理。如果再考虑到当时攻击卓吾最力的除御史张问达外，还有中郎所敬重的老师礼部尚书冯琦（此人是中郎中举时的座主，《中郎集》中有给他的信，备极尊仰），他对卓吾之死不敢表态就更不足怪了。但我以为中郎的畏怯似乎还不到这个地步，他对卓吾之死不公开表态还有更为重要的原因，试看中郎重要著作《德山麈谭》

中的一段：

> 问：从上祖师，亦有死于刑戮者，何故？答：死于刀杖，死于床榻，一也。人杀与鬼杀何殊哉？但有好看与不好看之异耳，于学问却不相干。
>
> ……
>
> 学道人须是韬光敛迹，勿露锋芒，故曰潜曰密。……夫龙不隐鳞，凤不藏羽，网罗高张，去将安所？此才士之通患，学者尤宜痛戒。
>
> 我辈少时，在京师与诸缙绅学道，自谓吾侪不与世争名争利，只学自己之道，亦有何碍？然此正是少不更事。……即如讲圣学，向节义，系功令所有者。然汉时尚节义，而致党人之祸；宋朝讲圣学，而有伪学之禁，都缘不能退藏于密，以至于此。故学道而得祸，非不幸也。

我对佛教史不大熟悉，似未见有堪称祖师而死于刑戮之事。此问显系为卓吾（也许还包括达观，他于万历三十一年死于监狱之中）而发。中郎这里说"于学问却不相干"，是为卓吾辩护。但他一则说"学者尤宜痛戒"，再则说"故学道而得祸，非不幸也"。这固然是他自己从历史上的事实和明代中后期累累打击儒者（王学家）讲学和谈禅中总结教训，反映他规避斗争的生活态度，然其对卓吾有批评也是显然的。《德山麈谭》是中郎于万历三十二年在湖南常德与僧寒灰、雪照、冷云、诸生张明教论学的纪录，由张明教纪录编次，中郎审定，"拣其近醇者一卷"。我怀疑提问原本直指卓吾，所谓"从上祖师"一语，乃中郎审定时所改。其原因并非为了怕"招是惹非"，而是他既对卓吾有所不满，又不愿公开予以批评。他在卓吾死时没有写悼诗，看来这应是主要的原因。

如果说中郎在思想上要求解脱的程度不及李卓吾，而且走着弧形的发展道路的话，他在文学观方面同样也显得目光不及卓吾的深刻，而且也走着弧形的道路，这主要表现为：他们都主张文学作品贵真，贵有独得之见，但在具体衡量、评价作品时，着眼点却有所不同。我在论卓吾时曾指出，他评小说、评戏曲乃至评诗文，其着眼点主要在思想。中郎则主要着眼于是否表现了生活的真趣，如他赞扬《水浒》，认为其价值甚高，使人感到"六经非至文，马迁失组练"，这同卓吾在《童心说》中鄙薄《六经》《语》《孟》，而鼓吹《水浒》《西厢》看来似无区别，确实也很大胆，但其实际最欣赏之处，却是它比马迁的《滑稽传》"文字益奇变"，与李贽主要从"发愤之作"来肯定《水浒》微有不同。他赞扬《金瓶梅》，说读了觉"云霞满纸，胜于枚生《七发》多矣"，稍涉及内容，但亦仅谓若《七发》之寓诚于劝而已。这种不同，当然也因为卓吾主要是思想家，故多着眼于思想，中郎主要是文学家，自不能不多着眼于艺术。但文学家并非不应注意思想，故仍然可见其思想的差异。中郎晚年以及小修晚年，对自己文学革新的主张有修正，又主张要学唐，固然是因为他们这一派作者多流于浅俗，不得不从老祖宗那里寻求补救之方，然其开始即只注意内容的真和趣，而不大注意思想的深刻精警，则是其后来退缩的根源。不然，用浅俗的语言表现真实而精深的思想感情，正是可以继续加以开创的广阔道路，又何必一定要回到唐人那里去呢？

当然，我这样说，绝不是否定公安派在反理学上的贡献和在诗文革新上的功绩。就是他们在理论上的弱点，除了他们个人的条件外，也还有历史因素，主要是传统压力太大，新的经济因素太弱，特别是卓吾、达观等相继被迫害致死，新思潮在重压下不能不趋向于低沉。不仅如此，我们还应看到，公安三袁，特别是中郎，虽有不及卓吾处，但他在诗文改革的理论上也有一些精到的见解，能发卓吾所未发，这尤表现在对复古理论的廓清上。我们知道，卓吾也是反对复古的，但他只说凡童心之文就好，不必复古，这就说得很粗。徐渭讥复古派是"学为鸟言"《叶子肃诗序》，很痛快，然所论颇浅，亦未足服复古派之心。中郎对复古派也有嬉笑怒骂处，然往往有精警的分析，能捣毁其巢穴，例如下面的一段话：

> 夫诗之气，一代减一代，故古也厚，今也薄。诗之奇之妙之工无所不极，一代盛一代。故古有不尽之情，今无不写之景。然则古何必高，今何必卑哉！（《与丘长孺》）

这段话显系针对复古派力主恢复唐以前诗歌的浑厚的格调而言。厚与薄是高度概括的模糊的概念，很难用我们今天的术语加以说明。但是，读过一些唐、宋诗的人是可以感知的，也可以从诗的意境、用词、造字、谋篇等方面大致加以区别，因而它成了复古派反对宋元诗的一个重要武器，也是反复古者在理论上的一个难题。中郎的高明之处是他并不讳言这种区别，而从情、景常新的角度另提奇、妙、工的标准，以之来判定"一代盛一代"。这样好像没有从正面驳，实际上却驳倒了，因为既然奇了、妙了、工了，还论什么厚、薄呢？中郎在此是论诗，实际上也通于文，文若以奇、妙、工为准，所谓秦汉、唐宋之争就是可笑的了。

更有甚者，公安派不仅不论什么厚薄，也不要什么一成不变的法，而提倡"信心而出，信口而谈"（中郎《与张幼于书》），公开提出："口舌，代心者也，文章，又代口舌者也。展转隔碍，虽写得畅显，已恐不如口舌矣，况能如心之所存乎？故孔子论文曰：'辞达而已。'达不达，文不文之辨也。"（袁宗道《论文》上）这是一个爆炸性的文体解放的见解，它不仅扫荡了复古派拘守古法的迷雾，也给唐宋派的拘守欧曾文法将了一军。正唯如此，尽管公安派和复古派同样主张学习民间歌曲，但学习的原则不同；复古派主张学《锁南枝》是学其情之真，公安派则还要学其语之新。中郎说：

> 故吾谓今之诗文不传矣。其万一传者，或今闾阎妇人孺子所唱《劈破玉》《打草竿》之类，犹是无闻无识真人所作，故多真声，不效颦于汉、魏，不学步于盛唐，任性而发，尚能通于人之喜怒哀乐嗜好情欲，是可喜也。（《叙小修诗》）

这还与复古派的论调相近，至于说"今人所唱《银柳丝》《挂针儿》之类，可一字相袭不？世道既变，文亦因之，今之不必摹古者，亦势也"（中郎《解脱集·江进之》），这就兼包语言而言了。

由于强调"信口而谈"，必然崇尚平淡的文风，故中郎以为淡"是文之真性灵"（《叙陈氏家绳集》）。但淡很易流于率，宋以来一些理学家的诗文就率而枯，甚至率而俗，所以公安派又提出"趣"来，认为"世人所难得者唯趣"。然其所谓"趣"仍是来自自然，故说"夫趣得之自然者深，得之学问者浅。当其为童子也，不知有趣，然无往而非趣也。……孟子所谓不失赤子，老子所谓能婴儿，盖指此也。趣之正等正觉最上乘也"（中郎《叙陈正甫会心集》）。这是卓吾的童心说的翻版，也是中郎论文尚真、主性灵在美学上的必然要求。

总之，公安派文学观点的核心也如这 派的领袖袁中郎的思想一样，是以自然为核心。但这个自然，并不是指客观世界，而是指人的主观世界，特别是作家个人的主观世界；他们所谓自然的真趣，主要是指那些名士风流的情趣，如对山水、酒、茶乃至美女的热爱等，即所谓"有所寄"。这里固然常浸透着某种鄙视庸俗世故的感情和摆脱理学束缚的思想，却远不如李卓吾那样处处以其所谓童真同伪道学相对立，并予以尖锐的批评。故他们虽力求从传统思想和传统文学的束缚中解脱出来，但他们开拓的境界却有限。相反，却因为有意回避复古派所倡导的风雅比兴的传统，而把文学反映重大现实问题的任务放松了。尽管如此，这个文学流派在当时还是起了很大的积极作用的。它至少使人们不是面向复古，而是面向创新；不是一般地注意描写人情，而是特别注意到反映人的个性，这同那时历史发展的要求是相合的。

说到这里，我想顺便谈一下复古派与公安派的关系。在许多研究者的笔下，复古派同公安派似乎是完全对立的，也有人注意到他们有相同之处，但又忽略其同中有异。前面已经提到他们同时主张向民间小曲学习，但一则重其情之真，一则要学其语之新，是同而不同；其实，就是尚真这一点，两派也是同中有异。复古派首领李梦阳在《诗集自序》中引其友王叔武的话，说"真诗乃在民间"，是认为"夫诗者，天地自然之音也。今途咢而巷讴，劳呻而康吟，一唱而群和者，其真也，斯之谓风也"。这里所谓真，是泛指人情之真。袁中郎虽然也说《劈破玉》《打草竿》之类的民间小曲"能通于人之喜怒哀乐嗜好情欲"，但强调的是它的"任性而发"（《叙小修诗》）。他又说："大抵物真则贵，真则我面不能同君面，而况古人之面貌乎？"（《与丘长孺》）这个真，是指个人性情之真。所以同是尚真，前者是偏重客观，后者偏重主观。由于重客观，故复古派仍要讲比兴，要"观义"（均见《诗集自序》），即仍要回到传统的诗教上去；重主观，则但求"从自己胸臆流出"(《叙小修诗》)，要"心能摄境，即蝼蚁、蜂虿皆足寄兴，不必睢鸠、驺虞矣；腕能运心，即谐词谑语皆足观感，不必法言、庄什矣"(江进之《敝箧集叙》引中郎语)。就是说，嬉笑怒骂，无所不可，是否合乎所谓"六义""诗教"是不予重视的。至于中郎也说过要"师森罗万象"的话(《叙竹林集》)，那不过是就"性灵窍于心，寓于境"(江进之《敝箧集序》引)的"境"而言，其着重点还是在心中的性灵。这些，我认为正是复古派和公安派的根本区别，也是他们的优点和弱点的一个重要方面。换言之，对公安派来说，其优点在于突出了性灵，强调了创新，摆落了格套，而其缺点则在于对客观的境缺乏别择，有时取小遗大，弃精取粗。他们的这一优点和缺点以及前述他们在其他方面的优缺点，都在其创作实践中表现出来。

　　由于过去研究得不够，我们现在还难以确定受公安三袁影响的作家究竟有多少人。任访秋先生在《袁中郎研究》一书中，列举了黄辉、陶望龄、雷思霈、江盈科、曾可前、梅蕃祚、梅守箕、汤宾尹、丘坦、潘之恒、陶孝若、如愚和尚十二人，其实远不止此数，至少应加上李腾芳、顾天竣(参考中郎《瓶花斋集·冯侍郎座主》)，如放宽一点，后起的竟陵派实际上是它的支派，而几乎所有年辈稍后于三袁的小品文作家都在不同程度上受到他们的影响。

　　公安派的主要作者，就地域来说，除黄辉为四川南充人外，其余大都集中在长江中下游，而尤以两湖为多。这同三袁本为公安人，其交友以湖南北为多不无关系。但长江中下游实为明代经济文化最发达之区，人物荟萃之地，且又为王学最流行的区域，这些都是公安派产生和发展的土壤，它也在一定程度上影响到公安派的文学创作特色。

公安派作家在创作上取得较大成绩的是小品文。这固然同他们的思想倾向有密切关系，也受到我国古代散文发展的内部规律的制约。

明以前我国散文的发展大体上可分为三个阶段，先秦至两汉为一阶段，这时文、史、哲还没有分工，实用性的文章同文艺性的散文也没有界限。代表作是《孟子》《庄子》等诸子的文章，《左传》《战国策》《史记》等史籍和一些书信、奏议。第二阶段是东汉魏晋六朝。这是散文逐渐发展成骈文的时期，文、史、哲分工的概念开始形成，抒情文得到很大的发展，历史小品和地理、风物之类的杂记也开始兴起。但是，从创作实践来看，文与史、文艺性的文章与实用性的文章还是结合在一起的。《世说》乃史之支流，记山水、风物的《水经注》《洛阳伽蓝记》也是史的附庸，而大量的抒情文则仍多用书信的形式。唐宋元是第三阶段。这时散文突出的特点是在体裁上出现了大量独立成篇的文艺性的杂文（包括文艺性的短论、杂记、序跋和批判性的寓言等），在语言上日趋通俗化。经过这三个阶段，在文言文的框架内，可以说散文之变已趋于极致了。所以明清两代，作文之士大都只在这三个阶段中讨生活，或学秦汉，或规魏晋，或效唐宋，鲜有能突破其樊篱者。但是其间也有前人虽已开拓道路，但仍未充分加以发展变化者，这就是杂文，或曰小品。

小品本指佛经的摘要，是与大经相对而言的。晚明以前，似尚未有以小品称文体者。至此时才有朱国桢的《涌幢小品》、王时驭的《绿天馆小品》(书未见，李本宁有《绿天小品题词》)、陈眉公的《晚香堂小品》和陆云龙选的《皇明十六家小品》之类的结集。从这些集子中所收的文字来看，其含义颇不确定。《涌幢小品》"杂记见闻，亦间有考证"（《四库全书总目提要》语），类笔记小说，其余所收则大体相当于我们所说的杂文，惟兼收书信。可见明人所谓"小品"，其范围很广，它几乎包括除高文典策及其他庄严正大的文字以外的所有随意抒写性情、发表见解以及杂记见闻、山水、习俗等短篇的文章。简言之，它是以"小"为特征，即所记的事小（非朝政国策），议论、感慨小（就一事一物兴感，非长篇大论），文心小（从小处着眼，刻画入微，抒发尽致），篇幅小。此种文章，唐宋以前也已有了，但唐宋的古文家写此类文章时大都态度仍颇矜持，甚至装腔作势，故虽有许多立意深邃，能以小见大或文词简练之作，然题材、主题及写法都未极"小"之变，只有苏轼的一些随笔（如《记承天寺夜游》之类）、题跋、书简有所不同，写得极简洁而生动，给人以放纵自如之感。晚明的作家正是继承苏轼的道路加以开拓，因而特别显示出随笔的风格。

　　这种有明代特色的小品并不是从公安派开始的。徐渭、陆树声的某些序跋、杂记，李本宁、屠隆、汤显祖的书信、题跋，李卓吾的某些杂感（《题孔子像于芝佛院》《赞刘谐》之类），都显示了挥洒自如、不矜持、不装腔作势的自由风格。甚至连复古派巨子王世贞晚年写的一些题跋文字（见《读书后》），也有这种色彩。公安派作者只是把这些特点进一步加以发挥，因而表现出自己的特色。袁中郎的小品文尤为突出。

　　同晚唐的小品文不同，公安派的小品文中正面揭露社会黑暗的较少，这是这一派小品文的弱点，但不能说这一派文人的小品都是脱离现实的，甚至也不能说他们的作品题材很狭窄，只是他们各人所选择的反映现实的形式不同。如江盈科的《谐史》就采用寓言、笑话的方式来讽刺现实，试举《催科》为例：

昔有医人，自媒能治背驼，曰："如弓者，如虾者，如曲环者，延吾治，可朝治而夕如矢。"一人信焉，而使治驼。乃索板二片，以一置地下，卧驼者其上，又以一压焉，而即屐焉。驼者随直，亦复随死。其子欲鸣诸官。医人曰："我业治驼，但管人直，那管人死？"呜呼！世之为令，但管钱粮完，不管百姓死，何以异于此医也哉！虽然，非仗明君躬节损之政，下宽恤之诏，即欲有司不为驼医，可得耶？

医驼是一个古老的讽刺性的笑话（见魏邯郸淳《笑林》），但作者从这个笑话中所引出的结论却是新的，而且讽刺的政治性强得多。江氏曾做过几年长洲县令，大概是深有体会，故说来极为沉痛。如此之类，在他的作品中还不少，如其《与王百谷书》述其察狱云贵两地所见云：

不佞审谳两省，解主上之网，死而生之者凡三百人，然两省元元，苦兵、苦饥、苦贡金、苦凿矿、苦抽税，死者十三，徙者十四。譬诸黄冠代富翁设醮，放鱼放鸟，名曰放生，以为功德，而富翁屠戮羊豕，以肥其口；诛求逋负，以肥其室，较所生者于所杀者才万一耳，奈何！奈何！……

这写得多沉痛！黄冠之喻，亦生动而深刻，具见小品文恣肆的风格。过去人们论公安派，往往忽略江进之这位巨子，又不知明人小品也包括笔记小说，就遽以为公安派的小品只写文人的生活情趣，那是不全面的。

但是，公安派的小品确以写文人生活情趣为多，除尺牍外，又以山水游记的量较大，如《袁中郎集》中，游记就有82篇。这是因为自东晋以来，文人们已有一个把山水田园之美同尘世的污浊对立起来的传统，公安派乃至竟陵派的一些人物，正是这个传统的继承者。这在中郎处表现尤为突出，故他的山水游记中往往充满着从尘网中解脱出来的思想感情，也往往借题发挥，对那些拘儒（理学家）的迂腐之论进行抨击，如《灵岩记》的结尾说：

> 夫齐国有不嫁之姊妹，仲父云"无害霸"，蜀宫无倾国之美人，刘禅竟为俘虏。亡国之罪，岂独在色？向使库有湛卢之藏，湖无鸱夷之恨，越虽进百西施，何益哉？

这段议论并不是很新鲜，王安石早在一首诗中说过："谋臣本自系安危，贱妾何能作祸基。但愿君王诛宰嚭，不愁宫里有西施。"（《宰嚭》）然王诗与袁文，实有所不同，试再摘引两段：

> 山上旧有响屧廊，盈谷皆松，而廊下松最盛。每冲飙至，声若飞涛。余笑谓僧曰："此美人环珮钗钏声，若受具戒乎，宜避去。"僧瞪目不知所谓。石上有西施履迹，余命小奚以袖拂之。奚皆徘徊色动。碧缬纤钩，宛然石髮中，虽复铁石作肝，能不魂销心死？色之于人甚矣哉！……

> 嗟乎！山河绵邈，粉黛若新，椒华沉彩，竟虚待月之帘；夸骨埋香，谁作双鸾之雾？既已化为灰尘白杨青草矣，百世之后，幽人逸士，犹伤心寂寞之香躅，断肠虚无之画屧；矧夫看花长洲之苑，拥翠白玉之床者，其情景当何如哉？

像这样赤裸裸地渲染美女的迷人力量的文字，这是我们不但在王安石的诗中，也是在唐宋以来大量古文家的文中很难看到的。如果让理学家来评论，简直会以"淫荡"斥之了。然而这正是公安派（特别是袁中郎）小品文特色的一种表现。因为从人生观说，中郎承袭李卓吾的观点，主张"人情必有所寄，然后能乐"，无所寄的人则如生活在"活地狱"一般。而他认为，酒、色、技、文等无一不可为寄。（见《锦帆集·李子髯》）他们的游山玩水即是一种寄，所以说"恋躯惜命，何用游山？且而与其死于床第，孰若死于一片冷石也"（《开先寺至黄岩寺观瀑记》）。既然这样，凡人的种种癖好，不管从常人的标准说是否正确，只要是为了寄托精神，就都是美好的而可以毫不掩饰地加以宣扬了。

同内容上不守陈规、敢于解去束缚相适应，公安派的小品文在形式上也追求自由，不受成法的束缚，他们的小品大都意到笔随，需要长则长，不需要长则数语即了。尺牍如此，题跋如此（这两类体裁前人已有此种写法），山水记亦如此。如中郎的《听响水石记》就只有四十二字。写法也不一样，有的写得很细腻，如中郎《虎丘》一篇写月夜艺人献技的情形：

> 布席之初，唱者千百，声若聚蚊，不可辨识，分曹部署，竞以歌喉相斗，雅俗既陈，妍媸自别。未几而摇头顿足者，得数十人而已。已而明月浮空，石光如练，一切瓦釜，寂然停声。属而和者才三四辈。一箫，一寸管，一人缓板而歌，竹肉相发，清声亮彻，听者魂销。比至夜深，月影横斜，荇藻凌乱，则箫板亦不复用。一夫登场，四座屏息，音若细发，响彻云际，每度一字，几尽一刻，飞鸟为之徘徊，壮士听而下泪矣。

有的则几乎毫无描写，如中郎的《百花洲》一篇：

> 百花洲在胥、盘二门之间。余一夕从盘门出，道逢江进之，问："百花洲花盛开否？盍往观之。"余曰："无他物，惟有二三十粪艘，鳞次绮错，氤氲数里而已矣。"进之大笑而别。

然不论是前一种写法或后一种写法，我们在前此古文家的散文中都是很难见到的。前一种也许还能从唐人传奇（如《李娃传》）或长诗（例如《琵琶行》）中得其仿佛，后一种则即使在前人的笔记小说中也很难遇到，这正是公安派的一种独创。

公安派的小品貌若不经意，信笔所之，但并不是没有经过惨淡经营。即以写景论，凡是那种抽象的形容，他们都极力避免，而务求写得惟妙惟肖，使人读起来如亲历其境。任访秋先生曾指出中郎善于用白描、拟人和寓情于景的写法，并说："从他的游记中看出，似乎是他在同大自然恋爱。特别是对秀丽的景物，他总是用形容女性的词采，来描绘他们，特别从色、态、情三方面来着眼。"这是说得极深刻的，例子触目皆是，我就不列举了。需要强调的是，中郎他们不仅常怀着强烈的爱来写景，而且对景物的特点观察得极为细致，也可以说有一种特别的敏感。故其写景能不落套，因而移易不得。试举中郎的《御教场》为例：

> 余始慕五云之胜，刻期欲登，将以次登南高峰。及一观御教场，游心顿尽。石篑（陶周望字）尝以余不登保俶塔为笑。余谓西湖之景，愈下愈胜。高则树薄山瘦，草髡石秃，千顷湖光，缩为杯子，北高峰、御教场是其样也。虽眼界略阔，然我身长不过六尺，睁眼不见十里，安用许大地方为哉？石篑无以难。饮御教场之日，风力稍劲，石篑强吞三爵，遂大醉不能行，亦是奇事，夫石篑之醉，乃桑田一变海，黄河一度清也，恶得无纪哉？

此篇题为《御教场》，实写杭州西湖风景的特色。过去写西湖者多，然从未有能指出其妙仅在于平地中玲珑剔透之小景，而不宜登高远望的，中郎却独能看到这一点，这里不仅包含着可贵的美学观点，还使我们认识到在观察所有事物时采取什么角度是很重要的。后来鲁迅的诗"平楚日和憎健翮，小山香满蔽高岑"，也是从小的角度来评价西湖，但思想感情又不同。鲁迅是嫌其小，中郎则是扬长避短，善观其小。

公安派的小品并非率意而作，我们还可以从中郎文集的不同版本中找到证明。即以上举《御教场》为例，该篇吴郡本、小修本均题作《由胜果寺上观排牙石记》，其文如下：

> 午憩胜果寺酌泉，缘崖而行，憩月岩，览御营旧迹。观排牙石。石巉穿秀润，骨色俱古，恨其不生飞来、龙井间耳。山颠席江带湖，其观亦伟，然西湖政不以此为胜。石篑尝以余不登保俶塔为笑。余谓西湖之景，愈下愈冶，高则树薄山瘦，草髡石秃，千顷湖光，缩为杯子。北高峰、御营山是其例也。虽眼界稍阔，然此躯长不逾六尺，穷目不见十里，安用许大地为哉？石篑无以难。
>
> 归途风力稍劲，石篑强吞三爵，遂大醉不能行。石篑素不能一蕉叶，同行者谓"黄河一度清"也，遂纪之。

这两种不同的版本孰短孰长，读者可一望而辨，无待多言，前引一种，显然是作者后来所修改，其辛苦经营是可以想见了。

同文相似，公安派作家的诗也体现了解脱思想和形式束缚的精神，如人们常引的中郎的《显灵宫集诸公以城市山林为韵》一诗：

> 野花遮眼酒沾涕，塞耳愁听新朝事。邸报束作一筐灰，朝衣典与栽花市。新诗日日千余言，诗中无一忧民字。旁人道我真聩聩，口不能答指山翠。自从老杜得诗名，忧君爱国成儿戏。言既无庸默不可，阮家那得不沉醉。眼底浓浓一杯春，恸于洛阳少年泪。

研究者多注意到，这类诗反映中郎虽一再退隐，却没有超然物外，忘怀政治，这自然是对的，其实它里面还包含着中郎对庸俗虚伪的世风（包括文风）的深刻愤怒和他要求从这种世风下摆脱出来的精神。诗人不只是未"忘怀政治"，而是因关心到极点而感到绝望。他在《戊戌除夕》诗中说："时事不堪书，下笔每惊悸。道书参谜讥，禅理供嘲戏。"同样也体现这种绝望的心境。由这类诗，我们也可以了解到：公安派作者多是一些有侠气的人物，而其直接反映现实的诗却较少的一个原因，原来是他们鄙弃那种"成儿戏"的诗，于是就把感情寄托在别的题材上了。认识到这一点，我们在读他们的山水抒情诗和其他抒情小诗时，便会感到其中虽常有取小遗大的缺点，然亦常有怫郁不平之旨或反庸俗的机趣。中郎的诗固如此，其他作家诗中亦不少见。袁小修在该派要员中是较为稳健、和平的，其诗而时有不平之气，如《阻风登晴川阁》：

> 苦向白头浪里行，青山也识旧书生。相逢谁胜黄江夏，不死差强祢正平。天外云山金口驿，雨中杨柳武昌城。汉滨父老今安在，只合依他隐姓名。

此诗见王夫之《明诗选评》，今传《珂雪斋近集》不载，当为早年之作。诗人自以为"差强祢正平（衡）"者只是"不死"，其愤世之情是昭然的。

不过，公安诗人中直接反映现实较多者似仍应推江进之，其《雪涛阁集》未见，然仅就我所见的湖南地方文献中所收的几十首诗来看就不少。其《读张魏公传有感曲壮愍事》是很有名的，诗曰：

> 子圣焉能盖父凶，曲端冤与岳飞同。何人为立将军庙，也把乌金铸魏公。

宋张浚枉杀抗金名将曲端，而朱熹及后代的理学家却因其子张栻之故为之隐晦，进之此诗为鸣不平，实为对理学家及社会上的虚伪、逢迎之风表示抗议。此外如其七律《登烟雨楼》《朔方兵变》《署中登楼》《出宰长洲作》《悯水》，五律《乡信》三首、《江南苦雨》等，也都表现了对时事的忧虑和悲愤。如其《滇中祈雨民谣》二首：

> 真官日日立坛除，咒水飞符总是虚。黄表青词焚欲尽，上清都不省文书。

> 山蔬野蕨与蒿莱，残喘聊将旦夕挨。欲辨秋粮无一粒，不知矿税自何来。

这种诗在公安派诗人作品中是少见的。

在诗歌形式上，公安派诗人在打破陈规上也作了努力，他们有些诗是写得很通俗的。上引江进之的三首小诗即共例，又如袁中郎的《述内》：

> 世人尽道乌纱好，君犹垂头思丰草。不能荣华岂大人，长伏蓬蒿终凡鸟。富贵欲来官已休，儿女成行田又少。盈篚算无千个铜，编衣那得一寸缟。陶潜未了乞儿缘，庞公不是治家宝。玉白冰清欲何为，不记牛衣对泣时。

任访秋先生认为这诗令我们想起《红楼梦》中的《好了歌》，是一点不错的。然而，总的来说袁中郎所倡导的"以《打草竿》《劈破玉》为诗"（中郎《与伯修》）的努力取得的成就是不大的，他本人的诗中有民歌意味的只不过少量的乐府体古诗和五七言绝句（包括竹枝词），其余的诗在通俗化的道路上并未比白居易、苏轼、杨万里走得更远。其艺术技巧的变化尚未及苏。至于其他人，则或者退回去了，如袁小修；或者流于粗率，如袁宗道、江进之、雷何思、黄辉、李腾芳等均不免有此弊。上引江进之的诗在

意义上可取,形式上即不免粗率。中郎有《宿朱仙镇》诗四首,其第四首与江进之《读张魏公传有感曲壮愍事》大意相同,试录如下:

> 祠前萧鼓赛如云,茹泣争劗吊古文。一等英雄含恨死,几时论定曲将军。

义愤当然不如进之诗的强烈,但从诗艺来看,中郎就高明多了。不过,就是中郎本人,也未始没有粗率之作。故后来竟陵欲以幽深矫其弊。然竟陵不知粗率的原因实在于没有重视诗歌意境的创造,而着意在语言的生涩瘦硬上下功夫,结果他们的许多诗弄得连公安派诗中尚有的那种活泼的机趣或粗豪的气概也丧失了。故竟陵的小品文尚能衍公安之绪,而创造出许多好的作品,诗则每况愈下,并公安亦不及了。

公安派的诗成就不如小品文,是因为小品在唐宋尚未得到充分的发展,故公安派作者得以驰骋才华。诗则历唐至宋,体式、技巧、语言都已极尽变化,要再变化已经很难了。就拿通俗化来说吧,诗人从王绩、白居易开始,诗僧从寒山、拾得开始,理学家从邵雍开始,都作过尝试。取得最大成就的莫过于白居易、苏轼、杨万里三人,然有时都不免流于粗率和滑易。公安派要在这条道路上顺利前进是极困难的,故中郎晚年与黄平倩(辉)的信说:"然诗文之工,决非以草率得者,望兄勿以信手为近道也。"《潇碧堂集·黄平倩》对复古派的评论也不像往时那样的刻薄,而说:"于鳞(李攀龙)有远体,元美(王世贞)有远韵,然以摹拟损其骨。"《答徐见可太府》之二)采取比较平允的态度,至小修晚年,则心气尢趋平和。其序中郎全集云:

> 自宋元以来,诗文芜烂,鄙俚杂沓。本朝诸君子出而矫

之，文准秦、汉，诗则盛唐，人始知有古法。及其后也，剽窃
雷同，如赝鼎伪觚徒取形似，无关神骨。先生出而振之，甫
乃以意役法，不以法役意，一洗应酬格套之习，而诗文之精
光始出。……至于今天下之慧人才士，始知心灵无涯，搜之
愈出，相与各呈其奇，而互穷其变，然后人人有一段真面目
溢露于楮墨之间。……诸文人学士泥旧习者，或毛举先生少
年时二三游戏之语，执为定案，遂谓蔑法自先生始。彼未全
读其书，又为赝书所荧，无足怪耳。……至于一二学语者流，粗
知趋向，又取先生少时偶尔率易之语，效颦学步，其究为俚
俗，为纤巧，为莽荡，譬之百花开而棘刺之花亦开，泉水流
而粪壤之水亦流，乌焉三写，必至之弊耳，岂先生之本旨哉！

这里既回答了人们对中郎的批评，又承认公安派的流弊，还说宋
元诗文"鄙俚杂沓"。除保持摆脱格套、抒写性灵这一宗旨外，宗
道、中郎"信口"的革新口号就被取消了。不仅如此，他还重新
提出"当熟读汉魏及三唐人诗，然后下笔，切莫率自矜臆，便谓
不阡不陌可以名世也"，并谓"不效七子诗，亦不效袁氏少年未
定诗。而宛然复传盛唐诗之神，则善矣"（《珂雪斋近集·蔡不瑕诗序》）。他
的这种反思，在某种意义上我们可以称之为倒退或保守，然亦见
"好诗到唐已被做完"（鲁迅语），宋人的发展已不多，如果不是在
诗的内容和体制上来一个根本的变革，要在旧形式的范围内求解
脱，其道路是很窄的。后来晚清的新派诗人再度作出努力，而其
结果仍不得不只求"熔铸新理想以入旧风格"（梁启超语），五、七言
诗体形式和艺术要求的凝固性就可想见了。

第十三章　万历末年反理学思潮的趋向低沉与竟陵派

　　继公安派而起的竟陵派，其文学思想是既继承着公安派的性灵说，崇尚独创，又力图用幽深、柔厚的风格来挽救公安末流粗率、浅薄的弊端，这是人所共知的。据此推论，竟陵派的文学思想似应是较少"流弊"的，因而也应较易为后来的许多文学家和批评家所接受。然而我们考查一下明末到现代以前的论诗文者，几乎无例外地对钟惺、谭元春的文学思想都有所批评，明清之际的钱谦益、顾炎武、王夫之对他们的攻伐尤甚，牧斋至斥之为"文妖"（《列朝诗集小传》丁），像万时华（见周亮工《尺牍新抄》）、贺贻孙（著有《诗筏》）、毛先舒（所著《诗辨坻》中有《竟陵诗解驳议》）、贺裳（所著《载酒园诗话》有专评《诗归》一目）等人那样采取有分析的态度的就算是很好的了，尽管他们得出的结论并不相同。

　　为什么会出现这种情况？近人有许多解释，我所见到的大要不外这几种：（1）"幽深""柔厚"之类是从艺术着眼，没有抓住文学反映现实这一根本问题；（2）有流派则不能无弊，钟、谭原不想建立宗派，但实际上成了宗派；（3）创作成就跟不上理论；（4）具体评论确有偏激之处和缺点。当然，还可能有别的解释，例如，我们可以设想，钟、谭是锐意进行改革，而批评者则是站在比较保守的立场。我个人认为，以上这些因素都或多或少地存在，但最根本的原因是钟、谭的诗文理论中存在着深刻的内部矛盾。

这还得从竟陵派与公安派的关系谈起。

我在谈公安派时曾指出：公安派的文学思想，特别是它的主要领导者袁中郎的文学思想，是晚朝士大夫力图摆脱理学的束缚，追求思想解放和精神解脱的思潮的产物。这种要求解脱的精神浸透着公安派文学观的各个方面，而崇尚自然则是它的核心。所谓性灵说，不过是崇尚自然的一种表现。这是公安派的文学革新主张的命脉所在，它是只能扩展而不能修正的。如果说它有缺点或流弊，那主要是由于这一派的巨子要求思想解放的深度和广度不够，而附和者更浅。当然也有艺术修养问题，但那只是如何把内容表现得更好的问题，而不必提倡用一种什么风格来匡救。因为按照那种崇尚自然的理论，人是各有其性情的，也就应任其创作各有独特意境、独特风格的诗文，不必另立风格上的要求去范围它，也不能范围它。

应该承认，竟陵的巨子对公安巨子要求独创的精神是有比较深刻的了解的。钟惺就说过："石公（袁中郎）恶世之群为于鳞（李攀龙）者，使于鳞之精神光焰不复见于世，李氏功臣，孰有如石公者？今称诗者，遍满世界化而为石公矣，是岂石公意哉？"（《隐秀轩集·问山亭诗序》）又说："学袁、江（进之）二公与学济南（指李攀龙）诸君子何异？恐学袁、江二公，其弊反有甚于学济南诸君子也。"（《与王稚恭兄弟》）他和谭元春选《诗归》，也颇有意于不拘一格，选了许多不为人们所注意的一些小家的有真情实感的好诗。但是，他们却又于诗文要表现真情、要有灵气之外，另提"幽怀单绪"与"柔厚"的标准，并有意排斥一些人所共赏的名作。这样，在他们的《诗归》中，无论在选篇还是评语上都出现了深刻的矛盾。

我们不妨举几类诗为例。

先看所谓艳情诗。按照他们所谓"诗以静好柔厚为教"（钟惺《陪郎草序》）、"冥心放怀，期在必厚"（谭元春《诗归序》）的观点，是应该少选，而且只宜选其蕴藉含蓄之篇的。但是他们在《诗归》中所选的艳情诗之多，却超过了《玉台新咏》以外的其他许多选本。以《古诗归》为例：张衡的诗，他们就不选《四愁》，而选其称为"情语至境"的《同声歌》。至于南朝诗，所采情诗尤多，仅乐府《清商曲辞》中的艳情诗即选了四十八首（沈德潜《古诗源》一首不选），这些诗多数是把恋情表现得很热烈的，既不"幽"，也不"厚"。而最有趣的，则是他们在评语中还常借端为恋情唱赞歌，并对里面的某些描写尽量加以抉发和渲染，使之更加显得刻露。下面试摘数例：

《李夫人歌》钟评："真惑溺，俗人假作不得。"又评："英雄往往打不破此关，然亦不必打破。"又评："妙在杀钩弋夫人手段，能作此语，可与解人道。"

《白头吟》谭评："有此妙口妙笔，真长卿快偶也。不奔何待！"又评："有一种极难为长卿语，长卿不得不止。文君之奔与妒，生于才耳。"

《陌上桑》钟评："妙在贞静之情，即以风流艳词发之，艳亦何妨于正也。"

　　《陇西行》钟评:"男女几于狎矣,而不及乱,真所谓好色不淫。世上淫人与好色自是两种,阮嗣宗日狎邻女,而终无所私,死又哭之,真好色惟此一人。若有所私而狎之而哭之,便是泛泛用情矣。乌乎! 好!"

　　《古诗为焦仲卿妻作》"守节情不移"句,钟评:"全诗大本领,节情两字连说,妙,从来节字皆生于一情字。"又"同是被逼迫,君尔妾亦然"句,钟评:"府吏之死,其母杀之也。其妻之死,妻之母之兄杀之也。二语便是公案。父母俗恶之效,遂能杀其子女,可畏! 可畏!"

　　刘缓《敬酬刘长史咏名士悦倾城》谭评:"耳食者多病六朝靡绮,予谓正不能靡,不能绮耳。……盖才人之靡绮,不在词,而在情。此情常留于天地之间,则人人有生趣。生趣不坠,则世界灵活,含素抱朴,一朝而寻其根。此不易之论也。……"

这些议论,都带有离经叛道的气味,尤其具有浓厚的反理学色彩。它同晚明李贽及其他进步思想家、文学家的言论是一脉相承的,有的还有所发展,实在说不上是什么"柔厚"。然而用的尚是庄语,也是正论。另有一些批语就不然了,如:

　　《陌上桑》"十五颇有余"句,谭评:"口角媚。"钟评:"摇摆语态之妙在一颇字。""为人美白晰"句,谭评:"女人情深在此。"

　　《孟珠》第二首"愿得无人处,回身与郎抱"句,谭评:"太妖矣,然既已有情,何必讳其妖。"钟评:"妙在不故作羞态。"

这类评语就更无温柔敦厚之可言,而其中谭元春的评语且流于轻佻了。这里固然有评者的思想感情问题，而从文学观来说，则在于他们着意寻求"幽怀单绪"，认为"艳诗不深不艳"（鲍照《代夜坐吟》钟氏评语）。因而在一些本来不深之处也要去发掘，这自然与敦厚之旨相刺谬了。王夫之谓谭元春的艳情诗，"浑作青楼淫咬，须眉尽丧"（《夕堂永日绪论》内编）。其语未免刻薄而有道学气，但亦可印证钟、谭文学观中确存在深刻的矛盾。

　　钟、谭诗论的矛盾在评政治诗时不似评艳情诗的突出，因为那些殊欠温厚和平的政治诗大都没有入选。但矛盾还是有的。如钟评伯夷《采薇歌》云："此诗真有一段不满于周之意，非独不忘殷也。古人胸中是非，天且不能夺，而况人乎？"又云："揖让之不能不化为征诛也，孔子感（？）之，孟子顺之，宋儒周旋之。"又"以暴易暴兮"句钟评："谁人能开此口，然实有所见，不是一味愤讪。"这都是颇有胆识的见解，"周旋"二字更是对宋儒（理学家）的绝妙的揶揄。然其所赞扬的"以暴易暴"一语却是极不温厚的。又项羽《垓下歌》钟评云："观刘季卒负项羽，可见古今无极朴心、极厚道帝王，只作用不同耳。"这是题外话，也说得好；但把古今帝王都举出，同样戾于敦厚之旨。然而当作者批评白居易的诗时却是另一种口吻了。如钟评《和微之大嘴乌》云："写到可笑可哭处，极痛极快，物无遁情，然风刺深微之体索然矣。知此可与读元白诗。"这批评本身也许并没有什么不对（至少我个人是这样看），问题在于前后矛盾。特别是当我们读到他评韩愈云："至其乐府，讽刺寄托，深婉忠厚，真正风雅，读《猗兰》《拘幽》等篇可见。"这与程颐、朱熹对这些诗的赞叹完全如一（程说见《二程语录》，朱说见《楚辞后语》），颇有道学气。由此可见，钟氏所谓"风刺深微之体"，不只在要求表现艺术的含蓄，而是有一种保守的封建意识在支撑着他的"柔厚"的艺术观，这同前引的《采薇歌》《垓下歌》中的评语显然是矛盾的了。

钟、谭文学思想的矛盾，在《唐诗归》的选篇上尤其突出地反映出来。因为倘守性灵之说，则李白的雄放之篇，元、白的清俊之什都在所必取；倘取幽深之思，则不能摒弃李商隐的七律。但雄放、清俊殊戾于古朴、深厚，故李白的许多名篇（如《梦游天姥吟》《蜀道难》等）和元、白的一些佳什（如白的《长恨歌》、元的《连昌宫词》《悼亡》等），他们都弃而不收，元、白的新乐府更因浅切不采；幽深则或戾于朴厚，故义山的七律又一篇不采。然《唐诗归》中所收小巧之作正复不少，大抵不是写幽冷之境，即是艳情之作。而其所极为推崇者，除杜甫外，则为王、孟、储、韦一派，其崇储似犹在王、孟之上，推为"厚"的准绳。这不惟反映其标准的紊乱，且见出其最欣赏的是和平恬淡的诗境。所以我们读《诗归》的评语，有时虽可得到某种超脱庸俗或摆脱理学束缚的启迪，但更多的是感到一种静穆、幽冷的情趣，也不乏封建伦常的说教。这同我们读李贽、袁中郎等人的文学评论的感受是有差异的。

钟、谭文学思想中所包含的保守倾向，在他们对文的评论中也反映出来，钟惺的《东坡文选序》说：

> 今之选东坡文者多矣。不察其本末，漫然以"趣"之一字尽之；故读其序记论策奏议，则勉卒业而恐卧，及其小牍小文，则捐寝食徇之。以李温陵心眼，未免此累，况其下此者乎？夫文之于趣，无之而无之者也。譬之人，趣其所以生也，趣死则死。人之能知觉运动以生者，趣所为也。能知觉

运动以生，而为圣贤、为豪杰者，非尽趣所为也。故趣者止于
其足以生而已。今取其止于足以生者以尽东坡之文，可乎
哉！是故老庄者，出世之文之妙者也，毅然斥之不疑；商韩
者，经世之文之妙者也，竟鄙其人，陋其说而已。夫东坡而
非文人也则可；东坡而文人也，岂有不知其文之妙者哉！以
为吾舍此自有真学问、真文章，理义足乎中而气达乎外，胆与
识栩栩然、谡谡然、蓬蓬然于笔墨之下，取战国之风调，易以
己所欲言，而其渊源相去远矣。

钟氏这里对"趣"的论述很精彩，足以补救公安派过于强调诗文
要有趣的缺点，无怪有的同志认为它是"对李贽与公安派的观点
的发展"(复旦大学中文系编著《中国文学批评史》)。但李贽选苏文，其别
出手眼之处正在于不取别人推许的那些序记、论策、奏议，而专
注于其生趣盎然的短文。因为正是这种文章（应包括少数序
记），特别突出地表现了东坡的个性及其挥洒自如、不拘成法的
文风，它也是东坡在散文上的一种独特的创造。至于他的论策、
奏议，当然也有可取，但那是穿了朝服的东坡的庄语，虽然也反
映东坡的一种面目，却不尽是东坡的本色。如果按我们的观点
看，则这类文章还不是文艺性的散文。故李贽那种选法（袁中郎
曾表示赞赏）应说是有特识的，也是同他要求文体解放和思想解
放的观点一致的。现在钟惺来一个修正，那就同明代唐宋派及后
来桐城派的观点没有多少区别了。谭元春评袁中郎文，特别表出
其"有卓大坚实之文"(谭氏《袁中郎先生续集序》)，同样也出于这样的
观点，并且同样是把中郎的主要文学成就湮没了。不仅如此，钟
氏在这篇序文里，还极力将苏文同庄子、韩非之文和战国纵横家
言区别开来，认为苏文只取其"风调"，而排除其内容。他在此

段文字的前面更明确指出苏文之异于战国之文，是在于其"能全持其雄博高逸之气、纡回峭拔之情，以出入于仁义道德礼乐刑政之中"。这不仅同苏文的实际不合，尤与李、袁表彰苏文的旨趣相左。李、袁的表彰苏轼之文，正在于苏氏并非纯乎儒者，而出入老释，崇尚自然，同道学家的臭气格格不入。换句话说，就是召唤苏氏的亡灵，来为他们反对理学家的迂拘矫伪服务。钟氏把东坡说成粹然的儒者，那么，表彰他也就没有特殊的积极意义了。

钟、谭文学思想的矛盾，在他们对诗文的艺术构思和表现方法上也反映出来。按照诗文应表现作者性灵的要求，本来在艺术构思和表现方法上要追求灵活多样，重在意境的新奇变化而不在求一字之巧、一句之奥。而幽与厚的要求则束缚了作者意气的飞扬和多种境界的开拓。于是他们只能刻意在具体的描绘上和字句上求新奇、求灵变，还要顾及把这种新变同朴厚的语言风格与内容统一起来，这就走上了一条狭僻的道路。王夫之说："诗莫贱于用字。……全恃用字者，王、李门下重儓也，钟、谭全恃用字，即自标以为宗，则钟、谭者亦王、李之重儓也，而不足为中郎之长鬣审矣。"（《明诗评选》袁宏道《和萃芳馆主人鲁印山韵》评语）贺贻孙说："舍性灵而趋声响者，学王、李之过也。舍气格而事口角者，学袁（中郎）、徐（文长）之过也。舍章法而求字、句者，学钟、谭之过也。"（《诗筏》）这些话都不无过激之处，王、李、袁、徐且不论，就钟、谭来说，他们在理论上并非完全舍篇章而论字句，甚至反复说明篇章的重要。但在一篇之中专赏某字之奇、某句之厚的评语，又确在《诗归》中俯拾即是，这是反映了他们的一种艺术趣味的。谭元春在《又答袁述之书》中把这种艺术趣味表达得尤为明显，他说：

古人无不奇文字，然所谓奇者，漠漠皆有真气。弟近日

> 止得潜心《庄子》一书。如解牛，何事也？而乃曰"依乎天
> 理"。渊何物也？而乃曰"默"。惑，有何可钟也？而乃曰"以
> 二缶钟惑"。推此类具思之，真使人卓然自立于灵明洞达之
> 中。庄子曰："言隐于荣华。"又曰："高言不止于众人之心。"今
> 日之务，惟使言不敢隐，又不得不止于吾心足矣。

他这里所引《庄子》三例，"解牛"见《养生主》，为人们所习
知，其意是从小事悟出一种大道理，这是普通的艺术法则，谭氏
以此求"幽"，原是不错的。"渊默"，是指《庄子·天运》中的
"雷声而渊默"。这"默"字是一种极隐微的独特的主观感受，然
尚不难懂。"以二缶钟惑"，见《庄子·天地》，原文下面是"而
所适不得矣"，历来注家解释纷纭，莫衷一是。郭象注只说"各
自信据故不知所之"，对缶与钟均无解。谭氏盖释钟为钟情之
钟，故说惑有何可钟。这样把钟惑两字联系起来，符合庄子原意
与否姑不论，假定可备一说，确是一种极幽隐的奇特的想象。这
种写法偶一用之，也许并无不可。如加以推广，专在"默""钟"这
类字上用功夫，那就会使诗文中的一些词句像谜语一样的难
猜，真是所谓"高言不止于众人之心"了。我们读竟陵派的诗文，有
时发现作者有奇特的联想和幽深的刻画，耐人咀嚼，有时又发现
晦涩难懂之句，甚至有的文句点逗也颇困难，其源盖出于此。特
别是有的意思本可用通俗的语句表达，他们也故意变化，使之拗
折难懂。如上引《东坡文集序》中的"无之而无之者也"。若用
惯常的文言，写作"无则无之""无即无之"，或"无即无"，都
易懂，他却写成现在这样，就令人费解了。这就难怪有人说他们
的诗文"僻涩"，且专在字句上用功夫了。

钟、谭文学思想中存在这样深刻的矛盾，不能说同他们本人

的思想性格没有关系。《明史·钟惺传》称"惺貌寝，赢不胜衣，为人严冷，不喜接俗客"。谭与钟密友，其《舟夜寄伯敬》诗云："世事每同见，知交已半生。"想其气味相似，这应是他们虽主性灵说而又力倡避俗、戒浅，以幽深、柔厚为宗的原因之一。但我们读他们的文章，特别是读钟惺之文，觉其于民生国计亦甚留意，且有很好的见解。如其史论中《货殖》一文，认为"货殖之说，昉于子贡……就中有至理，有妙用，有深心"。又谓："足国生财，自有利道、教诲、整齐之理，俱可于《货殖传》悟而得之。……盖从学问世故中淹透出来，将治身治国与货殖之道，不分作二事，方有此文。大抵凡事见得深者，看货殖亦深；见得浅者，看治身治国亦浅。"因此他斥责了那些以为司马迁是因"遭腐刑，家贫不能自赎"而发愤作《货殖传》的人，是"以细人之腹度君子之心"。此论在当时就是一种远见卓识。又从其《代荐辽东阵亡将士疏》中，我们还可看到他对明朝当权者长期御外失策有着深沉的愤慨。他指出明朝在辽东失败的原因："所用非所养，所养非所用，兵食信之难言；知者不必行，行者不必知，战守和之无据。甚且致之必败之场，陁其可成之会。"其认识也是深刻的。这些大概又是他们论诗论文时有独立的见解，不随他人脚跟转的由来。

但钟、谭的文学思想，并不只是存在于他们两人的著作之中，没有影响。在其《诗归》创作出来之后，"海内称诗者靡然从之，谓之钟、谭体"（钱谦益《列朝诗集小传》丁集）。这不可能如张岱所说，仅仅出于人们的"厌故喜新之习"（引自《楚风补》谭元春小传，云出《石匮书》），而是反映着某种历史的潮流。因此，钟、谭文学思想的矛盾，还得从当时历史发展的趋势中去探索。

钟、谭的文学活动主要在万历晚期到天启这段时间。其《诗归》之作，有说是在"神宗甲寅、乙卯间"（谭元春《退谷先生墓志铭》），即万历四十二、四十三年间。但据钟惺自南京寄谭元春书（见《隐秀轩集》），叙述他经由泰山到南京任职，其时《诗归》尚未完成，敦促友夏在考试后前往。钟游泰山在万历丙辰（四十四年）九、十月间（据《隐秀轩文辰集·岱记》），其抵南京当在此年冬，则《诗归》之成最早亦当在次年，即万历四十五年。《景陵县志·钟惺传》说钟"在南都读书，评阅《诗归》《史怀》"，当得其实。或始于万历四十二年，至此方成书，亦未可知。此后不到十年（天启五年），钟氏就去世了。谭虽生活到崇祯十年，但此后在诗文理论上看不出有什么发展。这一段时期，明朝的经济状况已开始恶化，而且外有满州的侵逼，内有宦官的专横，人民起义已颇频繁，正直的士大夫则以东林党人为首开展了反宦官集团的斗争。所以这一时期的政治斗争是紧张的。但是，从弘、正间开始的文化思想战线上的活跃局面，在内忧外患的冲激和当权者的镇压下，特别是自何心隐、李卓吾、达观等人相继被杀或被逼自杀之后，到这时已逐渐沉寂下来了。士大夫对前一段时期反对理学家的迂拘，要求思想解放和精神解脱的思潮已开始在进行反思。一部分人开始由王学转向程朱学，并讲求经世致用、注重伦理道德的实践，以顾宪成为首的一些东林党人即其代表。另一部分人则由王学左派转向右派，由"狂禅"转向净土，由追求任性自由转向清修，注意心灵的自我陶洗；只有少部分人沿着"狂禅"的思路变得更为颓放。袁中郎和小修的后期即有转向清修的倾向，叶昼则是趋于颓放的代表。当然，这三部分人并不是截然区别的，他们也可以互相影响和转化，但大体上确有这三类。钟、谭基本上是代表着二袁后期的那种倾向的。只是他们所保留的要求思想解放的精神比中郎后期还要微弱一点，而思致又比小修幽深一点。也就是说，他们对前一阶段时代思潮的反省较二袁要更为严峻一些。这同他们的年辈较晚有一定的关系。而企图把性灵与幽深、柔厚结合起来，则是他们的反思在文学上的反映。这同当时许多士大夫的思想倾向是一致的。这个倾向是，思想的解放和文体的解放都过头了，必须加以检束和收敛。比钟、谭稍后的思想家顾炎武、黄宗羲、王夫之的思想都打上了这个印记，只是他们在别的方面有所前进罢了。

我们并不反对反思，也不一概反对检束和收敛。从历史上看，任何一种新的思潮都是在其代表者不断地反思中前进的；而正确的检束和收敛有时也是前进的表现。就晚明来说，以李贽为杰出代表的那种要求思想解放的思潮也确实有其严重的缺点，主要是禅学和玄学的色彩太浓，同封建伦常没有从根本上划清界限，而且对情欲和理性的关系也缺乏明晰的阐述。因此，它一方面可以为封建阶级所利用，作为鼓吹人们脱离实际斗争的工具，另一方面又可以为一些士大夫的恣情纵欲提供借口。而在文学上，则一方面固然打开了人们的眼界，解脱了文体的束缚，另一方面也容易为浅薄之徒所利用，降低了对文学本身所必须具备的内容和形式上的美的追求。这不独在公安派某些人的诗文中有表现，在戏曲、小说的创作中同样有所反映。从这个角度说，钟、谭提出既保持诗文要表现性灵的根本要求，又力戒浮浅，追求幽深，这并没有什么不对，也不应存在什么矛盾。矛盾的产生，在于他们对幽深的理解太狭，只局限于所谓"幽情单绪，孤行静寄于喧杂之中"（钟氏《诗归序》）的境界，而不是作家对广泛的社会生活的深刻体验和独特感受，并且还要归于传统的"柔厚"的诗教。这就不是把性灵说加深、放开，以纠正公安派的浮浅之失，而是对它横加限制。因而不但与性灵说形成尖锐的矛盾，而且束缚了文学向广阔的道路上发展。历史的发展往往是曲折的，有时前进两步之后又后退一步。而在后退时，有的人还以为他们仍在前进。这实在是一种悲剧。钟、谭的文学理论，我以为正带上这种悲剧的色彩。

我这样来评价钟、谭的文学思想，是不是否定他们的贡献呢？不！我只是认为，他们的贡献，并不在于提倡什么幽深，尤不在于提倡什么柔厚，而在于他们在公安派的性灵说遇到了危机的时候，仍然捍卫了这个理论，并且在较少为其幽深、柔厚之类的偏见所左右时多少发展了这个理论。例如他们对公宴诗、应制诗和肤浅的应酬之作大砍大伐，对许多不受人们注意的性灵之作极力表彰，对新鲜活泼的情诗敢于选录，这都是使人耳目一新的。这里不打算具体讨论他们的创作，总的说来，他们的诗多写幽冷之境，且时有晦涩之句，成就是不大的。其佳处不在柔厚，而在于间有巧思和灵透之句。文亦然。他们的所谓"坚大卓实之文"，在艺术上殊少特色（尽管其中间有新颖之论），甚至其游记中，长篇如钟的《岱记》谭的《游南岳记》也只有刻画入微的片段，而全篇则颇滞涩而乏生气。然其小品如钟的《夏梅说》《浣花溪记》《修觉山记》、谭的《游乌龙潭》三记等，则峭拔而有奇气，这也应是他们的贡献。

在考察竟陵的历史贡献时，我认为还要注意到它同公安派的另一区别：公安派在理论上和创作上的成就，都可以袁中郎为代表，伯修、小修和江进之等的成就都不及中郎。竟陵派则不然，其理论虽创始于钟、谭，在创作上他们却未能超过受其影响的所有作家。就诗来说，这一派的周圣楷、林古度、钟恮皆颇饶情韵而不僻涩，成就并不在钟之下，似犹在谭之上。刘侗的诗我所见者少，多刻峭而有风骨，亦堪与钟颉颃。至于小品文，则刘侗、于奕正的《帝京景物略》，其价值实在钟、谭所作之上。张岱衍竟陵之绪，兼采徐、袁之长，以清新峭拔之语，写亡国的幽忧之思，其创作的成就，更达到了晚明小品的高峰。然而在晚明一度繁荣的小品从此也渐趋于消沉了。

鲁迅曾说过："明末的小品虽然比较的颓放，却并非全是吟风弄月，其中有不平，有讽刺，有攻击，有破坏。这种作风，也触着了满洲君臣的心病，费去许多助虐的武将的刀锋，帮闲的文臣的笔锋，直到乾隆年间，这才压制下去了。"（《小品文的危机》）鲁迅的这段评论是非常深刻的，我在上面对竟陵派的评论，即是根据他在这里提出的评量文学的观点。不过，我认为，晚明文学的最光辉之处，主要在于它讽刺、攻击和破坏了僵化的理学，反映了人们从理学束缚下解脱出来的愿望，直接的政治讽刺还在其次。鲁迅所谓"触着了满洲君臣的心病"之处，除了明末清初一些作品中含有反满的民族意识之外，这即是最重要的一个方面。故我对竟陵派文学思想及其实践的评论，即主要从此着眼，至于其他方面，就只附带提及或略去了。

第十四章　明清之际文学思潮的变化与金圣叹、王夫之的文学思想

　　明代文学以弘、正之间的诗文复古运动为开端，出现了空前的繁荣，它其实也是我国古代文学中一个光辉的发展阶段。我在前面各章中已分别论证，这种繁荣的局面是与当时程朱理学统治地位的动摇、王学的兴起与分化有密切关系的；同时，我还指出，明代反理学思潮的高潮是在万历年间，到天启、崇祯以后，又产生了新的变化。但是究竟有哪些变化？变化的性质怎样？它对文学的影响怎样？我在前面都未加以申述。现在即打算就此问题谈一些不成熟的看法。同时考虑到这个问题很大，仅仅泛泛而谈可能不易把自己的意见讲明白，故我想在此先作一般性的、概括性的说明，然后以金圣叹和王夫之这两位在文学批评史和思想史上有名的人物的文学观作一些剖析，以进一步显示当时的一般趋向。我之所以选择他们两个人而不选择其他人，是出于这样的考虑：金圣叹是明清之际最有影响的一个文学批评家，从思想路线来说又是继承着晚明左派王学这个系统而加以发展变化的，从他的世界观和文学观中，我们看到这一思想文学流派在新的历史条

件下的变态。选择王夫之而不选择顾亭林、黄梨洲或其他诗文批评家则不是从当时的影响来考虑。从当时的影响说，在思想家中顾、黄的影响显然比船山大得多，从在诗文创作上的影响说，也许陈子龙、钱谦益的影响要比他大。选择王夫之，主要是考虑到他的文学见解是对程、朱、张载乃至邵雍等理学家的文学理论作了批判性的总结，并把它推向前进，以适应客观历史条件的新的要求。拿他的文学观同金圣叹的文学观相比，可以更清楚地看到渊源不同的两种理论形式的对立和同归。

在概述这一时期文学思潮的变化之前，我想先对促成这一变化的一些历史条件作极粗略的叙述。

大家都知道，明清之际是阶级矛盾、民族矛盾和统治阶级内部矛盾（以阉党和正派官吏的对立为主要表现形式）都很尖锐的时期。这些矛盾其实在万历后期就已经显露甚至激化了。辽东的失守，东林党人的兴起和遭到打击，人民的反矿税斗争和小规模起义，就是各种矛盾已经激化的主要表现。而东林党人的出现，又标志着晚明思想界在酝酿着一种新的变化。

谈到东林党人的思想，人们常说，他们是企图用程朱学来纠正陆王学，这若仅就高攀龙来说，也许近是，黄宗羲在《明儒学案》中早就说过"先生之学，一本程朱"，然他又指出其格物致知说与程朱异，并说他的"人心明即是天理穷"等语"有助乎阳明致良知之说"。则是他并不纯乎程朱。实际上他只是在强调严格的道德实践方面遵守程朱之说，而在本体论、认识论上则倾向陆王，故他自述其体道的最高境界："见六合皆心，腔子是其区宇，方寸亦其本位，神而明之，总无方所可言也。"（《明儒学案·东林学案》引）至于顾宪成、顾允成兄弟，更明显地表现出会通朱学、王学的倾向。他们反对阳明的，主要是其"无善无恶"说，认为它会导致人们"以任情为率性，以随俗袭非为中庸，以阉然媚世为万物一体，以枉寻直尺为舍其身济天下，以委曲迁就为无可无不可，以猖狂无忌为不好名，以临难苟安为圣人无死地，以顽钝无耻为不动心"（《明儒学案·东林学案》引顾宪成语）。这里有的话是对左派王学的攻击，有些则是指那些冒着王学之名的伪道学说的，不过他是把他们一锅煮了。正唯如此，他也特别强调道德实践，并以性善说作为理论基础。所以我认为，还不能说他们是用程朱学来纠正王学，而只是修正王学。其修正的主要目的和主要方面则是强调道德实践，用他们的话说，就是要重"气节"；反对任情任性，走到自私自利，不顾国家、群体利益的道路上去。这是一方面。另一方面则是以其实践提倡关心国家大事、民生疾苦的学风，并提出了有利于保护工商业的政策。对后一方面人们大都无异辞，我就不多说了。不过，我想强调指出：东林党人的这两个方面是一个统一体，我们尽可以分开来看，在他们的思想里却是相辅相成的。因为他们这两方面的思想的产生都是针对着一种社会风气：许多士大夫高谈性命，而行为却像上引顾宪成所说的那样，所以他们认为必须从两个方面来纠正。

我同意这样的看法：东林党人强调道德实践，对刚刚露头的朦胧的解放个性的要求是一个打击，也认为他们对左派王学的攻击有失实之处。事实上真正的左派王学家像李卓吾、何心隐这些人都很注意研究现实问题，他们也有自己的操守。他们独往独来，不为陈腐的教条所束缚，"猖狂无忌"则有之；其他罪名都加不到他们头上去。但他们提倡任性而行和肯定情欲的正当性，客观上确为那些自私自利、纵情恣欲的人提供了理论依据，对纵欲与奔竞之风起了某种助长的作用。这是一个深刻的矛盾：本来提倡要按真性情行事，结果却造成了另一种伪道学和助长了一些公然为非作歹的无耻之徒。这并不奇怪，因为个人的情欲与社会的道德规范本来是一对矛盾，在任何社会里都存在。理学家强调"存天理，遏人欲"，强化了封建伦理道德，曾使得这对矛盾更为突出，也愈加暴露了他们言行的虚伪。左派王学家揭露了他们的虚伪，公开宣扬情欲的天然合理性，这本是一个大进步；但如果只讲这一面必然导致非道德主义，所以李卓吾也讲人的本性含有孝、仁等先天的道德因素。但这些与人的情欲在实践中究竟怎样统一，他们是没有说清楚的，也不可能说清楚；而他们对情欲的天然合理性那一面却讲得比较充分，这样就自然助长一些士大夫的放纵情欲的风气了。如果从这个角度说，我们又不能不承认：东林党人强调道德实践、强调气节，又不是没有道理的。特别是在晚明那样各方面矛盾都已表面化的情况下，对地主阶级的统治前途怀有责任感的士大夫更不能不这样想。这可以说是历史的必然，尽管它起着某种阻碍历史前进的作用。

东林党人的这种思维的路线，基本上为明清之际所有的进步思想家所继承。但是他们在某些方面比东林党人想得更深入，特别是经过明末农民大起义以及随之而来的满洲贵族的入关，汉族出身的士大夫面临着顾炎武在《日知录》中所谓既亡国又亡天下的惨痛，他们回头看过去，总结造成这个局面的教训，某些问题看得更清楚了。这就是这一时期产生了一大批卓有见解的思想家和文学批评家的原因。

应看到，由于各人的学术渊源不同，所处的环境和经历不同，这时的一些思想家、文学批评家的思维路线并不相同，对各种同实际有关的问题的观察和思考的深度也不一样。拿对在明代占统治地位的理学的态度来说，就有各种区别。如顾炎武，他可说是对哲学特别是性理之学，基本上不感兴趣，把它比之于魏晋的玄学清谈，认为是导致明朝亡国的原因。他感兴趣的是研究古代政治、经济和文化风俗等的变迁，企图从中总结历史发展中的一些带规律性的东西，作为改进封建制度的借鉴。而中国古代最有权威的典籍是经书，所以他干脆说，不存在什么理学，"经学即理学也"，用一句话就把那些几百年争论不休的有关性理、性命的细微剖析一笔抹煞了。黄宗羲和王夫之则不同，他们在努力研究历史和现实的同时，仍然孜孜不倦地对前人有关性理、性命的问题进行总结性的研究。但他们走的路子又不同：黄宗羲是明末著名王学家刘宗周的弟子，故仍宗奉王学，捍卫王学；王夫之则因生在湖南，此地较闭塞，向来没有出色的王学大师，而朱熹、张栻之学在此根深蒂固，故他是由朱、张而上溯横渠（张载），成为发扬"横渠之绝学"的大师。金圣叹又不同，他走的是李卓吾的会通儒、释、道的道路，但更进一步用佛学、道家的观点来贯通儒书，对左派王学的性命理论来了一番更为彻底的改造。但是，他们这些人以及其他许多人却有一个共同的倾向：都把遵循伦理道德的必要性放进了自己的理论体系中去，只是有的人放得很自然，有的则显得生凑，王夫之和金圣叹分别是这两种情况的代表。

同对理学和其他各方面的批判总结相适应，这时的文学家、思想家也纷纷出来对明代特别是中晚明的文学思潮进行批判性的总结。当然出发点和结论也有所不同，然而强调要用理性（广义的）去制约情感，注意风教，则大体相同。如陈子龙是复古派的后劲，但他后期对复古派的理论有所修正和发展。他修正复古派的过于重模拟的倾向，在强调"文以范古为美"的同时，也强调"情以独至为真"（《佩月堂诗稿序》），这显系暗用公安派关于"真"的见解，去修正复古派关于"真"的见解；但他把复古派关于继承风雅传统的观点也说得更明确，指出"诗之本"为"忧时托志"（《六子诗叙》），这又同公安派只求写性灵之真，甚至愤激地嘲笑"自从老杜得诗名，忧君爱国成儿戏"不同了。顾炎武反对模拟，主张诗文有"代变"（《日知录》卷二一），同公安派似有相通之处，但他最强调的是"文须有益于天下"（《日知录》卷十九），自言"凡文之不关于六经之指、当世之务者，一切不为"（《与人书》）。又认为诗之本是"言志"，其用是可以"观民风"，其情则是"疾今之政，以思往者，其言有文焉，其声有哀焉"（《日知录》卷二一）。这就回到了儒家传统的诗论和文论。黄宗羲认为："诗之道甚大，一人之性情，天下之治乱，皆所藏纳，古今志士学人之心思愿力，千变万化，各有至处，不必出于一途。"（《诗历题辞》）其论甚通达，破除了复古派、公安派的一偏之见。但他在具体论述性情时，又说古来知性者少，并谓"吴歈越唱，怨女逐臣，触景感物"之作，只是"一时之性情"，而经过孔子删定的"合乎兴、观、群、怨、思无邪之旨"的才是"万古之性情"，所以"吾人诵法孔子，苟其言诗，亦必当以孔子之性情为性情"。这也回到儒家的古典诗论那里去了。尤可注意的，则是像孟称舜那样的剧作家，也要在他的反理学的《娇红记》上面冠以"节义"二字，并且为剧中主人公的私自结合辩护说："传中所载王娇申生事，殆有类狂童淫女所为，而予题之'节义'，以两人皆从一而终，至于没身而不悔者也。两人始若不正，卒归于正，亦犹孝己之孝、尾生之信、豫让之烈，揆诸理义之文，不必尽合，然而圣人均有取焉。"（《娇红记序》）这不能看作是打掩护，我们看他的友人陈洪绶的序以及他的另一剧本《鹦鹉墓贞文记》，都可知他是认真的。这并不影响此剧的反理学的意义，而是表明他对节义有自己的新的看法。不过，无论如何，他还是认为情感要放在理性和道德的原则上去衡量。明清之际一些才子佳人小说的序言中，也有某种与此相类的言论，只是说得浅薄一些。而最耐人寻味的则是李渔的言论。大家都知道，他是一位浪子文人，常常带着姬妾到外面演戏给一些官僚豪绅看。可就是他，在其《闲情偶寄·词曲部》（《曲话》）中也大讲其惩劝，在其创作的那些格调不高的才子佳人剧中也间或要加上一点道学的说教，成了所谓"风流道学"的样板。这当然不能同孟称舜比，我们不能把它看得太认真，然亦可见时风的影响了。

必须指出：上面所说的只是极粗略的概况，还有些人，如钱谦益等，我没有提到，提到的也只谈了他们最基本的文学观。然而全面地考察一下当时人的文学评论和一些有影响的作者的创作，我想完全可以得出这样的结论：人们这时普遍地注意到以理或礼来约制情的问题。李卓吾在这时不仅受到了卫道士的攻击，也受到了某些进步的人们的口诛笔伐（顾炎武、王夫之就是突出的），竟陵派遭到许多人的非议，甚至金圣叹也遭到抨击，也可以作为这一时期文学风尚已经不同的佐证。

下面，我们再以金圣叹、王夫之的文学观为例来说明这种转变。

一、金圣叹

金圣叹生于明神宗万历三十六年（1608），死于清顺治十八年（1661），清兵入关时他已三十六岁，比王夫之长十一岁。他死的前两年，南明永历帝逃往缅甸，他死后的次年，吴三桂追杀永历帝于缅甸，南明的抗清斗争结束。所以从生活的年代来说，他是明清之际一个很典型的人物。

金圣叹一生的主要精力用在批评古代文学名著上。其方式是在文学作品的篇章和某些字句上加批加评。这是我国古代一种特殊的文学批评方式，始于南宋。它最初大概是为了适应科举考试的需要，后来才扩展为一种文学批评方式。值得注意的是，宗奉理学的人染指于此的颇多。这可能同朱熹倡导作文有一个"腔子"（即"法"）有关。明代的"闱墨"（即取中举人或进士的经义或八股试卷）例有批语和圈点，称为评点，故评点之学在明代特盛。李卓吾等人开始用这个方法来批评小说、戏曲，只是多批而不点，一时蔚成风气，许多文人都染指，而多托名李贽、汤显祖、袁宏道、钟惺等人，故这时的一些小说、戏曲批评大多同反理学的思潮有某种联系。金圣叹批评的范围颇广，现存的尚有他批评古文、古诗、唐诗、杜诗以及欧阳修词等，而其成就最大、影响最深的则是对《水浒传》和《西厢记》的批评，这两部文学名著的金批本曾经几乎成了替代原本的最流行的读物。

但是这位杰出的批评家在其逝世三百多年来，却受到各种各样的批评。封建卫道士用各种恶毒的语言咒骂，说他"诲盗""诲淫"，而一些革命的人们又说他仇恨农民革命和袭用八股文的批评方法，有八股余毒。对于金圣叹的批评是否受到八股评点的影响，我在此不拟加以讨论，因为我这本小书主要讨论的是文学的指导思想问题，对技巧方面的问题，如果不是同指导思想关系密切，则不拟涉及。

关于金圣叹对农民起义的态度，人们谈论得多，我的朋友张国光同志（我戏称他是金圣叹的护法神）说反对农民革命只是金批《水浒》中的一种保护色，我认为尚可商量。因为姑不论金氏在该书序言中、在该书前面附录的《宋史纲》的批语中如何说，仅就他对《水浒》原书有关宋江形象描写的增删和他对这个人物的批评来说，他反对农民起义也是确实的。这并不奇怪，我国古代几乎所有的文学家和文学批评家，尽管也有不少人发表过同情农民造反的言论，承认"官逼民反"的事实，但是谁也不一般地赞成农民起义。杜甫曾说"盗贼本王臣"，却又说"安得鞭雷公，滂沱洗吴越"，希望起义得到镇压。辛弃疾在他的奏书中承认湖南少数民族的人民造反是由于官吏的剥削太残酷，然而他镇压江西茶民的起义并不手软；他在湖南训练飞虎军，最初的目的也是为了防止人民造反。司马迁似乎是例外，但一则他处在封建社会初期，农民起义对地主阶级统治的威胁他还体会不深；更重要的则是因为刘邦本身就是靠农民起义起家的，陈涉是为刘邦"驱除"的，不肯定反秦起义，将置刘邦于何地？所以还是不能说他是一般地赞成农民起义。金圣叹批《水浒》据序是在明末，那时农民起义的声势正如火如荼，整个地主阶级惶恐不安，他既承认"乱自上作"（《水浒》第一回批语），赞扬许多水浒英雄被迫造反的正义性（这种批语累累可见），又要对他所谓的"盗魁"进行"口诛笔伐"，以戒后来，这正是合情合理的。

但金圣叹又确有超越其前人之处，这就是他把这个问题提得更为尖锐，也就是把同情、赞扬和反对这两种观点都提得更突出，这就使得他的批语显得无法调和。我们不仅在许多地方看到他把一些参加起义军的重要人物称为"豪杰""英雄""大人""天人"，说武松"一片菩萨心胸，一若天下之大仁大慈"（第二十七回批语），说鲁智深为人"一片热血直喷出来，令人读之深愧虚生世上，不曾为人出力"（第二回批语），而有些地方对英雄的失路，简直是声泪俱下，如《水浒》第十回，写林冲欲投梁山泊，在朱贵店里吃闷酒，索笔题诗，以寄慷慨，金氏在其前后连批："此四字犹如惊蛇怒笋，跳脱而出，令人大哭，令人大叫"，"一字一哭，一哭一血，至今如闻其声""写豪杰历历落落处，只用七字，遂使读者目眦尽裂"。后来林冲到了梁山，王伦一再为难，林冲仰天长叹道："不想我今日被高俅那贼陷害，流落到此，天地也不容我，直如此命蹇时乖。"金氏又接连批道："酒店一叹，此处又一叹，如夜潮之一涌一落，读之乃欲叫哭"，"一字千泪矣"。像这类倾注着激情的赞叹，我们确难说只是一般的同情，而应说批评者已与小说中被迫害的人物在思想感情上融为一体了。然而正是这同一个金圣叹，他又认为对起义者必须严惩，"招安"虽是"天子之大恩，处盗之善法"（《宋史纲》），史臣还要口诛笔伐。又说侯蒙主张投降宋江有"八失"。对起义英雄的"渠魁"宋江，他固然是"深恶痛绝"，就是对其他人物，他也常用极刻毒的语言加以诋毁，如第一回总批说："一部书七十回，一百八人，以天罡第一星宋江为主；而先做强盗者，乃是地煞第一星朱武。虽作者笔力纵横之妙，然亦以见其逆天而行也。"又云："次出跳涧虎陈达、白花蛇杨春，盖隐括一部书七十回一百八人为虎为蛇，皆非好相识也。"又如林冲，金氏对他的命运是那样地同情，却又说作者把林冲写得"太狠……都使人怕。这般人在世上定做得事业来，然琢削元气也不少"(《读第五才子书法》)。还说林冲绰号"豹子头"，而先上梁山，"则知一百八人者，皆恶兽也"(第十四回批语)。而最可怪的是他对三阮的处境深表同情，对李逵更叹赏不已，称之为"富贵不能淫，贫贱不能移，威武不能屈"(《读第五才子书法》)。在第十四回的夹批却说：

> 试观王进母子，而后知"求忠臣必于孝子之门"，斯言为不诬也。三阮之母，独非母乎？如之何而至于有三阮也？积渐既成，而至于为黑旋风之母，益又甚矣。其死于虎，不亦宜乎？

这种因恶其人，遂罪其母，既罪其母，遂幸其不得好死的荒谬逻辑，则不惟表现其反对起义的态度，且伤于刻薄了。

金圣叹的思想矛盾，在所批《西厢记》中同样也表现出来。他在《读第六才子书〈西厢记〉法》开头几条中就力辟以《西厢》为"淫书"之说，其第三条云：

> 人说《西厢记》是淫书，他止为中间有此一事耳。细思此一事，何日无之，何地无之！不成天地中间有此一事，便废却天地耶！细思此身自何而来，便废却此身耶？

这真是给道学先生将了一军。在书中的一些批语中，他也常流露出对崔、张爱情的赞美，有时甚至是与崔、张同呼吸共命运，如"二之一"的总批就张生应募退贼，莺莺当时欣喜的心情批道："此人此时则虽欲矫情钳口，假不在意，其奚可得？其理、其情、其势固必当感天谢地，心荡口说，快然一泻其胸中沉忧。"又道："写得张生已是莺莺心头之一滴血，喉头之一寸气，并心，并胆，并身，并命，殆至后文，则只须顺手一点，便将前文无限心语隐隐然都借过来。"又"四之一"就张生痛苦中的独白"想当初不如不遇倾城色，人有过，必自责，勿惮改"批道："道学先生闻张生欲改过，则必加手于额曰：赖有是也。一部《西厢》，只此一句，是非乃不谬乎圣人也。而殊不知正不然也。不惟张生欲改过是胡思乱想，凡天下欲改过者，一切悉是胡思乱想必也。如《圆觉经》之于诸妄心亦不息灭，是则真我先师'五十学易可无大过'之道也矣。"所谓"妄心亦不息灭"，即所谓"寂灭随顺，实无寂灭及寂灭者"，大意是说，妄想是不被消灭的，只能让它在迅速流转的过程中自行消失。但金氏这段话的主旨不在此，而是嘲笑道学先生对张生的钟情不理解，把他的"胡思乱想"看成是真实的忏悔。金氏本人则显系以深达张生之情者自居。此类的话在《西厢记》中颇多，其中有的地方还是就他自己对原本的改写发议论，如"二之三"一折，他就觉得只在"他"字、"我"字上做文章还不够，在《月上海棠》曲又增"你"字，并借之为莺莺抒情。然最可注意者则是"四之一"总批中所说的一段议论：

> 古之人有言曰："《国风》好色而不淫。"比者圣叹读之而疑焉。曰：嘻，异哉！好色与淫相去则又有几何也耶？若以为发乎情止乎礼，发乎情之谓好色，止乎礼之谓不淫，如是解者，则吾十岁初受《毛诗》，乡塾之师早既言之……夫好色而曰吾不淫，是必其未尝好色者也。好色而曰吾大畏乎礼而不敢淫，是必其并不敢好色者也，好色而大畏乎礼而不敢淫而犹敢好色，则吾不知礼之为礼将何等也。……此其事内关性情，外关风化，其伏至细，其发至巨，故吾得因论《西厢》之次而欲一问之。……

金氏在此没有正面作答，后来曹雪芹在《红楼梦》中借警幻仙子作了回答，谓"好色即淫，知情更淫"，甚至还生出"意淫"的妙语。我不敢判定曹雪芹的这段回答是否就是金氏想作的回答，但至少从逻辑上说，是他的疑问的必然结论。这且不说，仅就其提出这个问题来说，也足可称为对传统礼教的严重挑战了。

　　然而同一金圣叹，在评《西厢记》中却又有许多维护礼教的话。开头第一折他就批评老夫人对莺莺防闲不严，让她于庭前散心，"遂至逗漏无边春色"；以后则遇事即发，如在"二之四"的总批中就大谈其所谓"礼之可以坊天下"的道理，说什么才子、佳人虽"有必至之情"，但可藏之心中，即令竟死，也不能互通其情，因为"先王制礼"是"万万世不可毁"的，是"至死而不容犯"的。又谓即使老夫人赖婚，张生有理由达情于莺莺，然而让红娘教张生"以琴挑双文"则非礼，因为"先王制礼，有外有内，有尊有卑，不但外言之不敢或闻于内，而又卑言之不敢或闻于尊"。故他慨乎言之："后世之守礼尊严千金小姐，其于心所垂注之爱婢，尚慎防之矣哉！"真可说是十足的道学家的口吻了。它同上段引的那些批语，无疑是存在着尖锐的矛盾。

　　金圣叹在《水浒》和《西厢》批语中所表现出来的矛盾，很难用一个原因来解释。有的同志指出，他是才子，所以同情才子佳人的越轨行为，他只是个穷秀才，故为人才的被压抑受迫害深表同情，然而在理论上他却不能允许所有的青年男女可以自由恋爱，更不能允许老百姓造反。这个解释是有依据的。金氏在批《西厢记》"三之一"，"才子佳人信有之"一语时，就郑重地说过："惟才子佳人方肯下此三字耳；非才子佳人，虽至今亦终不肯下。何则？彼固以为无有此事耳。"意思是说那些普通人并不像才子佳人那样地有相思之情。他对人才被压抑有切肤之痛，更是在《水浒》批语中常可发现。但是，我认为金圣叹在《水浒》《西厢》批语中表现出来的矛盾，主要不是感性与理性的分裂，而是由他的世界观、人性论和政治观所决定的。他在文学理论上的一些重要见解，也或多或少地同其世界观、人性论联系着。因此，我们不得不对他的世界观、人性论等作概括的论述。

金圣叹曾讲过"盈天地间皆气也"的话，又曾赞赏小乘佛教"极微"的理论，因而有人认为他的世界观是唯物的，这是一种误解。金圣叹也像李卓吾等左派王学家一样，其思想颇驳杂，他企图冶儒、释、道三家的思想于一炉，不免有内在矛盾。但是，他在形式上还是企图把它们统一起来的，其基本模式则是他的《先师大哉至哉结制解制图》。我们现在即以此图为准，联系他的一些解释作一点探讨。

此图的下面两字是乾、坤。但金圣叹同过去所有的易学家不同，他不把乾坤解释为天地，而是以乾为"约人之卦，圣人之卦也"，"坤，约法之卦，天地之卦也"。传统易学中一贯看作地的坤怎样可以包天呢？他解释说："云何为坤？遍约大千微尘，弥布无外，不漏一丝，卦之曰坤。"这里所谓大千微尘，即极微，也就是气，这自然把天也包进来了。如果仅从这个提法来看，他确实像是主张唯物的了。但金圣叹又认为不但作为"约人"之卦的乾是"迅疾起灭，不曾暂停"的，大千微尘也时刻都在运动变化，它是"尘尘生，刹刹生"的。所以，从现在来看，人和天地固然是真的，从其"不守自性"时刻运动不停来看，它们又是假的，这就是佛教所谓证悟。他认为通过证悟，就能明心见性。他本着《周易》的"大哉乾元""至哉坤元"，以篆文"大"字上一点表现前一心，以"至"字下一横表大千世界，以万法归于一心为"结制"，一心散为万法为"解制"，故称他的图为《大哉至哉结制解制图》。还有，人要证悟到自身和天地万物都亦真亦假，那是要有一种途径的，他认为《周易》中的乾、坤、泰、否、坎、离、咸、恒、损、益、震、艮、巽、兑、既济、未济等十六卦，就是为指示证悟的途径而设的，并把这十六卦同佛教《法华经》的十六王子说法，同佛教基本教义苦、集、灭、道四谛相附会，同《十六观经》相附会，同《伪古文尚书》中"人心惟危，道心惟微，惟精惟一，允执厥中"相附会（在另一地方，他还把庄子的思想加以附会），这样就形成了他的庞杂的体系。图中所谓"第十六座假讲座"就是标示这一证悟途径的，所谓第十六假讲座，即指对道谛的最高境界的领悟，也就是进了涅槃的境界。所以金圣叹所谓的世界本体并不是物质，不是气，不是极微，而是他所说的"无法不备"的"常住佛性"，他有时也称之为"乾元"，或"连圣人亦妙在里边"的不随万物成毁的"妙理"。(引文均见《通宗易论》和《语录纂》)

按照他对《大至结解图》的这些解释，作为其最高的哲学范畴的佛性应是虽无法不备，但本身又不是任何一法，而只是一个澄明虚空的大圆觉的精神本体。它既是备万法的，所以他认为事物（包括人）"一受其成形"以后就有其自然的性，而天地的自然之性是仁，人的自然之性是孝，故说"坤是仁卦"，"乾是孝弟卦"。并说孝弟是"防闲天下之不仁"的，"盖好犯上，即是不孝弟；好作乱，即是不仁"。而这不孝、不仁之所以产生，他认为是由于"业"。"业"是由人与外界接触时心、意、识的作用产生的。他认为"心本无相，动而为相"，"意者心之相，识者意之影"，即心在观照事物时，形成感觉形象，感觉形象留在心上就成了各种认识和概念。如果心能保持经常的洁净，不"住色住声香味触法"，即不为外物所诱惑，那心就能不断地簇新下去，反之就会造成"业"，故说："业从惑生，惑因识有，识依不觉，不觉依心。"正惟如此，所以他在谈到性与命的关系时说，"性，顺命之理，命，顺性之理。中间却有一路是道，中间没有业字，若或不顺，便有业。"即人要做到顺应自然地生死，就要循道而行。在讲到性与情的时候，中间要插入"修"，说性是体，是"伏羲之八卦"；修是用，是"文王之八卦"（按宋理学家邵雍认为，伏羲之八卦是圆形的，文王之八卦是呈方形的），情则是"发挥旁通"，即用。而在讲到欲的时候，则既说要"从心所欲"（释从为顺），又强调要"不逾矩"。这就是说，他处处注意要两面周到，既要顺性遂欲，又要守规矩，不犯上作乱。他的《大至结解图》里本来没有君臣的地位，然而他却既由孝弟和仁推论开去，还特地说君臣也是不随万物成毁的"妙理"，就是唯恐那一方面说轻了。（引文同上）

据上所述，金圣叹的人性论同王阳明的人性论似乎并没有重大的区别，它特别与王阳明所谓"天泉证道"的四句话，"无善无恶心之体，有善有恶意之动，知善知恶是良知，为善去恶是格物"颇相近。以此同李卓吾的人性论相比，显然在强调道德修养的重要性方面的砝码加重了。而尤为突出的区别则是李贽在五伦中强调夫妇和朋友，不强调君臣，金圣叹则强调这一点，这显然是受那个时代的阶级矛盾尖锐化的影响。正惟如此，他特别反对李贽在《水浒传》上贯以"忠义"二字，颇为严厉地说："故夫以忠义予《水浒》者，斯人必有怼其君父之心，不可以不察也。"（金批《水浒序》）他在《水浒》的批语中有那么多对水浒英雄的诛心之论，即从这种观点出发。

但是，我们在上面并没有把金氏的人性论说完全。他的人性论也有与王阳明的人性论不同，而与李卓吾的人性论一脉相承，甚至更为精彩之处。金氏的思想有一个极为突出的特点，就是他对大乘佛教中把一切事物看作是流动不居的观点感受极深。这一方面固然导致他看破红尘，采取一种玩世不恭的人生态度；也促使他在观察任何问题时都不抱凝固不变的观点，而且还注意到相关事物的互相制约和互相转化。他的关于性与命、性与情的关系的看法即如此。对于性与命的关系，他在《语录纂》中作了这样的表述：

> 性命是两端。约命，现前一法，住在界里；约性，迅疾不停，通前通后。分说之，命永永不是性，性永永不是命；实说之，性之理专会做命，命之理专会做性。约命而言，"一受其成形"，大千世界都是命；约性而言，"逝者如斯夫！"大千世界都是性。

就是说，事物（包括人）的性质和生命都在不停地运动着，它们是不同范畴的概念，但有生命才有性，事物的性质又决定着生命的长短，彼此又是互相制约的。至于性与情的关系，他在《选批唐才子诗序》中说：

> 性与情为抱注，往与今为送迎。送者既渺不可追，迎者又欻焉善逝。于是而情之所注无尽，性之受抱为不穷矣。

前面已提到，他把性情关系看成体用关系，自然体可以制约用，这里又说它们是抱注的关系，情注而性受，那么，情也可以影响性，也就是人同外界接触时所产生的感情可以改变人的思想气质。正唯如此，他对《中庸》中"自诚明谓之性"的提法作出独特的解释，其言曰：

> 故曰："自诚明谓之性。"性之为言故也，故之为言自然也，自然之为言天命也。天命圣人，则无一人而非圣人也。天命至诚，则无善无不善而非至诚也。性相近也，习相远也。善不善，其习也，善不善无不诚于中形于外，其性也。惟上智与下愚不移者，虽圣人亦有下愚之德，虽愚人亦有上智之德。若恶恶臭，好好色，不惟愚人不及觉，虽圣人亦不及觉，是下愚之德也。若恶恶臭，好好色，乃至为善为不善，无不诚于中形于外，圣人无所增，愚人无所减，是上智之德也。（《水浒传》第四十二回批语）

这种对上智、下愚的解释，真可谓发前人所未发，其包涵朴素的平等思想自不待言，尤可注意的，则是他认为不但所有的人都有好美恶恶的自然欲望，而且所谓"上智之德"，不过是"诚于中形于外"，即喜、怒、哀、乐、好、恶之情皆出于自然，顺乎自然，不加矫饰。他认为这就是"道"。毫无疑问，这是包含着个性解放的朦胧要求的，只可惜，他接着又讲到所谓"修道之教"，而所谓教，则是"自诚而明"，即经常保持精神本体的明净，自然就要做到"有不善未尝不知，知之未尝复行"，从而使自己的思想言行发于自然而合乎规矩，故他解释《中庸》的"止于至善"时说："知止也者，不惟能知至善之当止也，又能知不止之从无不止也。夫诚知不止之从无不止，而明于明德，更无惑矣。"这又回到王阳明的"致良知"之说的老路上去了。不过，尽管有这种局限，金氏强调人不是天生有所谓愚智之分，而且强调善恶是由于习，这个思想是很光辉的。它同王夫之的"性日生日成说"可谓交相辉映。从提出的时间说，金氏还可能稍前。当然，我们不能说他们中间是谁因袭谁的，因为他们既是那样各不相闻，其得出相同的结论所遵循的思想路线也很不一样。若从表述理论的深度说，则王氏略高于金氏。尽管如此，我们还是必须承认金氏在人性论上的巨大贡献。而他的这种理论上的发现，又正是他既特别同情一些水浒英雄的反抗斗争，又苛责三阮和李逵的母亲的重要原因。当然，他又不忽视主观上的修身养性，所以他对水浒英雄既同情又攻击。

不过，我认为在金氏论述人性变异时，还是更重视客观的，而且他比别人更重视统治者对人性变异所产生的巨大影响。因而他不但要求人们自己要做到"性顺命，命顺性"，要顺欲而不越矩，尤其强调人君要能使人遂性、顺欲，强调"大君不要自己出头，要放普天下人出头"，并以此作为他的重要的政治纲领，这是同李卓吾的思想一脉相承的。就是以这种思想为基础，他提出了"乾元之调"与"别调"之说。什么叫乾元之调呢？那就是"遂万物之性"，即"圣人于一切世间不起分别，一片都成就去，尽世间人但凭他喜，但凭他怒，自有乾元为之节。若唱了顶调，自然去不得了"。这就是君主本人要破我见，让臣民各得其所，各尽其才，就像让桃树自己开花，自己结果一样，结果即是"顶调"，但"核中之仁，仍收到本来"。他认为，这就是"逗乾元底曲调"，意即发乎自然的和谐的曲调。至于别调呢？他说：

> 末世之民，外迫于王者，不敢自尽其调；内迫于乾元，不得不尽其调。所以瞒着王者，成就下半个腔出来。朋比讦告，俱出其中，弑父弑君，始于犯上。乃是别调。

意思是说，如果君主遏制人民自然生长、发展的要求，它将迫使人们自己起来求得发展，那就会唱出"犯上"的"别调"了。（见

《语录纂》金氏的这些议论，我觉得同样是非常精彩的。因为他虽然还不可能知道用阶级和阶级斗争的观点来解释人民走上反抗道路的原因，然而他却从人性论出发，把造反有理加以理论化了。他在《宋史纲》中论宋江等起义的原因时说：

> 盖盗之初，非生而为盗也。父兄失教于前，饥寒驱迫于后，而其才与其力，又不堪以郁郁让人，于是无端入草，一啸群聚，始而夺货，既而称兵，皆有之也。然其实谁致之失教，谁致之饥寒，谁致之有才与力而不得自见？"万方有罪，罪在朕躬。"成汤所云，不其然乎？

这显然与上引"别调"之说正相发明。他有此认识，无怪一方面虽欲严正其"罪"，另一方面，在考察其造反的原因时，却不能不沉痛而言，挥泪而叹了。

上面我们都是就金批《水浒》来联系金氏的思想，其实，他在《西厢记》的批评中的矛盾也是出于同一原因。按照遂性、顺欲的观点，他理所当然地要同情青年男女的自相爱悦，更理所当然地同情才子佳人的互相爱悦。然而崔、张的私下结合，却是逾了"矩"的，怎么办呢？好在这样的事虽有"伤风败俗"之嫌，却比"犯上作乱"轻一点，所以他采取的方法不同，即采取修改原文和发掘原文旨意的办法，把责任都推到老夫人身上去。同时又尽可能地讲些维护礼教的话，表明像崔、张那样的结合，只是特殊条件下的从权。不过，这样一来，矛盾反而更突出了。这在金圣叹来说，也像他对水浒英雄的态度一样，实在是一种莫可奈何的事，他左顾右盼，实在找不到别的出路，我们只好谅解他了。

如果说，金圣叹在其对《水浒》和《西厢》的内容的批评上是既有进步观点，又有某种思想上的倒退的话，那么在对小说、戏曲艺术本身的批评上，他不但是前进了，而且是作了开拓性的发展。

我们回顾晚明的戏曲小说批评，可以看出有几种不同的倾向：陈束、唐顺之等人主要是看重《水浒》的叙事之法，李卓吾、叶昼主要着眼于《水浒》作者的创作目的和书中人物的思想感情，袁宏道则颇兼而有之。至于戏曲，则着眼于内容者有之，着眼于曲白者有之，着眼于音律者更多。像汤显祖、王骥德、陈继儒等那样注意写人情，王骥德那样能知注意情节、组织，则尤为具眼。然而这些人的批评都有一个重大的缺陷：对人物性格的创造极少注意，惟李贽、叶昼、陈继儒间或涉及。李贽批的《水浒》今不可见，所传《琵琶记》的批语可信与否且不论，亦只泛泛地提出写情要真而不拘泥，惟其论三大士塑像强调各体现各自的特性，虽颇粗，实为卓见。容与堂刊百回本《水浒传》的批评者叶昼（托名李贽），也注意到性格描写，曾指出《水浒》"描画鲁智深，千古若活"，又谓"《水浒传》文字"，"不同处有辨，如鲁智深、李逵、武松、阮小七、石秀、呼延灼、刘唐等众人，都是急性的，渠形容刻画来，各有派头，各有光景，各有家数，各有身份，一毫不差，半些不混，读去自有分辨，不必见其姓名，一睹事实，就知某人某人也"。但在全部批语中这只是个别的，说明批评者对此尚未重视。陈继儒批评的戏曲中也只有一些片言只语，如"曲中尽见描写，只郑与李叙情处欠通，几语不类贵介公子口吻"（《绣襦记》第九回总批）之类。

金圣叹对《水浒》的批评全面地继承和极人地发展了前人对小说艺术的探讨，其对《西厢》的批评是把戏曲当案头文学来看，对舞台实践殊少注意，但在语言、情节等方面也提出了一些精彩的见解，这里不去缕述。不过，我认为，他的最突出的贡献是在于把人物性格的创造看成是小说、戏曲艺术的生命来加以探讨。他的《读第五才子书法》有两段很有名的话：

> 别一部书，看过一遍即休。独有《水浒传》，只是看不厌，无非为他把一百八个人性格都写出来。

> 《水浒传》写一百八个人性格，真是一百八样。若别一部书，任他写一千个人，也只是一样；便只写得两个人，也只是一样。

这在现在看来，似属平常，在当时却是空前的大发现。

不仅如此，金氏还对如何创造出性格鲜明的人物作了多方面的探讨，如怎样突出主要人物，怎样使人物的性格互相映衬，不要拘泥于实人实事等，都很可贵，而最为难得的则是从作家如何体验生活的角度，探讨了作者把握、表现人物性格的途径。他在《水浒传序三》中说：

> 《水浒》所叙，叙一百八人，人有其性情，人有其气质，人有其形状，人有其声口。……施耐庵以一心所运，而一百八人各自入妙者，无他，十年格物而一朝物格。斯以一笔而写百千万人，固不以为难也。……格物之法，以忠恕为门。何谓忠？天下因缘生法，故忠不必学而至于忠。天下自然无法不忠：火亦忠，眼亦忠，故吾之见忠；钟忠，耳忠，故闻无不忠。吾既忠，则人亦忠……所谓恕也。夫然后物格。夫然后能尽人之性，而可以赞化育，参天地。今世之人，吾知之，是先不知因缘生法，不知因缘生法，则不知忠，不知忠，乌知恕哉？……忠恕，量万物之斗斛也；因缘生法，裁世界之刀尺也。施耐庵左手握如是斗斛，右手持如是刀尺，而仅乃叙

　　一百八人之性情、气质、形状、声口者，是犹小试其端也。

这段话也很有名，几乎谈论金批《水浒》的人都要提到它。可惜的是，人们往往只引到"一朝物格"为止，后面一些论述都被略去了。其实是不能略去的。因为自理学兴起以来，思想家大都莫不讲格物，程朱派理学家讲格物，是指"随处体认天理"，王学家讲格物，就是指致良知。金圣叹讲格物，标举忠、恕二字，从思想路线来说近于王学，即不重在客观的考察，而重在主观体察。但他强调的恕，即设身处地去推想他人的行为，又与王阳明的致良知在别善恶上有重要的区别。这正如金氏的人性论是从佛学和王学出发，而归向于重视习染所造成的变化一样，他对人的个性的认识也是从主观出发而走向客观的分析。这里的重要的中间环节就是"因缘生法"这个佛教的习用语。"因缘生法"本是说一切事物都是各种因缘和合而成的，因是主因，缘是从因。佛教徒本是用它来说明事物无定质，因而虚幻不实的。金氏在这里用这个说法，则是用来说明人尽管各有其面貌，各有其思想性格，但构成人的因素则基本相同，只是和合的变态有异。因而只要自己忠诚，认识到自己也有七情六欲，就可以推想出千万种变态来。为了怕别人不知道他的用意，他特地举了一个例子嘲笑那些不知其所谓忠恕之道的人：

　　　　是人生二子而不能自解也，谓其妻曰：眉犹眉也，目犹目也，鼻犹鼻，口犹口，而大儿非小儿，小儿非大儿者，何故？而不自知实与其妻亲造作之也。夫不知子，问之妻，夫妻因缘，是生其子，天下之忠，无有过于夫妻之事者，天下之忠，无有过于其子之面者，审知其理，而睹天下人之面，察天下夫妻之事，彼万面不同，岂不甚宜哉？

这就是说，人都是夫妻因缘所造作，基本因素一样，只是和合之后有不同的变态而已。你只要反躬自问，就会找出变异的来龙去脉。

金圣叹的这个观点，在其对《水浒》的批评中曾一再加以发挥，如《水浒》第五十五回批语中谈到施耐庵写豪杰即居然豪杰，写奸雄即居然奸雄，写淫妇、偷儿又居然淫妇、偷儿时说，"夫豪杰必有奸雄之才，奸雄必有豪杰之气"，施耐庵是豪杰，其能写豪杰、奸雄尚不足怪，但施耐庵绝非偷儿、淫妇，又何以写得那样像呢？他说：

> 经曰："因缘和合，无法不有。"自古淫妇无印板偷汉法，偷儿无印板做贼法，才子亦无印板做文字法也。因缘生法，一切具足。……《水浒》一传，直以因缘生法为其文字总持，是深达因缘也。……曰："彼固宿讲于龙树之学者也。"讲于龙树之学，则菩萨也。菩萨也者，真能格物致知者也。

这比上引一段说得更为通俗。由此可见，金氏所谓"十年格物而一朝物格"，既不同于王阳明以"为善去恶"为格物，也非我们现在所说的体验生活之意，它里面带有浓厚的主观主义因素，然而由其"因缘和合"说所引申出来的恕，却又包含着设身处地去理解不同性格的人的行动规律的合理内核。因为当人们设身处地去推想时，他虽未脱离主观，却进入客观了。所以他在《读第六才子书〈西厢记〉法》时说："想来姓王字实父此一人，亦安能造《西厢记》，他亦只是平心敛气向天下人心里偷取出来。"这就更重在客观的体验了。不过，他接着又说："总之世间妙文，原是天下万世人人心里公共之宝，决不是此一人自己文集。"这里强调"公共"二字，自然也当首先包括作者自己，所以仍未脱离其所说的忠恕之道。

金圣叹作为一位杰出的文学理论家和批评家，不仅在于他能从习与性成及因缘和合的人性论窥测到人的思想性格多样化的客观原因，并提出了创造多样化性格的途径（虽不完全正确）；而且他还从小乘佛教的极微论得到启发，从而注意到事物发展不同阶段间极隐微的契机。他说：

> 夫娑婆世界，大至无量由延……以至娑婆世界中间之一切所有，其故无不一一起于极微。……今者止借菩萨极微之言，以观行文之人之心。……灯火之焰也，淡淡焉，此不知于世间五色为何色也。吾尝相其自穗而上，讫于烟尽，由淡碧入淡白，此如之何其相际也；又由淡白入淡赤，此如之何其相际也；又由淡赤入乾红，由乾红入黑烟，此如之何其相际也。必有极微于其中间，分焉而得分，又徐徐分焉，而使人不得分，此一又不可以不察也。人诚推此心也以往，则操笔而书乡党馈壶浆之一辞，必有文也；书人妇姑勃溪之一声，必有文也……何也？其间皆有极微，他人以粗心处之，则无如何……我既适向曼殊室利菩萨大智门下学得此法矣，是虽于路旁拾取蔗滓，尚将涓涓焉压得其浆，满于一石，彼天下更有何逼迮题能缚我腕使不动也哉？（《西厢记》"一之三"批语）

金氏就是按照这个认识来探索《水浒》《西厢》的文心的，所以他不但对情节发展的契机分析得极细，对人物性格的发展变化也分析得细，这在《西厢记》批语对莺莺的分析中尤为突出。金氏喜欢把各种不同思想体系中的概念牵合在一起，他在这里也有附会之嫌，但却没有把它与因缘和合之说会通起来，实际上他在此已忘记那个因缘生法和忠恕的理论,而专注于客观的考察和体验了。我们不必苛责他在理论上的这种疏忽,更不必强为之牵合。理论总是从实际中抽象出来并反映某种实际的,如果那个理论合乎实际,我们就不必问它与其人的整体理论是否矛盾,都应给予赞扬和肯定。

除小说、戏曲外,金圣叹对诗文创作也发表过一些颇可注意的见解,如说:"诗非异物,只是人人心头舌尖所万不获已,必欲说出之一句说话耳。"(《鱼庭闻贯·与家伯长文昌》)又说:"诗非异物,只是一句真话。"(同上,《与顾掌丸》)这显系继承发挥李贽和袁宏道关于诗的看法。又如他指出人们对同一事物的感受和表现不同:"此皆人异其心,因而物异其致"(《杜诗解·漫兴九首》)。这也是一条很重要的艺术规律。尤可注意的则是下面一段话:

> 天下妙士,必有妙眼,渠见妙景,便会将妙手写出来。
>
> 有时或立地便写出来,有时或迟五日十日方写出来,有时或迟乃至于一年、三年、十年后方写出来,有时或终其身竟不曾写出来。无他,只因他妙手所写,纯是妙眼所见;若眼未有见,他决不肯放手便写,此良工之所以永异于俗工也。凡写山水、写花鸟、写真、写字、作文、作诗,无不皆然。(《杜诗解·戏题王宰画山水图歌》)

这里真是我们现在所理解的"格物"了。可见金氏所说的用忠恕之道去"格物",是对写人来说的,至于写其他事物,他是强调亲历目睹的,其说与王夫之说的"身之所历,目之所见,是铁门限"是相近的。

如果以上所述基本上合乎金圣叹的思想实际的话,那么,我想可以这样说:金圣叹的文学观乃至他的世界观和政治观,都同李卓吾有一脉相承之处。但亦有一些不同之处，这主要表现在：

（1）在金圣叹的思想体系中，人的地位更突出了。其改乾卦表人，坤卦表天地，就体现了这个意图。其释乾先坤后之义曰："圣人意重在人，不重在法，人不终则法不始，故乾、坤虽齐举，而必先乾后坤，所以明坤必本乎乾之义也。"这里所谓"人不终则法不始"，据金氏在此前所说，系指"破于一物，翻出万物"，意指认识到人是因缘和合而成，"迅疾起灭，不曾暂停"，那么也就可以认识到万物生灭不已了。这是一个唯心主义的命题。我们且不去管他，然其重人的思想却是显然的。我们固然不能断然说，他的重视人物性格描写的文学观即导于此，但说二者之间有某种内在联系，大概是不算附会的。

（2）金氏的人性论比过去许多思想家的人性论更富于辩证法的因素。他虽从自然人性论出发，但谈到人性的变异和差别时却强调"习"，即强调社会环境的影响，特别是他指出封建统治者在促使人们走向反抗道路的重大作用上，具有重大的理论意义和现实意义，它既是宋明以来关于人性变异问题论争的一种较为深刻的总结，也是明清之际阶级斗争的浪潮在意识形态上的积极的反映。金氏在文学批评中既重视人物性格发展的共性，又特别强调个性，显系以此为理论基础。

由以上两点可见：晚明出现的要求个性解放的朦胧意识，在明清之际并未中断，而是在深入地发展，这种要求正是当时反理学思潮的核心，因此应该说，在明清之际，反理学的思潮也未中断。但是，正如我在前面一再指出的，在金氏的人性论思想中，注重封建伦理道德的成分确实也增加了。与之相适应，金氏同李卓吾、叶昼以及汤显祖等人有一个显著的不同：那些人都痛斥假道学，李、叶尤甚；金氏对此却基本上保持缄默，除前引个别文字嘲笑过道学外，一般是就事论事。如在《水浒》第二十三回批语中，他就慨然叹息道："嗟乎！兄弟之际，至于今日，尚忍言哉？一坏于乾糇相争，阋墙莫劝，再坏于高谈天显，矜饰虚文。盖一坏于小人，而再坏于君子也。夫坏于小人，其失也鄙，犹可救也，坏于君子，其失也诈，不可救也。"按"天显"出于《书·康诰》："于弟弗念天显，乃弗克恭厥兄。"旧释为"天之明道"，此处即指孝弟之道。所谓"高谈天显"的"君子"，实即典型的伪道学，然而金氏却不贯以此名，这绝不是简单的用词不同，而是有意避免对道学的批判，从这一方面说，当时的反理学思潮又确是低沉了。

应该承认，这时反理学思潮的低沉，与统治者对它的压迫、打击有密切的关系。我们已经指出：在何心隐、李贽、达观等相继被害之后，特别是李贽之死，对反理学思潮是一个很大的打击，公安派首领袁中郎、袁小修即因此变得审慎起来。金氏的不敢倡言反对伪道学，盖亦与此有关。然而正如我在前面反复说明的，金氏是把封建伦理道德，把"先王之礼"放进了他的思想体系的。因此，我们毋宁说他主要是出于自觉。就是说，他既主张遂性顺欲，又害怕封建礼教、封建纲常的崩溃，这就形成了他的思想矛盾。实际上，也可以说他只是希望把礼教和纲常放宽一些，使之不太戾于人情，给人的个性以一定的发展余地。只是同他的前辈进步思想家相比，他既把要伸张个性的理由说得较充分，也把维护纲常的必要性讲得较突出，又不公然反对伪道学罢了。

二、王夫之

如果说金圣叹是文学批评家而兼思想家，那么，王夫之（船山）则是思想家而兼文学批评家。至于其思想路线，则又显然不同。嵇文甫先生在《船山哲学》第三章"总结"里说，综合船山"整个的理论体系，而判断他在中国近古思想史上的地位，可以说他是：宗师横渠，修正程朱，反对陆王"。这个结论没有把船山在理论上的创造说进去，但就其思想路线来说，我认为它是正确的。当然，船山也受到陆王的某些影响，然正如嵇先生所说，船山对"天人理势博约诸问题"的观点"一方面带自由解放的意味接近于陆王，而一方面仍显示其道学的正统性"，故约略言之，说他是从横渠（张载）、程朱一脉走出来的，那应该还是对的。

船山的文学观也如他的整个思想体系一样，是对张、程、朱文学观的修正和发展。然亦有所不同：程、张都轻视文学，朱熹颇能作诗文，然亦挂"作文害道"的招牌，船山则完全抛弃了这种道学家的架子。他在《诗译》第一条开宗明义地说：

> 王仲淹氏之续经，见废于先儒旧矣。续而僭者，《七制》之诏策也。仲淹不任删，《七制》之主臣尤不足述也。《春秋》者，衰世之事，圣人之刑书也。平、桓之天子，齐、晋之诸侯，荆、吴、徐、越之僭伪，其视六代、十六国相去无几，事不必废也，而诗亦如之。卫宣、陈灵，下逮乎溱洧之士女，葛屦之公子，亦奚必贤于曹、刘、沈、谢乎？仲淹之删，非圣人之删也，而何损于采风之旨邪？故汉、魏以还之比兴，可上通于风雅，桧、曹而上之条理，可近译以三唐。元韵之机，兆在人心，流连泆

宕，一出一入，均此情之哀乐，必永于言者也。故艺苑之士，不原本于三百篇之律度，则为刻木之桃李；释经之儒，不证合于汉、魏、唐、宋之正变，抑为株守之兔置。陶冶性情，别有风旨，不可以典册、简牍、训诂之学与焉也。

这是针对朱熹批评王通（仲淹）续经而提出的反批评。船山认为，王通以《七制》续《书》，是不对的（这里表现船山未摆脱一般儒家的偏见），《春秋》《诗》则可以续，遂指出从《诗经》到汉魏以及三唐之诗，有其相通之处，写诗的人固当以《三百篇》为榜样，释经的儒者也要以后人之诗来证合《三百篇》。这个相通之处，他认为就是"均此情之哀乐，必永于言者也"。据此，他提出了"陶冶性情，别有风旨"的论断。船山的这个观点，对过去理学家盲目地尊经、泥经而忽视古今诗的共同特点来说，无疑是有廓清迷雾的意义，显示他对诗的看法远远超出其他理学大师。如果仅就字面看，我们几乎可以说，他讲的完全是一个进步文人的观点，而从根本上背离理学家的轨道了。但联系他的其他言论看，则又不然，而其关键则在"陶冶性情，别有风旨"这两句话的含义上，特别是对"性情"两字的理解上。

性情问题是我国一个古老的哲学问题，但在孔、孟那里，并没有把性与情加以分析，至《荀子·正名》才以性、情、欲并举，并分析说："性者，天之就也；情者，性之质也；欲者，情之应也。"后来的学者或以为性善情恶，如董仲舒；或混性情言而称为情性，如郭象；或谓情有善恶，而性无不善，主张灭情复性，如李翱；或以为性者情之本，情者性之用，如王安石。宋代的理学家论性各有不同，然于性情关系，大抵皆以动、静来分别，而其最大的特色则是把性与理、情与欲联系起来，如程颢说："在天为命，在义为理,在人为性,主于身为心,其实一也。心本善,发于思虑,则有善有不善,若既发则可谓之情。"(《宋元学案》卷十三引《语录》)张载则谓:"心统性情者也。""发于性则见于情,发于情则见于色,以类而应也。""有形则有体,有性则有情。"(《性理拾遗》)朱熹亦云:"性是未动,情是已动,心包得已动未动。盖心之未动则为性,已动则为情,所谓'心统性情'也。欲是情发出来底。心如水,性犹水之静,情则水之流,欲则水之波澜。"又云:"性者心之理,情者心之动。"(《宋元学案》引《语录》)此外,他们又有所谓道心、人心之说,谓"此心之灵,其觉于理者,道心也;其觉于欲者,人心也"(朱熹《答郑子上》)。正唯如此,他们主张"情之动也,而必有节焉"(朱熹《答张敬夫论中和》),主张"明天理,灭人欲"。不过,他们所谓"灭人欲",并不是断绝情欲,像宗教徒那样,而是要使"欲"服从"天理"。故朱熹说:"盖钟鼓、苑囿、游观之乐与夫好勇、好货、好色之心,皆天理之所有而人情之所不能无者。然天理人欲,同行异情,循理而公于天下者,圣贤之所以尽其性也,纵欲而私于一己者,众人之所以灭其天也。"(见《孟子·梁惠王章句下》注)稽文甫先生谓朱熹反对胡宏所谓"天理人欲同行而异情"之说,殊不确,他在《知言疑义》中所反对的实是胡宏"天理人欲同体而异用"一语,而非"同行而异情"一语。王阳明的性情论同程朱原无大的差别,只有后来提出"无善无恶心之体"之说,把心与性看作只具有观照的作用,那才与性善论分开了。再后到一些左派王学家专在情欲上论性,实即由人的生物性引出人的社会性,那才真正具有反理学的意义。

　　船山的人性论在承认性即天理这个根本问题上同程朱并没有什么不同。他对程朱人性论的修正,主要是发展了张载的理在气中、气先于理的唯物主义观点和张载的"合虚与气，有性之名"的观点，认为性也是由天地阴阳健顺之气所产生。并由此提出两个著名的观点：（1）"性者生之理"（《思问录内篇》），认为性是日生日成的，即随着人的生命的发展过程而不断充实发展的；各种生活条件的变化引起性的变化，即所谓"习与性成"（《尚书引义·太甲二》）。（2）发展胡宏的"天理人欲同行而异情"的思想，认为"终不离人而别有天，终不离欲而别有理"（《读四书大全说》卷八）。这两个观点确实都是很了不起的，是对我国古代人性论的重要发展，同金圣叹的人性发展观相比，显得立足点更为稳实，带有朴素的唯物论的色彩。但船山人性论的矛盾也在这里显现出来。因为按照性日生日成与性与习成的观点彻底推论下去，所谓性即天理的说法就要没有着落了。理论思辨能力很强，对某些理论问题能辨析毫芒的船山，当然意识到了这种矛盾。所以他也像其他理学家一样，在"天命之谓性"的"天命"上做文章，认为人从天受气而生的时候，就把伴随气化而生的理带了来，于是所谓性日生日成，如果不是因习不好而变坏的话，那就是伦理道德的不断充实和完善了。试看船山本人的议论：

> 夫性者，生理也，日生则日成也。则夫天命者，岂但初生之顷命之哉？……夫天之生物，其化不息。初生之顷，非无所命也。何以知其有所命？无所命则仁义礼智无其根也。幼而少，少而壮，壮而老，亦非无所命也。何以知其有所命？不更有所命，则年逝而性亦日忘也。形化者，化醇也；气化者，化生也，二气之运，五行之实，始以为胎孕，后以为长养，取精用物，一受于天产地产之精英，无以异也。形日以养，气日以滋，理日以成。方生而受之，一日生而一日受之。……

> 故曰性者生也,日生而日成之也。……生之初,人未有权也。不能自取而自用也。惟天所授,则皆其纯粹以精者矣。……已生以后,人既有权也,能自取而自用也。自取自用,则因乎习之所贯,为其情之所歆,于是而纯疵莫择矣。(《尚书引义·太甲二》)

由此可见,船山的性日生日成之说,固然包含着可贵的发展变化的观点,从强调习与性成来说,又有唯物的因素,但是推到终极也同金圣叹一样,仍然未脱出宋明理学家的先验的道德论的窠臼。

同样,船山在理与欲、性与情的论述上实际也存在着矛盾。当然,我们首先应看到,船山所说的"终不离欲而别有理",同朱熹所说的"理欲同行而异情"实质上有区别,尽管他们都引用胡宏的话。因为朱熹虽说二者"同行",但又说:"人欲云者,正天理之反耳。""盖天理中本无人欲,惟其流之有差,遂生出人欲来。"(《答何叔京》)可见其所谓"同行"只是说天理和人欲是两种并行的对立之物。船山的理不离欲,则是一种互相依存的关系。这与泰州学派夏廷美所谓"悟则人欲即天理,迷则天理亦人欲"(《明儒学案·泰州》引)和李卓吾所谓"穿衣吃饭即是人伦物理",已比较接近了。不过,船山又说:

> 有公理,无公欲。私欲净尽,天理流行,则公矣。天下之理得,则可以给天下之欲矣。以其欲而公诸人,未有能公者也。即或能之,所谓违道以干百姓之誉也,无所往而不称愿人也。(《思问录·内篇》)

这又与正统的理学家们"明天理,去人欲"的论调相近了。船山对理欲关系这种看似矛盾的两面,究竟怎样统一起来呢?嵇文甫先生引船山《读四书大全说》卷一谈"絜矩"的一段，和《尚书引义·泰誓中》论"天视自我民视，天听自我民听"一段，谓船山所谓"合乎天理的人欲，似乎须含有两种性质，其一是公平性，其二是经常性"（《船山哲学》）。按船山虽说"君子只于天理人情上絜个均平方正之矩，使一国率而由之"，但又说：

> 所谓"絜矩"者，自与"藏身之恕"不同；所云"毋以使下，毋以事上"云者，与"勿施于人"文似而义实殊也。惟东阳许氏深达此理，故云"天下之大，兆民之众，须有规矩制度，使各守其分"。（《读四书大全说》卷一）

则所谓"均平"，实非我们今天所谓"公平"之意，而是按封建制度使各得其欲，也就是各个阶级、等级的人按"其分"实现其欲望。至于《泰誓中》的一段，从船山所列的一些不可信的"民情"来看："一旦之向背"可谓暂时的；"一方之风尚"应说是局部的；而"酷吏之诛锄，细人之沽惠，奸人之流涕……"等则属于应该明辨是非而加以反对的；所以也难用"经常性"来概括。无以名之，姑且用普遍性、正当性来表示吧！其实把两者结合起来，说得简单一些，那就是船山所说的"饮食男女，皆有所贞"（《诗广传》卷一）的"贞"字。贞者正也，即按封建社会的标准看来是正当的欲望才是合乎天理的，否则就是一己之私欲，是要"净尽"的。这是就欲言，其实情亦如此。因为在船山看来，"夫情，则喜、怒、哀、乐、爱、恶、欲是已"，欲是包括在情之内的。所以他认为，"情可以为善"，"可以为不善"。而善与不善则在于是否发而中节，"中节而后善，则不中节者固不善矣"（《读四书大全说》卷十）。中节，实际上也就是循规蹈矩，不泛滥。由此可见，船山虽修正程朱之说，公开承认情欲有合理性，而在主张用"天理"来节制情欲这个根本问题上，同程朱并无原则分歧，只是稍微宽松一点而已。他在谈到以礼节情时说：

> 礼原中天下之节，有节则必有和，节者皆以和也。是以礼之用于天下者，使人縣之而人皆安之，非其情之所不堪，亦非其力之所待勉，斯以为贵。故制礼者当知此意，勿过为严束以强天下，而言礼者不得视礼为严束天下之具而贱之。（《读四书大全说》卷四）

船山认为"礼者，天理自然之则也"（《读四书大全说》卷六），不要把礼搞得过于严束，实际上也就是不要把天理讲得违反人情，这确带有一点自由解放的意味，但归根到底还是为了坚持礼，理学家的立场还是在的。

上面我们对船山的人性论讲得比较多，目的在于说明船山诗论中"陶冶性情，别有风旨"这一根本观点中的"性情"究竟是怎样的含义。如果我在前面的分析无大谬的话，那么，可以说，他所谓"陶冶性情"，固然同公安派所谓抒写性灵不同，也与复古派所鼓吹的写真情不同，而是要求在诗歌中表现那种合乎"天理"的情感来陶冶自己的和读者的性情，把读者提高到他理想中的思想情感的境界。船山的这种基本的文学观贯串在他的文学批评和美学思想的各个主要方面。当然也有逸出常轨的地方，但那种情况是不多的。出于船山的文学观主要表现在对诗的看法上，这里亦主要从他的诗论来加以探讨，文只附带及之。

首先，从对内容的要求来看，船山说："古之为诗者，原立于博通四达之途，以一性一情周人伦物理之变，而得其妙。"（《四书训义》卷二一）又说："故文者，白也。圣人之以自白而白天下也。匿天下之情，则将劝天下以匿情矣。"（《诗广传》卷一《周南》）可见他对诗文的题材原不作什么限制。但他同时又说:"忠有实,情有止,文有函。"(同上)这就不是什么都可写了。"忠有实",是说要出自诚心而不虚夸,"文有函"是说有含蓄不尽之意,暂且不说,这"情有止"三字实为船山论诗文的重要纲领。"情有止"并不只是要求感情要含蓄,而是有些感情不能入诗文,在《诗广传》卷一《邶风》中他有一段话畅论此意:

> 诗言志,非言意也。诗达情,非达欲也。心之所期为者,志也;念之所觊得者,意也;发乎其不自已者,情也;动焉而不自待者,欲也。意有公,欲有大,大欲通乎志,公意准乎情。但言意,则私而已;但言欲,则小而已。人即无以自贞,意封于私,欲限于小,厌然不敢自暴,犹有愧怍存焉。则奈之何长言嗟叹以缘饰而文章之乎?意之妄,忮恕为尤,几倖次之;欲之迷,货利为尤,声色次之。货利以为心,不得而忮,忮而恕,长言嗟叹缘饰之为文章而无怍,而后人理亡也。故曰:"宫室之美、妻妾之奉、穷乏之得我,恶之甚于死者,失其本心也。"由此言之,恤妻子之饥寒,悲居食之俭陋,愤交游之炎凉,呼天责鬼,如衔父母之恤,昌言而无忌,非殚失其本心者,孰忍为此哉?二雅之变无有也,十二国之风不数有也,汉、魏、六代、唐之初犹未多见也。夫以李陵之逆,息夫躬之室,潘安、陆机之险,沈约、江总之猥,沈佺期、宋之问之邪,犹有忌焉。诗之教导人于清贞,而蠲其顽鄙,施及小人而廉隅未刊,其亦效矣。若夫货财之不给,居食之不腆,妻妾之奉不谐,游乞之求未厌,长言之嗟叹之缘饰之为文章,自绘其渴于金帛、没于醉饱之情,靦然而不知有讥非者,唯杜甫耳。……甫失其心,亦无足道耳。韩愈承之,孟郊师之,曹

邺传之，而诗遂永亡于天下。……

这段话很长，其具体指摘的杜甫诗句如"残杯与冷炙，到处潜悲辛"之类，都从略，但有两句结论要补入，即《北门》（《诗·邶风》之一篇）之淫，倍于桑中；杜甫之滥，百于《香奁》。由此可见，船山对啼饥号寒的"货利之心"是何等的仇视，简直比反对所谓"淫诗"还要加百倍！此无他，正是他严守道学家的义利之辨，绝不容许以货利之心来熏染读者。

然则船山是不是就对诗中写声色之好不加限制呢？那当然也不是，下面是他在《夕堂永日绪论内编》中的一段话：

> 艳诗有述欢好者，有述怨情者，《三百篇》亦所不废。顾皆流览而达其定情，非沉迷不反，以身为妖冶之媒也。……迨元、白起，而后将身化作妖冶女子，备述衾禂中丑态；杜牧之恶其蛊人心，败风俗，欲施以典刑，非已甚也。近则汤义仍屡为泚笔，而固不失雅步。唯谭友夏浑作青楼淫咬，须眉尽丧；潘之恒辈又无论已。《清商曲》起自晋宋，盖里巷淫哇，初非文人所作，犹今之《劈破玉》《银纽丝》耳。操觚者即不惜廉隅，亦何至作《懊侬歌》《子夜》《读曲》？

这段话很使我们想起李梦阳、何景明赞扬《锁南枝》，袁宏道欲以《劈破玉》《打草竿》为诗以及冯梦龙对民间小曲和山歌的搜集，当然也会想起谭元春（友夏）拟作的《懊侬歌》《子夜》《读曲》等乐府小诗，船山的这段话显系对这一学习民间歌曲的思潮的反动。不过，船山对这类诗毕竟是较宽容的，他对那些比较蕴藉含蓄的情诗，例如王昌龄的《采莲曲》《殿前曲》以及《闺怨》《西宫春怨》等都颇赞许，对李白《乌栖曲》之类尤为赞赏，同朱熹相比是有区别的，同王柏之类竟欲将《诗经》中的"淫诗"删去的腐儒相比，就更有天渊之别，这又反映晚明的思想解放思潮的影响。同时，他要求情诗要写得含蓄，也还是有其正当的理由，因为诗毕竟应当是诗，庸俗的色欲总是同它不相容的，只是船山的要求仍未免太严罢了。

船山不仅反对那些表现货利之欲的诗和过于冶艳的情诗，把它们称为诗之"似妇人者"与"似游食客者""似乡塾师者"，他还把"似衲子者"也列入"恶诗"，并合而论之曰："妇人、衲子，非无小慧；塾师、游客，亦侈高谈。但其识量不出针线、蔬笋、数米、量盐、抽丰、告贷之中。古今上下，哀乐了不相关；即令揣度言之，亦粤人咏雪，但言白冷而已。"诗之"似衲子者"，他溯源到陶渊明，其下则依次数到贾岛、宋初九僧、陈师道、钟惺、陈继儒。这里值得注意的是：他一反其他理学家的看法，对陶渊明也有所不满。在他看来，陶潜只是"隐逸诗人之宗"，境界犹嫌狭小，缺乏他所认为的道学家那种"纵横自得"的襟怀。在《读四书大全说》卷五，他对此意有所发挥，其言曰：

> 真西山所云"箪瓢陋巷不知其为贫，万钟九鼎不知其为富"，一庄生《逍遥游》之旨尔。箪瓢陋巷，偃鼠、鹪鹩之境也。万钟九鼎，南溟、北溟之境也。不知其贫，南溟、北溟之观也。不知其富，偃鼠、鹪鹩之观也。将外物撇下一壁看，则食豕食人、呼牛呼马而皆不知矣。圣贤之道、圣贤之学，终不如是。"绿满窗前草不除，与自家意思一般。"岂漫然不知而已哉！如唐人诗"薰风自南来，殿角生微凉"，与"南风之薰兮，可以解吾民之愠兮"，落处固自悬隔。……陶靖节云："众鸟欣有托，吾亦爱吾庐。"意思尽好，到下面却说："泛览《周王传》，流观《山海图》。"便与孔、颜之乐，相去一方。缘他

> 到此须觅个疗愁蠲忿方法，忘却目前逆境也。孔、颜、程、朱现
> 身说法，只在人伦物理上纵横自得，非西山所庶几可得。

按这里所引"绿满窗前草不除"，是程颢记周敦颐的事，又张九成记程颢亦有此事，但周的回答是"与自家意思一般"，而程的回答是"欲常见造物生意"。前者是从物我一体的角度说，后者从格物的角度说，都是自言所谓"妙得物理"之乐，按理学家的说法乃是得道之言。船山认为颜回的箪瓢在陋巷不改其乐与周、程的妙观物理都是乐道，并非齐贫贱与富贵，所以说比陶潜诗的境界高。当然他对陶潜还是赞许的，对陶潜的诗句"日暮天无云，春风扇微和"评价就很高，说是"岂夹杂铅汞人能作此语"，而将他与"程子谓见濂溪一月坐春风中"（按：实为朱公掞记在程颢处的感受，船山误记）相比，谓："非程子不能知濂溪如此，非陶令不能自知如此也。"（《夕堂永日绪论》）

讲到这里，我想顺便谈谈船山对理学诗的态度。明代的复古派很反对理学诗，李攀龙竟偏激地说："视古修辞，宁失诸理。"王世懋也说："诗有别趣，非关理也。"船山在《诗译》《夕堂永日绪论内编》中都为理可入诗辩护。不过，船山毕竟生在理学诗已经声名狼藉之后，而他自己又工于诗词，深知艺术规律，所以他又反对那种像佛教偈语式的说理诗。《内编》中说：

> 大雅中理语造极精微，除是周公道得，汉以下无人能嗣
> 其响。陈正字、张曲江始倡《感遇》之作，虽所诣不深，而本
> 地风光，骀宕人性情，以引名教之乐者，风雅源流，于斯不
> 昧矣。朱子和陈、张之作，亦旷世而一遇。此后唯陈白沙为能
> 以风韵写天真，使读之者如脱钩而游杜蘅之沚。王伯安（阳
> 明）厉声吆喝："个个人心有仲尼。"乃游食髡徒、夜敲木板叫

街语，骄横卤莽，以鸣其"蠢动含灵皆有佛性"之说，志荒而气因之躁，陋矣哉！

这段话极堪注意。联系我们在上段所作的分析，可以毫不夸张地说：船山所强调的写性情，虽包涵颇广，然其最高境界，则是理学家的思想情趣。他在这里极推许朱熹、陈建章（白沙）的性理诗，正是因为它们都体现了这种思想境界，而又颇能以抒情的方式来表达，故船山自己也写作了不少这样的诗。其实，他不仅以这些性理诗和其他虽不说性理却能体现理学家襟怀的诗为诗的极致，其诗论也直接秉承朱、陈等而来。就以上面一段引文而论，戴鸿森同志就指出它源于陈献章的一段话："作诗须将道理就自己性情上发出来，不可作议论说去，离了诗的本体，便是宋头巾也。"

正由于强调诗要表现"在人伦物理上纵横自得"的理学家的思想境界，船山反对用诗直接进行讽刺、揭露，反对以诗为史，也反对在诗中言尽意尽，而反对讽刺、揭露则是它的关键。

诗"可以怨"，是孔老夫子定下的规矩。"以三百篇当谏书"，则是汉儒的惯技。不过，汉儒作的《毛诗序》又规定："下以风刺上"要"主文而谲谏，言之者无罪，闻之者足以戒"。这成了中国古代诗歌的传统。但自《诗经》以来，并不是每个诗人都按这个规矩写诗，过激的言辞时有出现。这在唐以前似乎不大成问题，因为那时还少见文字狱。宋以后（除了元），文字狱时有发生，这个问题就尖锐起来了。故在苏轼乌台诗案之后，黄庭坚即引以为戒，而杨时则讥其"只是讥诮朝廷，殊无温柔敦厚之气，以此人故得而罪之"（《龟山语条》）。杨时之类的理学家采取这种态度，固然是修洛、蜀党争之怨，对东坡有幸灾乐祸之意，然他说："诗尚谲谏，唯言之者无罪，闻之者足以戒，乃为有补。若谏而涉于毁谤，闻者怒之，何补之有！"（同上）却也合乎理学家处世的准则。船山显然继承了这个观点，不过由于所处时代不同，他似乎比杨时说得更严重，试看他关于这个问题的一段议论：

> 《小雅·鹤鸣》之诗，全用比体，不道破一句，三百篇中创调也。要以俯仰物理，而咏叹之，用见理随物显，唯人所感，皆可类通，初非有所指斥一人一事，不敢明言，而姑为隐语也。若他诗有所指斥，则皇父、尹氏、暴公，不惮直斥其名，历数其愿，而且自显其为家父，为寺人孟子，无所规避。诗教虽云温厚，然光昭之志，无畏于天，无恤于人，揭日月而行，岂女子小人半含不吐之态乎？《离骚》虽多引喻，而直言处亦无所讳。宋人骑两头马，欲博忠直之名，又畏祸及，多作影子语，巧相弹射，然以此受祸者不少。……观苏子瞻乌台诗案，其远谪穷荒，诚自取之矣。而抑不能昂首舒吭以一鸣，三木加身，则曰"圣主如天万物春"，可耻孰甚焉？……

据此，船山似乎不反对公开的揭露，只是嫌苏轼方法不对，勇气又不足。然而他在《唐诗评选》中评曹邺《和谢豫章从宋公戏马台送孔令谢病》诗时却又说：

> 代和意深，所以代和意益深。长庆人徒用谩骂，不但诗教无存，且使生当大中后，直不敢作一字，元、白辈岂敢以笔锋试颈血者？使古今无此体制，诗非倭府则畏途矣。安得君尽武王、相尽周公，可以歌"以暴易暴"耶？

这又显然不赞成公开的揭露，而主张用"代和"那种婉曲的方式来避祸了。然在《读通鉴论》卷二十七论及唐朝灭亡的原因时，他的说法又不同：

> 匡维世教以救君之失，存人理于天下者，非士大夫之责
> 乎？从君于昏以虐民者勿论已。翘然自好者，以诋讦为直，以
> 歌谣讽刺为文章之乐事。言出而递相流传，盅斯民之忿愍，以
> 诅咒其君父。于是乎乖戾之气充塞乎两间，以干天和而奖逆
> 叛，曾不知莠言自口而彝伦攸斁，横尸流血百年而不息，固
> 其所必然乎？

这里则不但反对公开揭露，且认为那些揭露朝廷昏暗的人是有败
坏彝伦之"罪"了。船山的言论一向是比较严谨的，非如某些文
人那样，今天这样说，明天可以那样说，为什么对这个问题却有
如此的矛盾呢？仔细推敲，即可见《读通鉴论》中的这一段乃
是他针对现实的正面主张，而第一种说法，则不过是引经据典，给
苏轼们将一军，意思是说，你们既然不能像家父、寺人孟子那样
"揭日月而行"，那就应根本废除讽刺。至于第二种，则是必不得
已而采取的办法，也就是言在彼而意在此，名为"代和"，实际
是针对现实而发，却又说得含糊，只可由读者去领会，别人抓不
着辫子。这实际还是船山所说的《小雅·鹤鸣》那样的"比体"，只
是比的方式不同罢了。

应该指出，船山虽说《鹤鸣》是比体，但他所说的"要以
俯仰物理，而咏叹之，用见理随物显，唯人所感，皆可类通"，却
不限于比体，而也通于其他夹有比、兴手法或借景言情的抒情
诗，船山在别处则概括为"意伏象外"（《古诗评选》评《秋胡行》语）。如
从创作构思讲，就是要"以神理相取，在远近之间，才着手便煞，一
放手又飘忽去"（《夕堂永日绪论》内编）。总之是要摄取客观事物的神
理之与诗人的思想感情相凑泊者来构成一个完整的意象，作者的
意思要含而不露，让读者有充分的想象余地，可以用自己的思想

感情去理解它、补充它。这是船山的一种最高的美学理想。正因为他心目中悬着这样一种美学标准，所以他有时说："无论诗歌与长行文字，俱以意为主，意犹帅也，无帅之兵，谓之乌合。"（《夕堂永日绪论》）有时又说："宋人论诗以意为主，如此类直用意相标榜，则与村黄冠、盲女子所弹唱亦何异哉？"（《古诗评选》鲍照《拟行路难》评语）两说似相矛盾，实则是相辅相成的。要"以意为主"，是指要以意去摄取象；反对宋人的"以意为主"，是反对他们言尽意尽，不能从象外见意。船山提出这个原则，显然考虑到了诗艺本身的特点，也可以说是对从司空图到严羽关于诗歌形象性的探讨的总结，但同时也是理学家的思想情趣在文学观上的体现。理学家在考察客观事物时，非常注意其中的所谓妙理，如前举周敦颐、程颢对户外之草的看法即如此。而在考察人的时候，除特别注意人行事的动机（也叫心术）外，也很重视气象、襟怀。黄庭坚形容周敦颐"光风霁月"，即赢得理学家的一致赞扬；程颢形容他从周敦颐学习的所得，则曰"再见茂叔后，吟风弄月，有'吾与点也'意"；而程颢门人形容他，则既说如坐春风中，又说"明道终日坐如泥塑人。然接人浑是一团和气，所谓'望之俨然，即之也温'"。这都是道学家所艳称的气象。他们认为孔子所说的"兴于诗"，就是通过学诗来培养这类气象，用程颐的话说，就是："'兴于诗'者，吟咏性情涵畅道德之中而歆动之，有'吾与点也'之气象。"（《程氏外书》卷三）因此，他们特别重视诗的感兴作用，也特别重视诗的兴体。朱熹就说过："比意虽切而却浅，兴意虽阔而味长。"（《语类》卷八十）又说："倬彼云汉则为章于天矣，周王寿考则何不作人乎？此等语言自有个血脉流通处，但涵泳久之，自然见得条畅浃洽，不必多引外来道理言语，却壅滞却诗人活底意思也。……凡言兴者，皆当以此例观之，《易》以言不尽意而立象以尽意，盖亦如此。"（《答何叔京书》）船山所发挥的正是这个立象以尽意的美学理想。

了解到船山反对用诗进行讽刺和主张以象见意，反对言尽意尽，我们也就知道他为何反对诗史了。试看船山在《诗译》中的一段议论：

> "赐名大国虢与秦"与"美孟姜矣""美孟弋矣""美孟庸矣"一辙，古有不讳之言也，乃《国风》之怨而诽，直而绞者也。夫子存而弗删，以见卫之政散民离，人诬其上，而子美以得"诗史"之誉。夫诗之不可以史为，若口与目之不相为代也。

按"赐名大国虢与秦"为杜甫《丽人行》句，"美孟姜矣"等三句见《诗·鄘风·桑中》。朱熹《集传》以为是说"卫俗淫乱，世族在位，相窃妻妾"，又《礼记·乐记》曰："桑间、濮上之音，亡国之音也。其政散，其民流，诬上行私而不可止也。"桑中，旧说即桑间。船山以杜《丽人行》与《桑中》相比，虽肯定"古有不讳之言"，实则斥为"人诬其上"的亡国之音，不可为训，这正是从反对以诗为刺的角度来反对以诗为史的。在船山看来，史乃纪实，以昭炯戒，自可褒贬；诗则"陶冶性情"，就应"别有风旨"了。此意他曾反复说明，如《诗广传·鲁颂》云：

> 有求尽于意而辞不溢，有求尽于辞而意不溢，立言者必有其度，而各从其类。意必尽而俭于辞，用之于书；辞必尽而俭于意，用之于诗；其定体也。两者相贸，各失其度，匪但其辞之不令也。为之告戒而有余意，是贻人以疑也，特眩其辞，而恩威之用抑黩；为之咏歌而多其意，是荧听也，穷

于辞，而兴起之意微矣。故诗者，与书异垒而不相入者也。故曰："言之不足，故嗟叹之；嗟叹之不足，故永歌之；永歌之不足，故不知手之舞之，足之蹈之。"知然，则言固有所不足矣。

在《古诗评选》卷四评《上山采蘼芜》时又云：

> 诗有叙事、叙语者，较史尤不易。史才固以驰括生色，而从实着笔自易。诗则即事生情，即语绘状，一用史法，则相感不在永言和声之中，诗道废矣。此《上山采蘼芜》一诗所以妙夺天工也。杜子美放之作《石壕吏》，亦将酷肖，而每于刻画处犹以逼写见真，终觉于史有余，于诗不足。论者乃以诗史誉杜，见驼则恨马背之不肿，是则名为可怜闵者。

这都是从他所认定的诗要以意象去感发人的性情的特点来论诗与文、诗与史的区别，是从诗不能尽意的角度说的，实际上同反对公开的讽刺还是相通的，因为一公开进行揭露和讽刺，则"兴起之意微矣"。

正是由于船山对诗的基本特点作了上述的理解，故他对儒家传统诗学中的兴、观、群、怨的解释与众不同。他说：

> "诗可以兴，可以观，可以群，可以怨。"尽矣。辨汉、魏、唐、宋之雅俗得失以此，读《三百篇》者必此也。"可以"云者，随所"以"而皆"可"也。于所兴而可观，其兴也深；于所观而可兴，其观也审。以其群者而怨，怨愈不忘；以其怨者而群，群乃愈挚。出于四情之外，以生起四情，游于四情之中，情无所窒。作者用一致之思，读者各以其情而自得。故《关雎》，兴也；康王晏朝，而即为冰鉴。"讦谟定命，远猷辰告"，观也；谢安欣赏，而增其遐心。人情之游也无涯，而各以其情遇，斯所贵于有诗。

这段话近人论之颇详，我不拟多说。这里只想强调指出：船山的这种新颖的见解，完全是建筑在"陶冶性情，别有风旨"的基本观点之上的。这个风旨就是要以主观感情与客观相凑泊的意象感发人。这个意象中的意必须是比较隐约的，即使说得较明显，像《诗·大雅·抑》中的"讦谟定命，远猷辰告"那样，也要采取一种较客观的态度来叙述，还要有相当高的概括性，体现某种典型的思想感情，这样才能达到"作者用一致之思，读者各以其情而自得"的效果。这无疑是一种很高的要求，是诗人应该努力追求的。问题是船山所追求的概括性很高的思想感情，实际上是受相当严格的道德约束的人伦物理，故他虽曾说"身之所历，目之所见，是铁门限"（《夕堂永日绪论》内编），实际上对人情物理却有所不周，因而使诗歌的战斗作用遭到削弱，而只留下陶冶人的道德情操的作用。这正是从理学家把修养心性当作人生第一义的理论中引申出来的。故船山的诗论尽管有许多精彩之处，我们仍应看作是对道学家的文学理论的继承和发展。所不同的是，过去的道学家太讳言情欲，太不了解文学的重要作用，因而他们的诗论太僵化、太不近人情，也不成体系（朱熹较好），船山则以其性理之学作为核心，同时扣住抒情诗的特点，把诗的性质、作用乃至创作方法都讲到了，构成了一个相当完整的理论体系。虽意在为其性理之学张目，在一些地方有偏颇之论，然亦颇多通达之论和精湛之见，故不但较前此的道学家显得高明得多，对诗论本身也作出了贡献。

船山不仅是个诗论家，同时也是一位诗歌批评家，从《诗经》《楚辞》到汉魏六朝诗、唐诗、明诗，他都有具体评述，宋诗为他所不喜，亦间有议论。可以说，他以其文学观对上下两千年的诗歌作了总结。这在理学家中也是绝无仅有的。他的批评基本上贯彻着他的理论。除前面已提到的外，这里选择几个突出的问题说一下，以见船山文学观与其他理学家的异同，特别是他与朱熹的异同。

先说对屈原赋的评价。朱熹以前的理学家都不重视屈赋。朱熹生在南宋民族斗争很剧烈的环境里，才对这位历史上的爱国诗人产生强烈的兴趣，并作了《楚辞集注》，还以晁补之的《续楚辞》《变离骚》为蓝本，编选了《楚辞后语》，以见楚骚的流变。船山生于明清之际，生活的实际更使他想起屈原这位爱国诗人，因而他又作了《楚辞通释》。这两部书的总体价值各如何，姑且不论，这里只就他们对屈赋思想内容的评价作一比较。

朱熹对屈赋内容的评价是颇高的，其《楚辞集注目录序》曰：

> 盖自屈原赋《离骚》而南国宗之，名章继作，通号"楚辞"，大抵皆祖原意，而《离骚》深远矣。窃尝论之，原之为人，其志行虽或过于中庸而不可以为法，然皆出于忠君爱国之诚心。原之为书，其辞旨虽或流于跌宕怪神，怨怼激发而不可以为训，然皆生于缱绻恻怛，不能自已之至意。虽其不知学于北方，以求周公、仲尼之道，而独驰骋于变风、变雅之末流，以故醇儒庄士或羞称之。然使世之放臣、屏子、怨妻、去妇，抆泪讴吟于下，而所天者幸而听之，则于彼此之间，天性民彝之善，岂不足以交有所发，而增夫三纲五典之重？此予所以每有味于其言，而不敢直以"词人之赋"视之也。

强调屈原的动机，而原谅其不合儒家的表现，这是一个比较通达的理学家的态度。但唯其是"原谅"，所以又说得迂曲，显得不那么理直气壮。船山则进了一步，他认为屈原的思想出发点既然是忠，那么他的怨诽也好，悲愤也好，就都是自然合理的了，故他在《通释·序例》中说：

> 蔽屈子以一言曰忠，而《七谏》以下，悄悄然如息夫躬之悁戾，孟郊之龌龊，伎人之憎矣。允哉，朱子删之。而或以此诬《离骚》《九章》弥天亘地之忱，为患失尤人之恨，何其陋也。

又在江淹《爱远山》末段注中说：

> 属文之道，以意为主。其情私者，其词必鄙，其气戾者，其言必倍。屈子忠贞笃于至性，忧国而忘生，故轮囷絜伟于山川，灿烂比容于日月，而汉人以热中宠禄之心，欲相仿佛，婞怒猖狂，言同诅咒。清湘一曲，起泥淖之波，非但无病呻吟，如昔人之所讥已也。

我认为他这两段话的最可注意之处，还不在于为屈原辩护较朱熹更为理直气壮，而在于他严公、私之辨。也就是说，从表面上看，他似乎只是比朱熹通脱，不拘泥于屈原的过激之辞，实际上是他比朱熹更为坚守朱氏所说的"察之情性隐微之间，审之言行枢机之始"（《诗集传序》）的原则，从其出于忠心之"公"来高度肯定屈原；倘因私欲未逞而发牢骚，他决不饶恕。前面说过，他不满于杜甫是从这一原则出发，他在这里评汉人的赋也是坚持公私之辨。故他虽同朱熹一样，不将汉人《七谏》以下收入《楚辞》，但出发点不同：朱熹是从文学的观点看，认为它们是"无病呻吟"，故不取；船山则从内容看，认为它们是抒发作者个人的牢骚，故痛斥。"清湘一曲"一句尤堪注意，这是指贾谊的《吊屈原赋》。此赋王逸《楚辞章句》不收。朱熹《集注》收入，以"高其志，惜其才，而狭其量"评之。船山则谓"起泥淖之波"，即为那些发个人牢骚之作的滥觞，故不收，可见其严了。

船山对汉魏以来古诗的评价同朱熹有相近之处，即他们都薄齐梁。但亦有不同：朱熹认为古今之诗"凡有三变。盖自书传所记，虞夏以来，下及魏、晋，自为一等。自晋宋间颜、谢以后，下及唐初，自为一等。自沈、宋以后，定著律诗，下及今日，又为一等"，尝"欲抄取经史诸书所载韵语，下及《文选》汉魏古词，以尽乎郭景纯、陶渊明之作，自为一编"（《答鞏仲至》）。又说："古诗须看西晋以前，如乐府诸作皆佳。"（《语类》第一百四十）看来他喜欢比较质朴自然的作品。船山则不然，他认为"平淡之于诗"只是"自为一体"（《绪论》内编），未足概全，故于谢灵运甚为赞许，似犹在陶渊明之上。而颇为惊世骇俗的则是他极诋"建安风骨"，谓"如鳝蛇穿堤堰，倾水长流，不涸不止而已"（《古诗评选》袁淑《效子建白马篇》评语）。而在建安作家中尤疾曹植，谓"酌其定品，正在陈琳、阮瑀下"（《古诗评选》曹植《赠王粲》评语），对曹丕则极为称赞。他说：

> 建立门庭，自建安始。曹子建铺排整饰，立阶级以赚人升堂，用此致诸趋赴之客，容易成名，伸纸挥毫，雷同一律。子桓精思逸韵，以绝人攀跻，故人不乐从，反为所掩。子建以是压倒阿兄，夺其名誉。实则子桓天才骏发，岂子建所能压倒邪？故嗣是而兴者，如郭景纯、阮嗣宗、谢客、陶公，乃至左太冲、张景阳，皆不屑染指建安之羹鼎，视子建蔑如矣。

戴鸿森同志对此段文字评论说："其议论之偏者，无过因不喜'慷慨任气'之'建安风骨'，遂任情否定曹植，认为梢后之阮籍、左思等与之全无关系。"此论有见。但船山于子建、子桓兄弟的抑扬，总觉尚未说清楚；说船山反对"慷慨任气"，在船山的诗论中亦觉尚无着落。我看船山扬曹丕，主要原因是其诗多用比兴。曹丕诗的这一点，朱熹早已论及，他说：

> 比虽是较切，然兴却意较深远者。也有兴而不甚深远者，比而深远者，又系人之高下，有做得好底，有拙底。常看后世如魏文帝之徒作诗，皆只是说风景。独曹操爱说周公，其诗中屡说，便是那曹操意思也是较别，也是乖。（《语类》卷八十）

这段话语气不很明显，他只说曹丕"只是说风景"，即多用比兴，并未明言是用得好、用得不好。审下文说曹操"乖"，其意似以为曹丕之徒用的是一种方法，比较落套，而曹操却想得比较特别。船山不同于朱熹，他很欣赏曹丕这种比兴的手法。故其评曹丕《善哉行》"上山采薇"一首云，"微风远韵，映带人心于哀乐"，又评"朝日乐相乐"一首云，"悲愉酬酢，俱用其始，情一入漫烂，即屏去之。引气如此，那得不清"。评《猛虎行》云："端际密窅，微情正尔动人，于艺苑讵不称圣！"意思都是赞扬其能杂以比兴，引而不发，合乎"情有止，文有函"的原则，独《燕歌行》评语，称其"倾情倾度，倾色倾声，古今无两"（均见《古诗评选》）。然这首诗亦多用比兴，所谓声、色当是就映带感情的景物而言，所以还是没有脱离船山论诗的宗旨。至曹植，则船山在此已明言恶其好"铺排整饰"。再看其在《古诗评选》中的评语，则尤恶其"识趣卑下"，"几为方干、杜荀鹤一流人作俑，而潘尼、沈约、骆宾王、李颀皆其嫡系。如'良田无晚岁，膏泽多丰年，亮怀璠玙美，积久德弥宣'，以腐重之辞写鄙秽之情，风雅至此扫地尽矣。……"（同上，曹植《赠王粲》评语）说穿了，就是这些诗句中表现了一种追求富贵功名的欲望，即船山所谓"货利之心"，难怪他要严加讨伐了。我们知道，建安诗人的"慷慨任气"是以建功立业作为思想基础的，如果从这个角度说船山不满"慷慨任气"的"建安风骨"，那就有了着落。曹丕、阮籍、左思乃至陶潜等人的诗中也不是没有建功立业的愿望，但或者说得隐晦，或者说得"正大"，好像不是为了个人（例如曹丕《善哉行》中的"君子多苦心，所愁不但一，慊慊下白屋，吐握不可失"之类），船山就不以"私欲"视之了。

颇觉可怪的是，船山这样注意诗中的"情有止"，在别处也很注意"忠有实"，却每每据某人诗文中的某些观点就攻击其人品，如指斥韩愈"胸中未尝有仁，只揽取近似处，凑手作文字，其实他人品心术，却在颜延之、庾信、杜甫、韦应物之下，细取其诗文读之，败露尽见也"（《读四书大全说》卷九），说苏轼"作为文章，滑熟圆美，奄然媚于后世，乃使人悦之而不知尧、舜之道者，至于今而未艾，是真乡原也，是真德之贼也"（同上，卷十）。至于李卓吾，则什么"邪陷""邪淫""良心尽亡"之类的咒骂尤无所不至。（参阅嵇文甫《王船山学术论丛·王船山与李卓吾》，此从略）然而他却不追究曹丕、谢灵运的人品。他认为潘（岳）、陆（机）都是"险"人（见《诗广传》卷一），然而具体评其诗时，却扬陆而抑潘，这都自相矛盾。推其原因，当是由于他太看重诗的意象的含容"正大"和比兴的运用，就不觉有所偏好了。

船山对明诗的评价也颇耐人寻味。大凡所谓"建立门庭者"，如复古派、竟陵派以及明初的闽中诗人高棅辈，他都一概持批判否定的态度（当然对其中的个人也区别对待）。这是有道理的，因为既立宗派，则必有人望风依附，转相仿效，遂成格套，妨碍诗人自抒其性情，丧失作家本人的独特风貌。然而他于公安派却独有怨辞，这是为什么呢？细绎船山对复古派、竟陵派及公安派的评论，可知其原因是多方面的。大抵从诗艺而言，他认为复古派太落套，竟陵派太生涩纤仄，而公安巨子较有才情，这里姑不论，而只从思想内容上考察其原因，借以印证船山的基本的文学观。船山对这三派的评价，从内容上着眼较多者莫如《明诗评选》中评李梦阳《赠青石子》诗的一段话，现在摘抄如下：

> 此亦自关性灵，亦自有余于风韵，立北地于风雅中，恰可得斯道一位座。乃苦自尊已甚，推高之者又不虞而誉，遂使几为恶诗作俑，亦北地之不幸。要以平情论之，北地天才自出公安下，六义之旨亦堕一偏，不得如公安之大全；至于引情动思，含深出显，分胫臂，立规宇，驱俗劣，安襟度，高出于竟陵者，不啻华族之视佤魁，此皇明诗体三变之定论也。乃以一代宗工论之，则三家者皆不足以相当。前如伯温（刘基）、来仪（张羽）、希哲（祝允明）、九逵（蔡羽），后如义仍（汤显祖），自足鼓吹四始。……三家之兴，各有徒众，北地之裔，怒声醉呶，掣如狂兕，康德涵（海）、何大复而下，愈流愈莽。公安乍起，即为竟陵所夺，其党未盛，故其败未极。以俗诞而坏公安之风矩者，雷何思、江进之数子而已。若竟陵，则普天率土乾死时文之经生，拾沈行乞之游客，乐其酸俗淫佻而易从之，乃至鬻色老妪且为分坛坫之半席，则回思北地，又不胜朱弦疏越之想。

船山这段话颇不易领会。我在论明代的诗文复古运动时已指出：李梦阳、何景明等人都是以继承风雅、比兴自命的，何景明且嫌杜诗比兴太少，何以船山说他们于"六义之旨亦堕一偏"。而主张独抒性灵的公安反而得其大全？又竟陵与公安皆以抒性灵相号召，就思想解放来说，公安颇受船山所仇视的李卓吾的影响，竟陵则收敛得多，为何船山对竟陵是那样的鄙薄？但只要我们抓住船山的"陶冶性情，别有风旨"这个纲，也就迎刃而解。因为复古派李梦阳等曾以继承风雅的传统自命，但他们诗的主流是属于所谓变风变雅，对现实多有弹射，又逞才使气，即用比兴（如李之《去妇词》何之《明月篇》），也尚铺陈，少余韵，只有少数小诗才托兴幽微，有远韵。这揆以船山论诗宗旨，自然多所不舍，而认为只属于六义之一偏的赋体了。然而李、何、李、王等人毕竟都是些颇有气节的人，二李诗中的感情尤为充沛，所以他终不能不以"引情动思、含深出显"等语许之。公安之诗直接关切现实者少，而寄情山水之作为多，与曹丕诗颇相似，中郎对物理又颇体贴入微，故诗中往往呈现出一种蓬勃的生机，有道学家"与自家意思一般"的情趣，读者可用自己的思想感情去驰骋联想。这在我们看来本是六义之一偏，即颇具兴体之特色。然而这正是船山所欣赏的，且按照他那种"可以兴、可以观、可以群、可以怨"的理解，读者可各以情而自得，那当然不妨说他得其"大全"了。不过中郎之诗往往不守矩矱，信笔所之，任情挥洒，故船山又说"中郎之病，病不能谋篇，至于作句，固其所长，洒落出卸，如白鸥浴水，才一振羽，即丝毫不挂"，虽颇赞赏，而不以"一代宗工"许之。竟陵则不然，钟、谭都刻意追求幽深，还标榜厚。但他们所写的多是个人荣瘁悲欢之情，自未足以当深厚。而他们又喜雕琢字句，力求把自己的生活情趣写得幽深一些，以致常流于生涩，这样当然不能引起读者的广泛联想，而为船山所鄙薄了。

　　当然，上面的分析，只是就船山对这三派的基本看法而言，如进一步从他对与中郎诗风较相近的张羽、蔡羽、祝允明、汤显祖甚为欣赏来看，船山又确与一般理学家不同，这就是他对性情之"情"既有其要求严的一面，也有其要求比较宽松的一面。因为张、蔡、祝、汤这类人，大都与袁中郎相似，是带有浪漫气质的文人，其所抒之情按理学家的标准来看，往往是未必合辙的；从船山在《明诗评选》中所选他们的诗来看，也确有一些不合理学标准（如汤显祖的《雨花台所见》即是一首颇冶艳的艳情诗），这都反映时代思潮对船山的影响。

船山论诗，精义尚多，已非本书所讨论的范围，故从略。仅从上面所论及的来看，我觉得已足证明船山无论从思想还是文学观来看，都同金圣叹走着不同的路。船山说苏轼是"野狐禅"，按照他的标准，金圣叹无疑也应称为"野狐禅"。但是，稍加比较，我们又可发现他们在某些方面又有着惊人的相似之处：

（1）他们都是以其人性论作为考察文学的指导思想，而他们的人性论，尽管出发点不同，但在"习与性成"这一点上却走到一块去了。这反映在王学与程朱学的长期斗争中，人们对人性问题的考察已深入了一步。但比较二人的文学观，又可看出，金氏比较好地把这个认识运用到文学理论上去了，而在船山的文学理论中，则较难发现习与性成的观点的积极影响。这一方面固然因为船山所关注的是诗，而圣叹所最关注的是戏曲、小说，体裁的性质有所不同；另一方面则是因为船山的道学气太重，过于重视用诗来净化人的心灵（即"陶冶性情"），因而对诗的个性化注意得不够。但从船山那样极力反对"建立门庭"的议论里，从他强调身历、目见的"铁门限"的卓见里，我们还是可以看到他重视诗的个性化的影子。

（2）金圣叹与船山的人性论都存在着深刻的内部矛盾，其主要表现均为:既承认性与习成,又要给道德的先验性留下位置;既承认情欲的天然合理性,又强调礼教的天然合理性。这种矛盾的产生,固有其长期的历史原因,是历史唯心主义者无法解决的问题;然亦同明清之际的阶级斗争密切联系着。在民族危亡和阶级统治受到严重挑战的时候,一切有责任感的思想家、文学家都既不能不考虑到封建伦理道德如果崩溃所带来的严重后果,同时,又不能不考虑窒情灭欲会导致人们的反抗。只是由于出身、教养等的不同,人们的自觉性是不一样的。金圣叹与王船山就有较大的区别。故他们对文学的作用的看法也不一样。金氏比较强调发挥人的个性与才能,故他虽强调礼法的不可逾越,却对才子佳人的越轨与豪杰之士的受压深表同情,而对施耐庵、王实甫描绘个性的才能无限欣羡。船山则强调为群体的利益而斗争,所以他虽说诗人要周于人伦物理,却不容许他们在诗中宣传货利之心,而要求他们以超个人利害的高尚情操去陶冶读者性情,从这个角度我们可以说,金圣叹的文学观是倾向现实主义的,而王船山的文学观是倾向浪漫主义的。

(3)从思想路线看,金圣叹的思想是对左派王学的修正,王船山是对程朱理学的修正,但都不是单纯的修正,而是有发展,文学观也如此。从作为文学指导思想的人性论来说,金圣叹的修正侧重在保存礼法,船山的修正侧重在照顾人情,相反而实相成。但究之金氏仍偏重人情,船山仍偏重性理,所以两家虽有接近之处,却仍是分流的。其文学观亦如此。船山的诗论,可以说是性理化了的抒情诗论,金圣叹的文学理论则基本上是以表现个性为中心的文学理论。故从对文学理论的贡献来说,金氏的贡献显然要大得多,尽管从思想发展史看,船山的贡献要比金氏大得多。

　　文学是人学。人之所以异于禽兽，就在于人有理性，所以文学要有理性的光辉，我认为这是颠扑不破的法则。我们不能说船山的性理学中没有包含理性（广义的）的因素，但它是一种带封建性的"理性"。宋明正统理学家的所谓性理，更是违反人情的。所以自宋以来，较有成就的文学家几乎没有一个不自觉或不自觉地反对理学。金圣叹在文学理论上所以有杰出贡献，关键固在于他突破了正统理学的桎梏的那一方面；船山诗论之所以值得重视，也仍然在于他对性理之学作了修正，使之较接近于人情。而他们的文学理论的局限，从思想方面说，则都是尚未从根本上突破理学的桎梏。

　　由此看来，理学在中国思想史上的地位虽尚可讨论，其为文学之桎梏，则似可断言。这就是我研究宋明理学与文学的关系的结论。

崇文学术文库·西方哲学

1. 靳希平　吴增定　十九世纪德国非主流哲学——现象学史前史札记
2. 倪梁康　现象学的始基：胡塞尔《逻辑研究》释要（内外编）
3. 陈荣华　海德格尔《存有与时间》阐释
4. 张尧均　隐喻的身体：梅洛－庞蒂身体现象学研究（修订版）
5. 龚卓军　身体部署：梅洛－庞蒂与现象学之后 [待出]
6. 游淙祺　胡塞尔的现象学心理学 [待出]
7. 刘国英　法国现象学的踪迹：从萨特到德里达 [待出]

崇文学术文库·中国哲学

1. 马积高　荀学源流
2. 康中乾　魏晋玄学史
3. 蔡仲德　《礼记·乐记》《声无哀乐论》注译与研究
4. 冯耀明　"超越内在"的迷思：从分析哲学观点看当代新儒学
5. 白　奚　稷下学研究：中国古代的思想自由与百家争鸣
6. 马积高　宋明理学与文学
7. 陈志强　晚明王学原恶论 [待出]
8. 郑家栋　现代新儒学概论（修订版）[待出]

唯识学丛书 (26种)

禅解儒道丛书 (8种)

徐梵澄著译选集 (4种)

西方哲学经典影印 (24种)

西方科学经典影印 (7种)

古典语言丛书（影印版，5种）

出品：崇文书局人文学术编辑部

联系：027-87679738，mwh902@163.com

我思

敢于运用你的理智

崇文学术译丛·西方哲学

1.〔英〕W. T. 斯退士 著，鲍训吾 译：黑格尔哲学
2.〔法〕笛卡尔 著，关文运 译：哲学原理 方法论 [待出]
3.〔英〕休谟 著，周晓亮 译：人类理智研究 [待出]
4.〔英〕休谟 著，周晓亮 译：道德原理研究 [待出]
5.〔美〕迈克尔·哥文 著，周建漳 译：于思之际，何者入思 [待出]
6.〔美〕迈克尔·哥文 著，周建漳 译：真理与存在 [待出]

崇文学术译丛·语言与文字

1.〔法〕梅耶 著，岑麒祥 译：历史语言学中的比较方法
2.〔美〕萨克斯 著，康慨 译：伟大的字母 [待出]
3.〔法〕托里 著，曹莉 译：字母的科学与艺术 [待出]

崇文学术译丛·武内义雄文集（4种）

1. 老子原始　2. 论语之研究　3. 中国思想史　4. 中国学研究法

中国古代哲学典籍丛刊

1.〔明〕王肯堂 证义，倪梁康、许伟 校证：成唯识论证义
2.〔唐〕杨倞 注，〔日〕久保爱 增注，张觉 校证：荀子增注 [待出]
3.〔清〕郭庆藩 撰，黄钊 著：清本《庄子》校训析

萤火丛书

1. 邓晓芒　批判与启蒙